"信毅教材大系"编委会

主　　任	卢福财
副 主 任	邓　辉　王秋石　刘子馨
秘 书 长	廖国琼
副秘书长	宋朝阳
编　　委	刘满凤　杨　慧　袁红林　胡宇辰　李春根
	章卫东　吴朝阳　张利国　汪　洋　罗世华
	毛小兵　邹勇文　杨德敏　白耀辉　叶卫华
	尹忠海　包礼祥　郑志强　陈始发
联络秘书	方毅超　刘素卿

信毅教材大系·通识系列

移动电子商务（第二版）

Mobile Commerce

钟元生　徐　军 主编

朱文强　刘春兰 副主编

复旦大学出版社

总 序

世界高等教育的起源可以追溯到1088年意大利建立的博洛尼亚大学,它运用社会化组织成批量培养社会所需要的人才,改变了知识、技能主要在师徒间、个体间传授的教育方式,满足了大家获取知识的需要,史称"博洛尼亚传统"。

19世纪初期,德国的教育家洪堡提出"教学与研究相统一"和"学术自由"的原则,并指出大学的主要职能是追求真理,学术研究在大学应当具有第一位的重要性,即"洪堡理念",强调大学对学术研究人才的培养。

在洪堡理念广为传播和接受之际,英国的教育家纽曼发表了《大学的理想》的著名演说,旗帜鲜明地指出"从本质上讲,大学是教育的场所","我们不能借口履行大学的使命职责,而把它引向不属于它本身的目标"。强调培养人才是大学的唯一职能。纽曼关于"大学的理想"的演说让人们重新审视和思考大学为何而设、为谁而设的问题。

19世纪后期到20世纪初,美国威斯康星大学查尔斯·范海斯校长提出"大学必须为社会发展服务"的办学理念,更加关注大学与社会需求的结合,从而使大学走出了象牙塔。

2011年4月24日,胡锦涛总书记在清华大学百年校庆庆典上指出,高等教育是优秀文化传承的重要载体和思想文化创新的重要源泉,强调要充分发挥大学文化育人和文化传承创新的职能。

总而言之,随着社会的进步与变革,高等教育不断发展,大学的功能不断扩展,但始终都围绕着人才培养这一大学的根本使命,致力于不断提高人才培养的质量和水平。

对大学而言,优秀人才的培养,离不开一些必要的物质条件保障,但更重要的是高效的执行体系。高效的执行体系应该体现在三个方面:一是科学合理的学科专业结构;二是能洞悉学科前沿的优秀的师资队伍;三是作为知识载体和传播媒介的优秀教材。教材是体现教学内容与教学方法的知识载体,是进行教学的基本工具,也是深化教育教学改革,提高人才培养质量的重要保证。

一本好的教材,要能反映该学科领域的学术水平和科研成就,能引导学生沿着正确的学术方向步入所向往的科学殿堂。因此,加强高校教材建设,对于提高教育质量、稳定教学秩序、实现高等教育人才培养目标起着重要的作用。正是基于这样的考虑,江西财经大学与复旦大学出版社达成共识,准备通过编写出版一套高质量的教材系列,进一步锻炼学校教师队伍,提高教师素质和教学水平,最终将学校的学科、师资等优势转化为人才培养优势,提升人才培养质量。为凸显江财特色,我们取校训"信敏廉毅"中一前一尾两个字,将这个系列的教材命名为"信毅教材大系"。

"信毅教材大系"将分期分批出版问世,江西财经大学教师将积极参与这一具有重大意义的学术事业,精益求精地不断提高写作质量,力争将"信毅教材大系"打造成业内有影响力的高端品牌。"信毅教材大系"的出版得到了复旦大学出版社的大力支持,没有他们的卓越视野和精心组织,就不可能有这套系列教材的问世。作为"信毅教材大系"的合作方和复旦大学出版社的一位多年的合作者,对他们的敬业精神和远见卓识,我感到由衷的钦佩。

王 乔

2012 年 9 月 19 日

序

　　30年前,我在江西财经大学学习BASIC编程。25年前,我创办用友软件公司。10年前,母校与我司合作,成立用友软件学院。

　　钟元生教授积极参与用友软件学院的创办与建设,成绩斐然。5年前,他急流勇退,专攻学术。他参与了学校电子商务专业建设,多有建树。近年来,钟老师及其团队积极开展移动商务教学与研究,编写教材,推广移动商务应用。

　　自用友软件学院创建起,我与钟老师合作愉快。去年,钟老师邀我为《移动电子商务》作序,我欣然应诺。

　　至2012年11底,我国3G手机用户超过2亿,移动商务步入快车道,移动商机无限。

　　《移动电子商务》面向3G后时代的移动商务,包括移动商务技术基础、移动商务价值链与商务模式、移动商务安全、移动支付、移动信息服务、移动娱乐、移动学习、企业移动商务应用、云计算技术及其移动商务应用、Android移动商务应用案例、Windows Mobile移动商务应用案例、J2ME移动商务应用案例等。该书图文并茂、寓教于练、寓教于用,有助于读者全面了解移动商务,把握移动商务发展趋势,寻找新机会。

　　《移动电子商务》不是一本难读的技术书,除内容新颖外,分析视角与编写体例多有独到之外,谨向关心、学习和研究移动商务的朋友们推荐。

　　祝朋友们移动时代事业顺利!

　　祝钟老师的事业更上一层楼!

用友软件股份有限公司董事长

2012年11月于北京

再版前言

本书自 2012 年 12 月出版以来,深受广大师生喜爱,获得了较高的评价,被多所高校选取为课程教材。随着 4G 网络的快速发展与普及,5G 也已开始使用,上一版中许多想象中的应用都已成现实,移动商务模式发生了巨大的变化,应用场景也越来越丰富,渗透到了人们日常生活的方方面面。本书内容有以下特色:

(1) 既有移动商务基本理论、基本知识和基本应用的介绍,又有可直接运行的应用教学案例的设计。寓教于练、寓教于用。

(2) 既介绍常见的移动商务技术与应用外,又兼顾 5G 移动互联网条件下的技术与应用,以帮助读者把握未来发展趋势,在自己的工作中更好地应用新技术,甚至创造新型的移动商务应用。

(3) 内容全面,面向广义上的移动电子商务。除常规的通信技术基础、商务模式、移动支付、移动商务安全外,还增加了移动娱乐、移动旅游等应用领域以及云计算、人工智能技术在移动商务中的应用等。

(4) 案例不仅可用于课堂教学,而且可直接用于生活中,实用价值高。同时案例真实感强,功能不复杂,便于理解。

为了紧跟时代步伐,与时俱进,2014 年我们修改了 2012 版的第 11 章。本书在 2014 年版的基础上修订而成。全书共分十二章,包括移动电子商务概述、移动商务技术基础、移动商务价值链与商务模式、移动商务安全、移动支付、云计算、人工智能、移动信息服务、移动娱乐、移动旅游服务、企业移动商务应用、Android 移动商务应用案例。本次改版的改动如下。

(1) 原书第 2 章的 2.1.3 和 2.1.4 增加 5G 相关内容;2.4.2 修改为 Android、iOS 和 Windows Phone 三种操作系统的架构。

(2) 原书第 3 章删除 3.2.3 手机报模式;增加两节 3.2.4 O2O 商业模式、3.2.5 移动共享经济模式。

(3) 原书第 4 章的 4.3.1 修改为介绍 Android、iOS、Windows Phone 和鸿蒙四种操作系统的特点。

（4）原书第 5 章的 5.2 和 5.3.2 改写，围绕扫码支付、NFC 支付和刷脸支付介绍了相应的支付流程和系统框架，增加了基于支付宝和微信的移动支付内容；5.4.3 的风险防范方面介绍了聚合支付和网联平台。

（5）原书第 6 章的 6.1.1 修改为从五个基本特征、三种服务类型和四种部署模式几个方面完善地介绍云计算的服务结构模型；6.1.2 增加了阿里云平台的介绍。

（6）新增第 7 章人工智能，介绍人工智能的发展、相关技术和在移动商务中的应用，原书第 7 至 11 章内容向后移动一章。

（7）原书第 7 章 7.1、7.2 修改为即时通信服务和推荐引擎服务。

（8）原书第 8 章 8.3、8.4 修改为移动音频和短视频。

（9）原书第 9 章移动学习替换成移动旅游，介绍了四种移动旅游服务：政府旅游基础信息服务、景区导游服务、跨境游服务和旅游经验交流与分享。

（10）原书第 10 章删除 10.3 移动供应链管理；将 10.5、10.6 移动营销和移动售后服务合并为一节；新增一节介绍发展趋势；增加了"钉钉""菜鸟裹裹""易企秀"和"苏宁易购"作为应用案例。

（11）删除原书第 12、第 13 章。

改版工作由钟元生担任主编，负责全书的组织设计、编写提纲和通编定稿，各章分工如下：第 1 章（钟元生）、第 2 章和第 3 章（钟元生、高成珍）、第 4 章（徐军）、第 5 章（钟元生、涂云钊）、第 6 章（朱文强）、第 7 章（赵圣鲁）、第 8 章和第 9 章（钟元生、郭思铭）、第 10 章（刘春兰、曾水花）、第 11 章（钟元生、朱欣欣）、第 12 章（钟元生）。

希望本书在改版后，能让读者了解最新的移动商务动态，把握移动商务未来的发展方向。同时，由于改版内容较多，加之对于新兴的技术和应用研究不深，差错之处在所难免，请广大读者在使用中不吝指出，待再版时完善。

钟元生
2020 年 8 月 20 日
于南昌市江西财经大学麦庐园校区

目 录

上篇 基础篇

第 1 章 移动电子商务概述 003
学习要点 003
知识结构 003
1.1 移动电子商务的应用背景 003
  1.1.1 手机的普及与手机上网用户数高速增长 003
  1.1.2 移动互联网的全面覆盖 004
1.2 移动电子商务的含义 005
  1.2.1 电子商务的概念 005
  1.2.2 移动电子商务的概念 005
  1.2.3 移动电子商务与电子商务的区别 006
1.3 移动电子商务应用类型 007
1.4 移动电子商务的特点 007
1.5 移动电子商务的发展趋势 008
  1.5.1 移动互联网的发展趋势 008
  1.5.2 移动电子商务的发展趋势 010
本章小结 011
练习与思考题 012

第 2 章 移动商务技术基础 013
学习要点 013
知识结构 013
2.1 移动商务通信技术 013
  2.1.1 移动通信的基本概念 014
  2.1.2 移动通信的特点 014
  2.1.3 移动通信的发展 015

   2.1.4 几代移动通信技术简介 ················· 016
 2.2 移动无线互联网 ························· 019
   2.2.1 无线通信系统 ····················· 019
   2.2.2 无线网络 ························· 020
 2.3 移动通信终端 ····························· 023
   2.3.1 移动通信终端设备 ················· 024
   2.3.2 移动终端设备的技术特征 ············ 024
 2.4 移动通信操作平台 ······················· 025
   2.4.1 移动应用平台 ····················· 025
   2.4.2 移动通信操作系统 ················· 026
 2.5 二维码与 RFID ··························· 030
   2.5.1 传统条形码 ······················· 030
   2.5.2 二维码 ··························· 031
   2.5.3 RFID ····························· 032
本章小结 ··· 036
练习与思考题 ······································ 036

第3章 移动商务价值链与商业模式 ············· 037

学习要点 ··· 037
知识结构 ··· 037
 3.1 移动商务价值链简介 ····················· 037
   3.1.1 移动商务价值链的含义 ············· 037
   3.1.2 移动商务价值链的作用 ············· 038
   3.1.3 移动商务价值链的研究内容 ········· 039
   3.1.4 移动商务价值链的创新 ············· 042
 3.2 移动商务的主要商业模式 ················ 043
   3.2.1 短信定制的移动信息服务模式 ······ 044
   3.2.2 移动广告收费模式 ················· 044
   3.2.3 移动互联网 ······················· 048
   3.2.4 O2O 商业模式 ···················· 051
   3.2.5 移动共享经济模式 ················· 053
本章小结 ··· 056
练习与思考题 ······································ 056

第4章 移动商务安全 057
学习要点 057
知识结构 057

4.1 移动商务安全概述 057
4.1.1 移动商务面临的安全威胁 057
4.1.2 移动商务的安全需求 058
4.1.3 移动商务安全技术现状 059
4.1.4 移动商务安全的发展趋势 060

4.2 移动安全通信技术 061
4.2.1 信息加密原理 061
4.2.2 移动通信加密 062
4.2.3 终端身份认证 064
4.2.4 移动交易信任机制 066

4.3 移动终端安全 067
4.3.1 移动终端操作系统及其威胁 067
4.3.2 移动终端下载软件的认证 070
4.3.3 移动终端存储信息的备份与恢复 071

4.4 手机病毒 072
4.4.1 手机病毒 072
4.4.2 手机病毒的特征 072
4.4.3 手机病毒的危害 073
4.4.4 手机病毒的防治 074

本章小结 075
练习与思考题 075

第5章 移动支付 076
学习要点 076
知识结构 076

5.1 移动支付概述 076
5.1.1 移动支付的含义 076
5.1.2 移动支付的流程 077
5.1.3 移动支付的发展 078

5.2 移动支付方式 081
5.2.1 扫码支付 081
5.2.2 NFC支付 083

    5.2.3 刷脸支付 ………………………………………… 085
  5.3 移动支付系统 …………………………………………… 087
    5.3.1 移动支付系统框架 ……………………………… 087
    5.3.2 典型支付系统介绍 ……………………………… 089
  5.4 移动支付安全与风险防范 ……………………………… 096
    5.4.1 移动支付安全技术 ……………………………… 097
    5.4.2 支付过程安全认证 ……………………………… 098
    5.4.3 移动支付风险 …………………………………… 100
    5.4.4 聚合支付规避风险 ……………………………… 101
本章小结 …………………………………………………………… 102
练习与思考题 ……………………………………………………… 103

第6章 云计算 …………………………………………… 104

学习要点 …………………………………………………………… 104
知识结构 …………………………………………………………… 104
  6.1 云计算概述 ……………………………………………… 105
    6.1.1 云计算的服务结构模型 ………………………… 105
    6.1.2 云计算平台介绍 ………………………………… 108
    6.1.3 云计算的优点和问题 …………………………… 112
  6.2 云计算相关技术 ………………………………………… 113
    6.2.1 云计算体系架构 ………………………………… 113
    6.2.2 云计算关键技术 ………………………………… 116
  6.3 云计算与移动商务 ……………………………………… 122
    6.3.1 云计算带来的新机遇 …………………………… 122
    6.3.2 全新移动商务模式构建 ………………………… 123
本章小结 …………………………………………………………… 125
练习与思考题 ……………………………………………………… 125

第7章 人工智能 …………………………………………… 127

学习要点 …………………………………………………………… 127
知识结构 …………………………………………………………… 127
  7.1 人工智能概述 …………………………………………… 127
    7.1.1 人工智能概念与发展历程 ……………………… 128
    7.1.2 人工智能现状与影响 …………………………… 129
    7.1.3 人工智能产业发展趋势 ………………………… 130

7.2 人工智能相关技术 ………………………………………… 132
7.2.1 机器学习 ………………………………………… 133
7.2.2 知识图谱 ………………………………………… 134
7.2.3 自然语言处理 ……………………………………… 134
7.2.4 人机交互 ………………………………………… 134
7.2.5 计算机视觉 ……………………………………… 135
7.2.6 生物特征识别 ……………………………………… 136
7.2.7 虚拟现实/增强现实 ………………………………… 136
7.3 人工智能与移动电子商务 ………………………………… 136
7.3.1 人工智能在移动电子商务中的应用 ……………………… 136
7.3.2 人工智能在移动电子商务中的应用案例 …………………… 138
本章小结 ………………………………………………… 143
练习与思考题 ……………………………………………… 143

下篇 应用篇

第8章 移动信息服务 ……………………………………… 147
学习要点 ………………………………………………… 147
知识结构 ………………………………………………… 147
8.1 即时通信服务 …………………………………………… 148
8.1.1 即时通信服务简介 …………………………………… 148
8.1.2 即时通信服务的特点和不足 …………………………… 149
8.1.3 主要应用及国内外现状 ………………………………… 150
8.1.4 主要发展趋势 ……………………………………… 151
8.2 推荐引擎服务 …………………………………………… 151
8.2.1 推荐引擎服务简介 …………………………………… 151
8.2.2 推荐引擎服务的特点和不足 …………………………… 152
8.2.3 主要应用及现状 ……………………………………… 153
8.2.4 主要发展趋势 ……………………………………… 153
8.3 移动搜索服务 …………………………………………… 154
8.3.1 移动搜索服务简介 …………………………………… 154
8.3.2 移动搜索服务的特点和不足 …………………………… 157
8.3.3 主要应用及国内外现状 ………………………………… 157
8.3.4 主要发展趋势 ……………………………………… 158
8.4 移动定位服务 …………………………………………… 160
8.4.1 移动定位服务简介 …………………………………… 160

  8.4.2 LBS 价值链及计算 …………………………………………… 161
  8.4.3 LBS 空间数据库的内容与管理方法 ………………………… 162
  8.4.4 移动定位服务现有发展及主要应用类型 …………………… 163
  8.4.5 移动定位服务发展趋势 ……………………………………… 166
本章小结 …………………………………………………………………………… 167
练习与思考题 ……………………………………………………………………… 167

第 9 章　移动娱乐 …………………………………………………………… 168

学习要点 …………………………………………………………………………… 168
知识结构 …………………………………………………………………………… 168
 9.1 移动娱乐概述 ………………………………………………………… 168
  9.1.1 内容类的移动娱乐 …………………………………………… 168
  9.1.2 应用类移动娱乐 ……………………………………………… 170
 9.2 移动游戏 ……………………………………………………………… 170
  9.2.1 移动游戏概述 ………………………………………………… 170
  9.2.2 移动游戏产业链构成 ………………………………………… 173
  9.2.3 移动游戏发展存在的瓶颈 …………………………………… 174
 9.3 移动音频 ……………………………………………………………… 175
  9.3.1 移动音频概述 ………………………………………………… 175
  9.3.2 移动音频的商业模式 ………………………………………… 175
  9.3.3 移动音频的发展存在的瓶颈 ………………………………… 177
 9.4 短视频 ………………………………………………………………… 178
  9.4.1 短视频概述 …………………………………………………… 178
  9.4.2 短视频的商业模式 …………………………………………… 180
  9.4.3 短视频的发展存在的瓶颈 …………………………………… 181
本章小结 …………………………………………………………………………… 182
练习与思考题 ……………………………………………………………………… 182

第 10 章　移动旅游服务 ……………………………………………………… 183

学习要点 …………………………………………………………………………… 183
知识结构 …………………………………………………………………………… 183
 10.1 移动旅游服务简介 …………………………………………………… 184
  10.1.1 移动旅游服务发展的驱动因素 …………………………… 184
  10.1.2 移动旅游服务的平台架构 ………………………………… 185
  10.1.3 移动旅游服务的主要特征 ………………………………… 186

10.2 政府旅游基础信息服务 ············· 186
 10.2.1 政府旅游基础信息服务概述 ······ 186
 10.2.2 政府旅游信息网站 ············· 188
 10.2.3 政府旅游基础信息服务的完善 ··· 189
10.3 景区导游服务 ····················· 190
 10.3.1 景区导游服务现状分析 ········· 190
 10.3.2 电子导游的优势 ··············· 191
 10.3.3 自助导游软件 ················· 192
10.4 跨境游服务 ······················· 198
 10.4.1 跨境旅游现状分析 ············· 198
 10.4.2 跨境旅游安全问题 ············· 198
 10.4.3 APP 在跨境旅游中的应用 ······ 200
10.5 旅游经验交流与分享 ············· 211
 10.5.1 旅客需求分析 ················· 211
 10.5.2 旅游攻略类 APP ·············· 211
本章小结 ···································· 215
练习与思考题 ······························· 215

第 11 章 企业移动商务应用 ············ 216

学习要点 ···································· 216
知识结构 ···································· 216

11.1 概述 ······························ 216
11.2 移动 OA ·························· 217
 11.2.1 移动 OA 概述 ················· 217
 11.2.2 移动 OA 运用现状及特点 ······ 218
 11.2.3 移动 OA 软件介绍 ············· 218
11.3 移动物流 ························· 220
 11.3.1 移动物流概述 ················· 220
 11.3.2 移动物流 APP 介绍 ··········· 221
11.4 移动营销与售后 ················· 224
 11.4.1 移动营销概述及特点 ·········· 224
 11.4.2 移动营销应用 ················· 225
 11.4.3 移动售后服务概述 ············ 226
 11.4.4 移动售后服务 APP 介绍 ······ 228
11.5 企业移动商务应用的发展趋势 ··· 231
 11.5.1 安全性需求不断增强 ·········· 231

11.5.2　移动性不断增强 ································ 231
本章小结 ··· 231
练习与思考题 ·· 231

第 12 章　Android 移动应用开发案例 ············ 232
学习要点 ··· 232
知识结构 ··· 232
12.1　概述 ·· 232
12.2　案例简介 ···································· 233
12.3　移动应用开发实践案例："豹考通"概要设计 ······ 234
　　12.3.1　豹考通 Android 客户端界面设计 ········· 235
　　12.3.2　豹考通 Android 客户端功能结构和流程设计 ··· 235
　　12.3.3　豹考通系统数据库表设计 ··············· 239
12.4　移动应用开发实践案例：豹考通部署 ······ 242
　　12.4.1　用到的系统软件清单 ··················· 242
　　12.4.2　服务器部署 ·························· 242
　　12.4.3　数据库构建和维护 ···················· 243
　　12.4.4　服务端开发环境配置 ·················· 245
　　12.4.5　服务器与客户端交互数据接口设计 ········ 248
12.5　移动应用开发实践案例："豹考通"Android 客户端开发 ··· 249
　　12.5.1　Android 客户端开发环境搭建 ············ 249
　　12.5.2　导入豹考通 Android 项目：NewScore ······ 250
　　12.5.3　豹考通 Android 客户端程序包结构分析 ··· 251
　　12.5.4　豹考通 Android 客户端关键技术 ········· 251
　　12.5.5　豹考通功能模块实现举例 ··············· 254
本章小结 ··· 261
练习与思考题 ·· 262

参考文献 ··· 263

上篇　基础篇

- 第1章　移动电子商务概述
- 第2章　移动商务技术基础
- 第3章　移动商务价值链与商业模式
- 第4章　移动商务安全
- 第5章　移动支付
- 第6章　云计算
- 第7章　人工智能

第 1 章　移动电子商务概述

学习要点

通过本章学习,读者能够理解移动电子商务的产生背景及其含义、移动电子商务的应用类型、移动电子商务的主要特点,了解移动电子商务与电子商务的区别,通过若干移动电子商务应用情景,了解移动电子商务可能的发展趋势,以便能更好地把握移动商机。本章重点在于:理解移动电子商务的特点;把握移动电子商务的发展趋势。

知识结构

$$\begin{cases} 移动电子商务的应用背景 \begin{cases} 手机的普及与手机上网用户数的高速增长 \\ 我国无线上网服务日趋便捷 \end{cases} \\ 移动电子商务的含义 \begin{cases} 电子商务的概念 \\ 移动电子商务的概念 \\ 移动电子商务与电子商务的区别 \end{cases} \\ 移动电子商务应用类型 \begin{cases} 移动信息服务、移动支付、移动娱乐、 \\ 移动旅游、移动企业应用等 \end{cases} \\ 移动电子商务的特点 \begin{cases} 无所不在性 \\ 便捷性 \\ 位置相关性 \\ 私人化 \end{cases} \\ 移动电子商务的发展趋势 \begin{cases} 移动互联网的发展趋势 \\ 电子商务若干可能的应用情景 \end{cases} \end{cases}$$

1.1　移动电子商务的应用背景

1.1.1　手机的普及与手机上网用户数高速增长

近年来,随着移动通信技术的发展与移动终端的普及,手机走进千家万户。据工信部公布的数据,到 2019 年第一季度,中国 4G 用户规模已超过 12 亿。

中国互联网络信息中心发布的第 44 次《中国互联网络发展状况统计报告》显示：截至 2019 年 6 月底,中国网民规模达 8.54 亿,互联网普及率为 61.2%。其中,手机网民数达 8.47 亿,使用手机上网比例为 99.1%,使用电视上网的比例为 33.1%,使用台式电脑上网、笔记本电脑上网、平板电脑上网的比例分别为 46.2%、36.1% 和 28.3%。手机成为我国网民的第一大上网终端,移动用户数量仍呈现高速增长的态势。

1.1.2　移动互联网的全面覆盖

2017 年 5 月,在一项由北京外国语大学丝绸之路研究院发起的调查中,来自"一带一路"沿线 20 个国家的在华留学生票选出了四种他们最想带回国的生活方式——高铁、支付宝、共享单车和网购。除了高铁,其余的三项都与互联网息息相关,足见中国近年来互联网产业发展的影响力之大。

图 1-1　留学生最想带回国的生活方式

中国在 2017 年 1 月就已建成全球规模最大 4G 网络,基站总数达到 249.8 万个。截至 2018 年 4 月底,中国 4G 网络覆盖全国 95% 的行政村和 99% 的人口,超过 95% 的行政村实现光纤宽带网络通达。

2018 年 8 月,三大运营商公布了国内第一批 5G 试点城市名单,宣告着 5G 时代即将来临。2019 年 6 月 6 日,工信部正式向中国电信、中国移动、中国联通、中国广电发放 5G 商用牌照,中国正式进入 5G 商用元年。

目前,5G 网络建设正在顺利推进。2020 年上半年,中国新建 5G 基站 25.7 万个,截至 6 月底累计达到 41 万个,并且以每周 1.5 万个的速度持续增长。已有多个城市实现 5G 网络的重点市区室外的连续覆盖,在展览会、重要场所、重点商圈、机场等区域实现室内覆盖。这些基础建设必将推动移动电子商务的蓬勃发展。

1.2 移动电子商务的含义

1.2.1 电子商务的概念

我们先来关注几个有关电子商务的典型英文名称,以便为讨论移动电子商务的含义提供参照:

(1) Electronic Commerce。使用最多的电子商务术语,主要强调电子贸易。可以看成是狭义的电子商务。其强调由资金流、物流和信息流的有机统一。

(2) Electronic Business。IBM 主推的概念,其强调的是电子业务。根据这个概念,电子商务除了指电子贸易外,还包括企业业务,包括生产、设计、存储、后勤服务、财务等的电子化。

在互联网不普及时,人们就提出电子商务概念,包括各项电子数据处理,在局域网或企业专用网络上实现。后来,随着互联网的普及,人们已经逐渐接受,电子商务都是建立在互联网基础之上的一种新型的商务活动。

1.2.2 移动电子商务的概念

对就前述电子商务的概念,移动电子商务也有类似的说法。

(1) 狭义的移动电子商务。这一概念中只涉及货币类交易的商务模式,可看作对应于 Electronic Commerce 的 Mobile Commerce。

(2) 广义的移动电子商务。指通过移动设备随时随地获得的一切服务,涉及通信、娱乐、商业广告、旅游、紧急救助、农业、金融、学习等等。这一概念,可看作对应于 Electronic Business 的 Mobile Business。

但上述两种说法中,都有两个重要的特征是"移动"与"商务"。也正因此,国外常用"Mobile Commerce"来表示移动电子商务。国内,根据"Mobile Commerce"的名称,许多人就将之称为移动商务。本书中,若不特别指出时,也将移动电子商务与移动商务两个概念等同。

移动通信技术发展经历了 1G、2G、2.5G、3G、4G 等多个阶段。尤其是 2.5G 时代,以诺基亚为代表的移动通信设备商,生产了大量小巧、功能齐全、价格不高的手机,使得手机进入寻常百姓家。除了语音通信外,短信和彩信产品也得到长足的发展。人们越来越多地借助手机,实现移动信息查询、广告、音频图像的下载等服务。这些服务构成了早期移动电子商务应用,并逐渐引起了人们的重视。显然,此时的移动电子商务已不是只涉及货币交易的狭义移动电子贸易,而涉及了广义的移动电子业务。仔细分析这类服务,可以发现它们又不是完全的移动电子贸易,而更像一种混合形式。

直到现在,虽然上述服务已经非常普及,但学术界的很多移动电子商务研究还主要关注以移动信息服务为主的业务范畴。

在我国,直到2009年后,作为应对世界金融危机的举措之一,才开始大面积建设和推广3G网络。从此,我国移动电子商务才得到较快发展。其中,2011年11月我国3G手机用户数就达1亿;到2012年8月3G用户数则接近2亿。不到一年的时间内增加了1亿。如今,我国4G用户数已经超过12亿。除上述服务外,各种新型的移动商务应用形式可能不断冒出来,移动商务应用范围将更加广泛。到那时,移动电子商务的含义才会更加明确。

1.2.3 移动电子商务与电子商务的区别

随着互联网的普及,人们创造了许许多多电子商务的应用形式,特别是信息的发布、搜索和商务活动的便捷,降低信息不对称程度,使商品的生产者与消费者有更大的机会直接接触,对传统商务活动带来了很大的冲击。而随着无线数据通信网络的发展,电子商务往移动电子商务方向发展,即拥有了更大的发展空间。由于移动通信网络和移动终端的新特性,移动电子商务与传统电子商务又不仅仅是"无线"与"有线"的区别,更是在技术特点、商业管理、商业模式、市场规模等方面都有较大的区别。许多研究都从不同的角度对此进行了分析。由于在不同的移动通信时代,技术不同,应用的范围也不同,早期的分析有些会过时。鉴于本书关注重点是3G后移动电子商务,因此,下面我们将仅考虑3G后移动互联网条件下的若干方面,移动电子商务与电子商务的区别。

(1) 网络基础设施。移动电子商务的通信速度受无线电频谱的限制,带宽有限。但无线通信具有地理定位功能,因此移动电子商务可以充分利于基于位置的服务。电子商务强调的即是无差别的服务。

(2) 终端设备。电子商务使用个人计算机(简称PC),显示器屏幕大、内存大、处理器快、采用标准键盘,不用考虑电池问题。移动通信设备则相反,屏幕小、内存小、处理器慢,输入不便,电池一次不能用太久,因此移动电子商务的信息要简捷,不宜处理复杂应用。

(3) 用户群。移动电子商务潜在用户群远大于电子商务,但这个群体的分布不均、文化差异大。移动电子商务开发中必更多地处理这种差异。

(4) 移动性。与电子商务相比,移动电子商务因移动而产生更多商业机会,更能实现个性化服务。但在需要大数据量处理的场合,移动性又为商务活动的进行带来许多不便。

(5) 时空约束。移动电子商务往往与空间、时间有关,更能实现个性化服务,更能满足用户同位置有关的需求,如在陌生城市找餐馆等。许多移动电子商务则有时间限制,如医疗救护等。而电子商务通常强调不受时间的影响与空间的影响,都能提供一样的服务。

(6) 商业模式。电子商务更强调低成本和无限的网络空间,消除信息不对称,提供无限的免费信息服务。而移动电子商务更多地针对差异性提供差异化的个性化服务来赢利,如位置变成产生价值的来源。另外,移动电子商务的商业活动必须考虑带宽,会有成本,这方面的障碍将随着4G通信技术的成熟逐步拆除。

当然,移动电子商务与电子商务相比有许多优点,主要包括以下几个方面。

(1) 使商务活动的信息互动更高效更及时。

(2) 使商务活动规模更大、机会更多,不限于坐在电脑前才能开展商务活动,随时随地都可能凭借智能手机来进行。更大的规模更多的机会，让企业与用户双方均可得利。

（3）通信终端的私有性帮助交易双方确认对方身份，使得移动商务供应商能精准与最有希望达成交易的用户交互，提高了交易的成功率。

1.3 移动电子商务应用类型

移动电子商务形式多样，除从传统 PC 电子商务中扩展而来的一些服务外，还有许多新的形式将会逐渐被开发出来。目前，主要的移动电子商务应用可分为下面几种类型。

（1）移动信息服务。短信和彩信两种形式，如短信通知、短信广告；手机报等彩信形式；也包括移动信息搜索。

（2）移动支付。常用的支付方式包括扫码支付、NFC 支付和刷脸支付，应用场景包括乘坐公交、地铁，支付停车费，生活缴费和超市购物等。

（3）移动娱乐。玩手机游戏、观看视频等。

（4）移动旅游。主要包括政府旅游基础信息服务、景区导游服务、跨境游服务和旅游经验交流与分享。

（5）移动企业应用。面向企事业单位的移动办公、移动物流、移动后勤管理等。特别是移动客户关系管理、移动 ERP 企业资源计划、移动 SCM 供应链管理等。

本书后面的一些章节将举例说明各种详细的移动商务应用。

1.4 移动电子商务的特点

基于无线通信网络的能力，以及移动终端的一些特征，人们不仅可以在移动状态下处理有关事务，还可以根据用户所处位置提供与位置有关的服务。也能够根据手机实名制而在手机机主与手机号码之间建立一一对应关系，实现更准确的服务、更加能感觉到交易对方的身份，从而增加信任感，提高交易的意愿。有人归纳了移动电子商务的十大特点，包括全天候、个性化、精准性、安全性、定位性、快速性、便利性、可识别性、应急性和广泛性。

相对于基于 PC 互联网的电子商务来说，移动电子商务有以下显著特点。

（1）无所不在性。用户可以在任何时间、任何地点查询所需信息，启动、协调和完成移动交易。这使得经常出差的人，经常离开办公桌的人员都不会错过交易机会。比如股票交易、网络拍卖等等；帮助在野外作业的人员，包括旅游业工作人员随时随地处理商务信息；帮助旅游等行业促销。

（2）便捷性。不受地域限制，采用便捷的通信方式查看邮箱、收发即时通信、交换文件等等，都因移动互联网的普及而变得非常容易。

（3）位置相关性。采用北斗或 GPS 全球定位技术，可以帮助服务提供商更准确地识别用户所在位置，从而向用户提供与其位置相关的信息，如附近的旅游点、酒店、旅馆等。在许多生命攸关的需要位置信息的急救场合,北斗或 GPS 定位系统结合地理信息系统 GIS 还可以帮助人们更快更准地找到需要帮助的人。

(4) 私人化。由于每部移动终端都有唯一的 SIM 智能卡,因此服务提供商可以很方便地通过该卡号收集用户信息。商家通过收集用户的以往数据,包括移动数据、交易偏好等,采用数据分析与数据挖掘工具,帮助用户发现自己的爱好,更精确地提供用户所需的服务。同时,消费者在自己许可的情况下,让商家帮助收集自己的数据通信,为自己提供更好的服务,还可让商家根据自己的要求提供一定的隐私保护措施。

1.5 移动电子商务的发展趋势

1.5.1 移动互联网的发展趋势

无线通信技术是移动电子商务发展的基础,当前已经处于 4G 通信时代,并正在进入 5G 通信时代,5G 时代也将是一个实现万物互联的时代。因此,移动商务的未来很大程度上取决于未来移动互联网的发展。

摩根士丹利集团 2009 年 12 月份发布的《移动互联网发展研究》报告,提出计算技术发展周期,每个技术发展周期一般持续十年,我们从 2007 年开始进入"移动互联网"周期,如图 1-2 和图 1-3 所示。

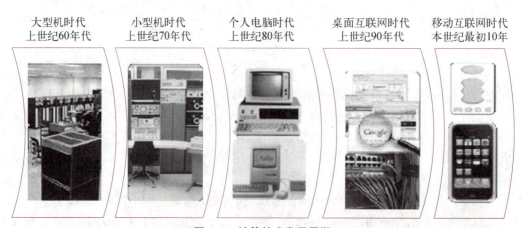

图 1-2　计算技术发展周期

我国移动互联网的发展伴随着两次移动通信技术的升级,从 2G 到 3G 到 4G 再到 5G,一共经历了以下一些阶段。

(1) 萌芽期(2000—2003 年)。中国移动推出的"移动梦网"是我国最早的移动互联网产品,移动梦网就像一个大超市,囊括了短信、彩信、手机上网(WAP)、百宝箱(手机游戏)等各种多元化信息服务。依靠"移动梦网",涌现出了"空中网"等一大批服务提供商,用户可以通过短信、彩信和手机上网等方式享受移动互联网服务。但是,受限于网

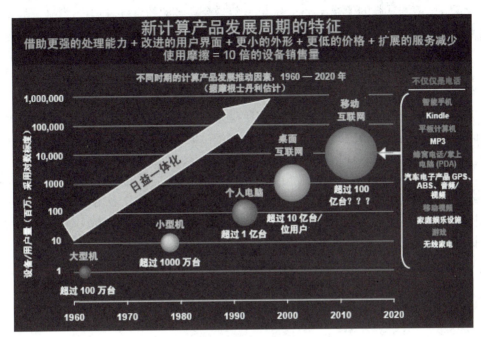

图 1-3 计算技术发展周期

络和终端等基础硬件设施的不够成熟,产业发展较为缓慢。

(2) 发力期(2004—2006 年)。2004 年 3 月,3G 门户网上线,它不运营电信运营商的收费业务,而是向开通上网功能的手机用户提供网络社区服务,同时通过共享方式获得免费的图片、铃声、手机游戏、电子书等内容。3G 门户开创了中国 FreeWap 的时代,随后大批与此模式相似的网站推出,移动互联网进入门户时代。

2004 年 3 月,手机 SNS 娱乐平台"天下网"成立;同年 8 月,UCWEB 浏览器发布,它的出现打通了手机与 PC 互联网之间的鸿沟;2005 年 10 月空中网推出手机媒体"空中传媒",标志着手机媒体时代的到来。

(3) 布局期(2007—2008 年)。2007 年 1 月 9 日,苹果公司推出了第一代 iPhone 手机;2007 年 11 月 5 日,谷歌公司正式向外界展示 Android 的操作系统,Android 和苹果公司的 iOS 系统成为如今的主流手机操作系统。

2007 年移动运营商开始加大对移动互联网的支持力度,纷纷推出各种流量套餐,降低了用户的上网资费。随着 2008 年 4 月电信产业重组,6 家运营商整合成 3 家,而且这 3 家获得了全业务运营许可,奠定了移动互联网的开放之路。继 2007 年产业盘整后,移动互联网内容及应用开始规模化丰富,主要体现在互联网厂商、移动互联网厂商以及其他传统内容提供商之间的频繁合作。无线音乐、手机游戏、手机浏览器和移动搜索等移动互联网应用服务用户渗透率及活跃度得到巨大提升。

(4) 快速发展期(2009—2013 年)。2009 年 1 月 7 日,工信部发放 3G 牌照,标志着 3G 移动互联网元年的到来。2009 年 10 月中国联通引入了 iPhone,带动 3G 用户数呈几何级增长。

新浪微博测试版的上线无疑成为 2009 年最令人激动的事件。据统计,新浪微博的过半留言通过手机发布,手机也成为大众获取信息和人际交流的主流渠道之一。

腾讯公司于 2011 年 1 月 21 日推出即时通信产品——"微信",截至 2013 年 10 月底,微信的用户数量已经超过了 6 亿,每日活跃用户 1 亿。

(5) 全面发展期(2014—2019 年)。2013 年 12 月,工信部发放 4G 牌照,移动互联网进入了一个新的时代。由于网速、上网便捷性、手机应用等移动互联网发展的外在环境问题基本得到全部解决,移动互联网开始进入全面发展,涌现出了共享单车、拼车软件、直播平台和小视频 APP 等各类应用。

(6) 全面扩张期(2019 年以后)。2019 年 6 月 6 日,工信部正式向中国电信、中国移动、中国联通、中国广电发放 5G 商用牌照,中国正式进入 5G 商用元年。5G 不仅大幅提高了数据传输速度,更重要的是大大降低了时延,提高整体网络效率。5G 时代是万物互联的时代,5G 技术的应用将使得高清直播、远程医疗、无人驾驶、异地同台演奏等变为现实,会给各行各业带来深刻变革。

1.5.2 移动电子商务的发展趋势

1.5.2.1 未来移动电子商务形态的分析框架

凭借移动互联网,加上人们随身携带的含 GPS、高速处理器、具备人性化输入功能的高性能移动终端,人们可以随时方便地参与到一项商业交易中,也能让商家及时地为自己服务。根据华中科技大学鲁耀斌课题组指出的那样,移动商务可能成为一种 U-商务形态,其参考框架见图 1-4。

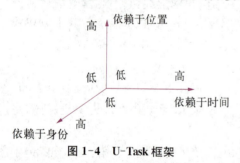

图 1-4 U-Task 框架

由于移动互联网与智能手机等移动终端技术的进步,移动电子商务已经具备了处理 U-task 框架所涉及三个维度的能力。因此,我们不难看出,未来的移动电子商务创新形式可以在 U-Task 的指导下,从时间、位置与身份三个维度考虑需要处理的问题,再提出新型的运作模式来解决这一需求。

1.5.2.2 例一:移动机会商务

这是一位哈佛大学研究生与微软公司两位研究人员在 2008 年发表的一项应用模型。他们提出并实现了移动环境下发现和执行机会活动的一个计算机原型系统——移动商品(MC, Mobile Commodities),构建并使用用户概率模型来推断执行机会计划的时间成本。

其基本思想:在一个计划的路途中,移动用户指定的一系列目标和前提条件,在区域中搜索满足目标的可行的路径点,力求确定和警告用户有关达到一个或多个目标任务的最低成本的选项。MC 搜索购物、兴趣点和服务的位置,仔细考虑为访问该路径点而附加行程的时间和距离成本。MC 试图最小化获取一个产品、服务和体验的成本,考虑访问满足目标的路径点带来的时间成本。MC 包括三个程序:在 Windows Mobile

便携式电脑上运行的客户端应用,通过蓝牙手持游标器访问 GPS 信息;评估性能、设置和检查策略的桌面伴侣;实现手机通过 GPRS 进行双向通信的服务器系统。

该项目特别关注在移动状态下,如何及时执行非计划活动的时机问题,如何处理非计划活动与即定计划的执行重叠问题;项目提出了为满足额外目标而分配的时间成本上下文敏感的概率用户模型的构建和评价,并描述了模型在 MC 中如何引导搜索机会规划。

1.5.2.3　例二:万物互联条件下的移动商务

既然 5G 时代是一个万物互联的时代,那么未来的数据信息和软硬件将会密切结合,下面给出一个未来生活与移动商务的设想。

未来的生活可能是这样的:早上起床,"家庭智能管家"已经准备好牙膏牙刷,早餐也根据昨晚的设置备齐上桌了。然后,"管家"会根据我们的习惯和爱好,在相应的时间自动开始播报新闻。早上,我们可以带上 VR 头盔,和同事开一个远程 3D 视频会议,手中的材料会自动扫描投影到屏幕上。下午我们可以去开车去超市,上车说出目的地和想购买的商品,汽车会自动规划最佳线路并驾驶前进;超市接收到订单后,根据汽车的行驶速度和位置推算所需时间,分配用户的停车位置,提前打包好商品;我们到达超市后无须下车,直接刷脸点头完成支付,由机器人将货物装载上车,我们即可开车回家;在路上,我们可以向车载系统点好晚上的菜单,"管家"自动根据电子菜谱烹制相应菜肴,在相应的时间摆上餐桌。晚上,我们可以利用 VR 头盔进行网络购物,例如购买衣服时,系统会根据我们的身材推荐合适的尺寸和款式,并在屏幕显示出一个我们自身的虚拟复制品,展示上身效果,就像是照镜子一样。到了睡眠时间,"管家"会播放音乐提示我们入睡。

1.5.2.4　其他可以的移动电子商务应用趋势

主要包括以下几个方面。

(1)手机的输入会越来越方便,现在有研究人员在研究借助人的表情、眼神来输入信息到手机中。

(2)社交化服务将是移动电子商务中帮助人们建立信任的一种手段,这方面的研究与应用成果会因移动互联网而越加引起人们注意。

(3)位置服务,包括三维的位置信息服务会在移动电子商务起到更加重要作用。谷歌前几年就有一个研究小组专门研究这方面的算法。

(4)正如互联网时代涌现阿里巴巴、亚马逊、腾讯、谷歌之类富有创新的公司一样,在移动互联网时代也一定会涌现出更伟大的公司。

(5)除实物商品交易外,服务商品在移动电子商务条件下会得到较大的发展,如家教、家政、教育等。

本 章 小 结

第一,从手机普及、手机上网用户数的高速增长以及部分城市免费无线上网的例子入手,提出移动电子商务已经具有很好的应用基础。

第二,从狭义与广义两个角度提出电子商务的概念,并引申到移动电子商务的概念中去，提出并分析了电子商务与移动电子商务的区别，认为移动电子商务应是广义上的移动电子服务或移动电子业务，而不仅限于移动电子贸易。

第三，从移动信息服务、移动支付、移动娱乐、移动旅游、移动企业应用等方面，介绍了移动电子商务的不同应用。

第四，分析了移动电子商务的特点，特别是重点介绍了无所不在性、便捷性、位置相关性和私人化等移动电子商务独有的几个重要特点。

第五，从移动互联网的发展趋势和若干可能的移动电子商务应用情景两个方面探讨了移动电子商务的发展趋势。

练习与思考题

1. 为什么移动电子商务即将进入大发展时期？
2. 移动电子商务的基础是什么？
3. 移动电子商务与电子商务相比，有哪些显著不同？
4. 移动电子商务有哪些主要类型？
5. 根据你所掌握的信息，举出几项你认为很有价值、还未实现但你认为有办法实现的移动电子商务应用。说明你的理由。

第 2 章　移动商务技术基础

学习要点

移动商务需要网络平台和通信及相关技术的支持,因此需要对支持移动商务的有关移动通信技术有所了解和掌握。现代通信技术的范围比较广,我们将主要讨论与移动商务关系密切的移动通信技术。首先,本章介绍了移动通信技术的基本概念和发展历程;其次,对无线网络进行了介绍,主要讲解了无线局域网;再次,简单介绍了移动通信终端设备;然后,重点讲解了移动通信的几种操作系统;最后,介绍了有关二维码和 RFID 技术。

知识结构

移动商务通信技术 { 移动通信的基本概念:概念和分类 / 移动通信的特点和发展历程 / 几代移动通信技术简介:1G,2G,3G,4G,5G

移动无线互联网 { 无线通信系统:发射机与接收机的组成 / 无线网络:WLAN、WPAN、WMAN、WWAN

移动通信终端 { 移动通信终端设备:手机、掌上电脑、笔记本电脑、GPS 定位设备 / 移动通信终端设备的技术特征和发展趋势

移动通信操作平台 { 移动应用平台:SMS 平台、WAP 平台、IVR 平台 / 移动通信操作系统:Android、iOS 操作系统、Windows Phone 等

二维码与 RFID { 传统条形码 / 二维码:几种二维码介绍 / RFID:RFID 的组成与应用

2.1　移动商务通信技术

随着科学的进步,社会的发展,移动通信已成为目前通信技术中发展最快的一个领域。移动互联网时代,我们可以使用移动电话与人联系、访问互联网、浏览新闻、参加视频会议等,我国移动电话用户每年都以惊人的速度增长,移动通信技术发挥了关键性作用。移动商务是在移动通信的基础上所进行的各类商务活动,在学习移动商务之前,我们有必要了解和掌握移动商务通信技术。

2.1.1 移动通信的基本概念

在信息时代,随着手机、平板等移动通信终端的发展,人们对通信的需求日益迫切,人们越来越希望能够随时随地与任何人及时可靠地交换信息。显然,要想实现这种愿望,在大力发展固定通信的同时,更需要积极地发展移动通信。

移动通信是指通信双方至少有一方在移动中(或者临时停留在某一非预定的位置上)进行信息交换的通信方式。例如移动体(车辆、船舶、飞机)与固定点之间的通信,活动的人与固定点、人与人或人与移动体之间的通信等。

移动通信有多种方式,可以双向工作,如集群移动通信、无绳电话和蜂窝移动电话通信,但部分移动通信系统的工作是单向的,如无线寻呼系统。移动通信的类型很多,可按不同方法进行分类。

——按使用环境可分为陆地通信、海上通信和空中通信;
——按使用对象可分为民用设备和军用设备;
——按多址方式可分为频分多址(FDMA)、时分多址(TDMA)和码分多址(CDMA);
——按接入方式可分为频分双工(FDD)和时分双工(TDD);
——按工作方式可分为同频单工、异频单工、异频双工和半双工;
——按业务类型可分为电话网、数据网和综合业务网;
——按覆盖范围可分为广域网和局域网;
——按服务范围可分为专用网和公用网;
——按信号形式可分为模拟网和数字网。

2.1.2 移动通信的特点

2.1.2.1 移动通信必须利用无线电波进行信息传输

移动通信中基站与用户之间必须靠无线电波来传送消息。在固定通信中,传输信道可以是导线,也可以是无线电波,但是在移动通信中,由于至少有一方是运动着的,必须使用无线电波传输。

2.1.2.2 移动通信工作在复杂的干扰环境下

在移动通信系统中,使用无线电波传输信息,在传播过程中不可避免地会受到一些噪声和干扰的影响。除了一些外部干扰外,如来自工业噪声和人为噪声等,自身也会产生各种干扰。主要的干扰有互调干扰、邻频干扰、同频干扰及多址干扰等。因此,在系统设计中,可以使用抗干扰、抗衰落技术来减少这些干扰问题的影响。

2.1.2.3 移动通信可利用的频谱资源有限

移动通信可以利用的频谱资源非常有限,国际电信联盟(ITU)和各国都规定了用于移动通信的频段。为满足移动通信业务量的增加,只能开辟和启用新的频段或者在有限的已有频段中采取有效利用频率措施,如压缩频带、频道重复利用等。

2.1.2.4 移动通信的移动性强

由于移动用户需要随时随地准确地接收到可靠的信息,移动终端在通信区域内需要随时运动。移动通信必须具备很强的管理功能,进行频率和功率控制。

2.1.2.5 对移动终端的要求高

移动终端长期处于不固定位置,所以要求移动终端具有很强的适应能力。此外,还要求移动终端体积小、重量轻、携带方便和操作方便。而且移动终端必须适应新业务、新技术的发展,以满足不同人群的使用。

2.1.3 移动通信的发展

移动通信从 20 世纪初一直发展至今,从短距离的固定点与移动点的无线通信发展到如今的第五代移动通信(表 2-1)。

表 2-1 移动通信的发展历程

时间	历程	标志
1896 年	意大利人马可尼第一次用电磁波在固定点与一艘轮船之间进行了长距离通信实验	揭开了世界移动通信历史的序幕
20 世纪 20 年代至 20 世纪 40 年代中期	在短波几个频段上开发出专用移动通信系统	现代移动通信的起步阶段
20 世纪 40 年代中期至 20 世纪 60 年代初期	开发出公用移动通信系统	实现从专用移动网向公用移动网过渡
20 世纪 60 年代中期至 20 世纪 70 年代中期	美国推出了改进型移动电话系统	移动通信系统改进与完善的阶段
20 世纪 70 年代中期至 20 世纪 80 年代中期	美国贝尔实验室提出了蜂窝小区和频率复用的概念并开发先进的数字移动电话系统	第一代蜂窝移动通信系统发展了起来
20 世纪 80 年代中期至 20 世纪 90 年代后期	随着业务需求的日益增长,推出了数字移动通信系统,广泛采用了 TDMA 技术的 GSM 系统和采用 CDMA 的 IS-95 系统	移动通信跨入了第二代数字移动通信系统
20 世纪 90 年代后期	芬兰赫尔辛基召开的 ITU TG8/1 第 18 次会议上最终确定了 3 类共 5 种技术标准作为第三代移动通信的基础,其中 WCDMA、CDMA2000 和 TD-SCDMA 是 3G 的主流标准	进入了第三代移动通信系统的阶段
21 世纪初	电信设备商诺基亚-西门子表示自己通过下一代移动通信技术打了世界上第一个 LTE 电话	进入第四代移动通信系统的阶段
21 世纪 10 年代中期	ITU 开启了 5G 的前期研究工作,包括 5G 的愿景、技术趋势以及频谱,随后又开展了 5G 技术性能需求与评估方法的研究	进入了第五代移动通信系统的研究阶段

(续表)

时间	历程	标志
21世纪10年代后期至今	沃达丰和华为两公司在西班牙合作采用非独立的3GPP 5G新无线标准和Sub6 GHz频段完成了全球首个5G通话测试 中国工业和信息化部正式向中国电信、中国移动、中国联通、中国广电发放了5G商用牌照	进入了第五代移动通信系统的测试和商用阶段

2.1.4 几代移动通信技术简介

2.1.4.1 第一代移动通信技术(1G)

1982年,美国推出了Advanced Mobile Phone System(AMPS),又称国际标准IS-88。这个标准的推出受到了用户们的普遍欢迎。现在所指的1G就是AMPS。第一代移动通信系统最重要的特点是体现在移动性上,这是其他任何通信方式和系统不可替代的,从而结束了过去无线通信发展过程中时常被其他通信手段替代而处于辅助地位的历史。第一代移动通信技术主要采用的是模拟技术和频分多址(FDMA)技术,代表性产品是"大哥大"。模拟蜂窝系统的容量有限、保密性差,不能提供漫游,在许多地方已被淘汰。

2.1.4.2 第二代移动通信技术(2G)

为了满足人们对传输质量、系统容量和覆盖面的需求,第二代移动通信也随之产生。第二代移动通信标准有以摩托罗拉为代表的CDMA美国标准和以诺基亚为代表的GSM欧洲标准,在我国广泛应用的是GSM标准。1G主要使用的是模拟技术,而2G使用的是数字调制技术,其主要特性是为移动用户提供数字化的语音业务以及高质低价服务。第二代移动通信具有保密性强、频谱利用率高、能提供丰富的业务、标准化程度高等特点,使移动通信得到了空前的发展。2G时代代表性产品为诺基亚系列手机。

(1) GSM移动通信系统。GSM数字移动通信系统是由欧洲主要电信运营者和制造厂家组成的标准化委员会设计出来的,它是在蜂窝系统的基础上发展而成。GSM系统主要由移动终端(MS)、基站分系统(BSS)、网络子系统(MSS)和操作与维护分系统(OSS)等组成。

(2) IS-95 CDMA数字蜂窝通信系统。1993年美国电信工业协会(TIA)将CDMA定为美国数字蜂窝的临时标准IS-95。由于CDMA系统具有抗干扰性强、保密性好、容量高等优点,许多国家都觉得CDMA有很大的应用前景,纷纷引进了这个技术。CDMA由移动交换中心(MSC)、基站系统(BBS)、移动终端(MS)、管理维护中心(OMC)以及与市话网PSTN和综合业务数字网ISDN等组成。

2.1.4.3 第2.5代移动通信技术——GPRS技术

GPRS是通用分组无线业务(General Packet Radio Service)的英文简称,GPRS是

在现有的 GSM 网络基础上增加 GPRS 业务支持结点以及 GPRS 网点支持结点形成一个新的网络实体,提供端到端的、广域的无线 IP 连接,目的是为 GSM 用户提供分组形式的数据业务。GPRS 是一种新的移动数据通信业务,在移动用户和数据网络之间提供一种连接,给移动用户提供高速无线 IP 服务。GPRS 网络分为两个部分:无线接入和核心网。GPRS 提供了一种高效、低成本的无线分组数据业务,特别适用于间断的、突发性的和频繁的、少量的数据传输,可以用于数据传输,远程监控等应用,也适用于偶尔的大数据量传输。GPRS 系统由移动终端(MS)、服务 GPRS 支持节点(SGSN)、网关 GPRS 支持节点(GGSN)、计费网关(CG)、域名服务器(DNS)等组成。

2.1.4.4 第三代移动通信(3G)

国际电信联盟(ITU)定义的 IMT-2000(International Mobile Telecommunication-2000),简称 3G,相对第一代模拟通信系统(1G)和第二代 GSM、CDMA 等通信系统(2G),第三代移动通信一般是指将无线通信与国际因特网等多媒体通信结合的新一代移动通信系统,进入移动多媒体时代。2000 年 5 月,国际电信联盟确定了 WCDMA,CDMA 2000 与 TD-SCDMA 作为第三代移动通信的三大主流无线接口标准。

(1) WCDMA。宽带码分多址(Wideband Code Division Multiple Access,WCDMA)是一种 3G 蜂窝网络,使用的部分协议与 2G GSM 标准一致,WCDMA 是一种利用码分多址复用方法的宽带扩频 3G 移动通信空中接口。

(2) CDMA 2000。CDMA 2000 是在 IS-95 基础上的进一步发展,它对 IS-95 系统有向后兼容性,为了支持分组数据业务,核心网络在 ANSI-41 网络的基础上,增加了支持分组交换的部分,并逐步向全 IP 的核心网过渡。

(3) TD-SCDMA。时分同步的码分多址技术(Time Division-Synchronous Code Division Multiple Access,TD-SCDMA)作为中国提出的 3G 标准,自 1998 年正式向国际电信联盟(ITU)提交以来,完成了标准的专家评估、ITU 认可并发布。TD-SCDMA 标准是我国第一个具有完全自主知识产权的国际通信标准,而且在国际上被广泛接受和认可,是我国通信史上重要的里程碑,是我国通信史上的重大突破,中国在移动通信领域进入了世界领先之列。

2009 年 1 月 7 日,工业和信息化部宣布,批准中国移动通信集团公司增加基于 TD-SCDMA 技术制式的第三代移动通信业务经营许可,中国电信集团公司增加基于 CDMA2000 技术制式的 3G 业务经营许可,中国联合网络通信集团公司增加基于 WCDMA 技术制式的 3G 业务经营许可。随着 3G 牌照的发放,运营商之间的 3G 大战全面爆发。

2.1.4.5 第四代移动通信(4G)

虽然 3G 传输率已经很快,但还是存在着很多不尽人意的地方,例如高清视频观看、大数据传输等。4G 希望能提供更大的频宽需求,满足 3G 尚不能达到的在覆盖、质量、造价上支持的高速数据和高分辨率多媒体服务的需要。该技术能进一步提高数据传输速度,是集 3G 与 WLAN 于一体的并能够满足几乎所有用户对于无线服务的要求。2013 年 12 月,工业和信息化部宣布向中国移动、中国电信、中国联通颁发 4G 牌照,移动互联网进入了一个新的时代。

4G 是 3G 技术的进一步演化,是在传统通信网络和技术的基础上不断提高无线通信的网络效率和功能的技术。全 IP 网络比较恰当地描述了 4G 网络的特点。在这个网络中,无线网络(包括 WLAN,2G,3G 移动通信网络和其他网络)将成为 Internet 子网的自然延伸,移动终端是可激活的 IP 客户端。而且全网络的信息传输速率更快、带宽更宽、容量更大、智能型更高、兼容性更强、多媒体质量更高。如今 4G 已经像"水电"一样成为我们生活中不可缺少的基本资源。

2.1.4.6　第五代移动通信(5G)

近年来,5G 已成为通信业和学术界研究的热点,主要有两个驱动力:一方面以长期演进(LTE)技术为代表的 4G 已全面商用,对下一代技术的讨论提上日程;另一方面,移动数据的需求爆炸式增长,现有移动通信系统难以满足未来需求,急需研发新一代 5G 系统。自 2012 年 7 月,国际电信联盟开始筹备启动新一轮的移动通信系统研究工作,旨在研究面向 2020 年及未来的移动通信市场、用户、业务应用趋势,并提出未来移动通信系统的总体框架和关键能力。2015 年 6 月正式确定第五代移动通信系统的名称为 IMT-2020(5G),5G 不仅在用户体验速率、连接数密度、端到端时延、峰值速率和移动性等关键能力上比前几代移动通信系统更加丰富,而且能为实现海量设备互联和差异性服务场景提供技术支持。为把握 5G 的发展机遇,我国在 2013 年 2 月成立了 IMT-2020(5G)推进组,由工信部、科技部、发改委三部委联合成立,目前已有 56 家成员单位,涵盖国内移动通信领域产学研用主要力量,是推动国内 5G 技术研究及国际交流合作的主要平台。2019 年 6 月 6 日,工业和信息化部向中国电信、中国移动、中国联通、中国广电发放 5G 商用牌照,标志着中国正式步入 5G 商用元年。

5G 与传统的几代移动通信有所不同,不再由某项业务能力或者某个典型技术特征所定义,它不仅是更高速率、更大带宽、更强能力的技术,而且是一个多业务、多技术融合的网络,更是面向业务应用和用户体验的智能网络,最终打造以用户为中心的信息生态系统。5G 应用场景大致可分为以下几类。

(1) 低移动性高速率类应用场景:主要包括密集住宅区、办公室、城市热点如 CBD 和大型集会等,对应的主要业务有高清视频、虚拟现实、增强现实以及云存储等。这类应用场景的主要挑战在于高速率、高连接密度等。

(2) 高移动性广覆盖类应用场景:主要发生在高铁、快速路以及地铁等对移动性要求较高的地点,其对应的主要业务有实时在线游戏、网页浏览、云端办公等。这类应用场景主要挑战在于有一定移动性的前提下保持一定的体验速率。

(3) 低功耗大连接类应用场景:主要面向传感器类应用,包括环境监测、智能报表和可穿戴设备等方面,主要挑战在于连接数巨大且功耗要求低。

(4) 低时延高可靠类应用场景:主要包括工业及医疗行业的自动控制类业务、交通行业的自动驾驶、智能电网等,主要挑战在于时延和移动性等方面的要求。

根据 3GPP 标准化组织最新制定的技术标准,5G 移动通信网络架构的设计采用了 SDN 和 NFV 等新技术,以支持高效的数据连接和服务。该系统架构引入了许多新特性,例如网络功能模块化设计、控制功能和转发功能的分离、接口服务化和 IT 化、增强的能力开放等,以满足 5G 网络灵活、高效、开放的发展趋势。5G 网络的关键性指标如下。

(1) 峰值速率需达到 10 Gbps 以满足高清视频、虚拟现实等大数据量传输;

(2) 空中接口时延水平需在 1 ms 左右,满足自动驾驶、远程医疗等实时应用;

(3) 超大网络容量,提供千亿设备的连接能力,满足物联网通信;

(4) 频谱效率要比 LTE 提升 5～15 倍;

(5) 连续广域覆盖和高移动性下,用户体验速率达到 0.1 Gbps～1 Gbps;

(6) 流量密度和连接数密度大幅度提高,实现每平方公里一百万的连接数密度;

(7) 系统协同化、智能化水平提升,表现为多用户、多点、多天线、多摄取的协同组网,以及网络间灵活地自动调整。

2.2 移动无线互联网

1865 年,英国物理学家麦克斯韦尔在《电磁场的动力理论》中证明了电磁波的存在;1899 年,意大利电气工程师和发明家马可尼等人利用电磁波进行远距离无线电通信取得了成功;1901 年,马可尼又成功实现了横跨大西洋彼岸的通信;1906 年,费森登在美国实现了历史上首次无线电广播。此后,世界进入了无线电通信时代。

2.2.1 无线通信系统

我们用收音机收听广播电台节目时,在节目收听过程中,广播电台播音员(节目源)产生信号,发射机通过发射天线发射信号,收音机接收信号,这里广播电台播音员、发射机、天线和收音机组成了一个简单的无线通信系统。也就是说无线通信系统是指利用电磁波在空间传播完成信息传输的系统。最基本的无线通信系统由信源、发射机、接收机、无线信道和信宿组成,如图 2-1 所示。

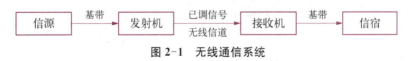

图 2-1　无线通信系统

(1) 发射机组成。发射机的主要任务是完成有用的低频信号对高频载波的调制,将其转变为在某一中心频率上具有一定带宽、适合通过天线发射的电磁波。通常,发射机包括三个部分:高频部分、低频部分和电源部分。典型的超外差式调幅发射机系统原理框图如图 2-2 所示。

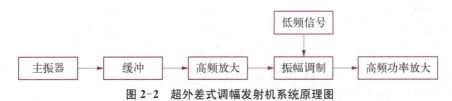

图 2-2　超外差式调幅发射机系统原理图

（2）接收机组成。接收机的主要任务是从已调制 AM 波中解调出原始有用信号，主要由输入电路、混频电路、中放电路、检波电路、低频放大器和低频功率放大电路组成。原理框图如图 2-3 所示。

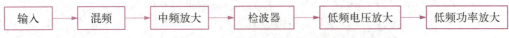

图 2-3　超外差式调幅接收机系统原理图

当无线用户之间可以直接进行通信时，就称为点对点通信。根据用户之间信息传送的方向，可以分为单工通信与双工通信。单工通信就是只有从发射器到接收器这一个方向，消息只能单向传输。通常所说的通信都是双工通信，即消息可以在两个方向上进行传输，例如手机通信。

2.2.2　无线网络

无线网络指的是不需要电缆即可在节点之间相互连接的网络。若无线用户之间由于距离或其他原因，不能直接进行信息传输而必须通过中继方式进行时，称为无线网络通信方式。无线网络可以有很多种形式，其中最经典的就是星状网络。位于网络中央的中继器可以是移动网络中的基站，它由发射器和接收器组成，可以将来自一个无线设备的信号中继到另一个无线设备，保证网络内的用户通信。无线网络的架构如图 2-4 所示。

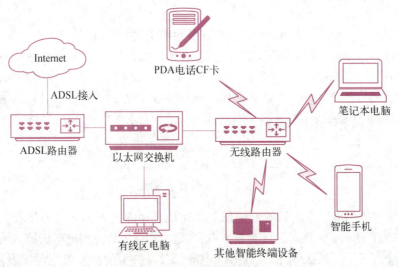

图 2-4　无线网络的架构

整个无线网络可以划分为四个范畴：无线广域网（WWAN）、无线城域网（WMAN）、无线局域网（WLAN）和无线个域网（WPAN）。从范畴上来看，无线网络目前只是在 WLAN 领域和 WPAN 领域发展比较成熟，无线个域网（WPAN）是在小范围内相互连接数个装置所形成的无线网络，例如蓝牙连接耳机及掌上电脑。而 WMAN（WiMAX）提出不久，还有很多问题尚未解决。

(1) 无线局域网。无线局域网(Wireless Local Area Network,WLAN),是指应用无线通信技术将一些智能设备互联起来,构成可以互相通信和实现资源共享的网络体系,是有线局域网的一种扩展,使得局域网能够脱离网线的束缚。一个完整的无线局域网由无线终端、无线介质、无线接入点和分布式系统组成,如图2-5所示。WLAN技术可以使用户在公司、校园大楼或机场等公共场所创建无线连接,用于不便于铺设线缆的场所。目前,无线局域网主要使用Wi-Fi技术。随着以太网的广泛应用,WLAN在一定程度上满足人们对移动设备接入网络的需求。

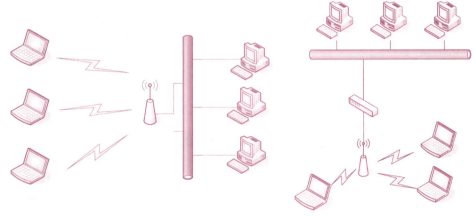

图2-5　无线局域网结构图　　　　图2-6　Wi-Fi与现有网络的集成

Wi-Fi(Wireless Fidelity)是IEEE定义的一个无线网络通信的工业标准(IEEE802.11),在无线局域网的范畴是指"无线相容性认证",同时也是一种无线联网的技术,通过无线电波来联网。Wi-Fi是一种可以将个人电脑、手持设备(如PDA、手机)等终端以无线方式互相连接的技术。目前,除了家庭网络外,还没有完全建立在无线技术上的网络。使用Wi-Fi技术配置的网络常常与现有的有线网络相互协调共同运行。Wi-Fi一边可以通过无线电波与无线网络相连,另一边可以通过无线网关连接到无遮蔽双绞线(Unshield Twisted Pair,UTP)电缆,如图2-6所示。

(2) 无线个域网。无线个域网(Wireless Personal Area Network,WPAN)是通过无线电波连接个人邻近区域内的计算机和其他设备的通信网络。目前主要的WPAN技术包括蓝牙技术和红外通信技术。

① 蓝牙技术。蓝牙是由爱立信、国际商用机器、英特尔、诺基亚和东芝5家公司于1998年5月共同提出开发的一种全球通用的无线技术标准。蓝牙是一种替代线缆的短距离无线传输技术,使特定的移动电话、笔记本电脑以及各种便携式通信设备能够相互在10米左右的距离内共享资源。图2-7所示为蓝牙通过手机和其他移动设备的连接。

蓝牙的主要优点有:蓝牙的成本比较低,保证了蓝牙的广泛实施;蓝牙技术的工作频段全球通用,适用于全球范围内用户无界限的使用;任一蓝牙设备在传输信息时都要有密码,保证了通信的安全性;蓝牙的通信距离为10 m,可以在办公室内任意传输;蓝牙具备自动发现能力,使用户能够很简便的操作界面访问设备;跳频技术使蓝牙系统具有足够高的抗干扰能力;蓝牙技术的兼容性较好,蓝牙技术已发展为独立于操作系统的

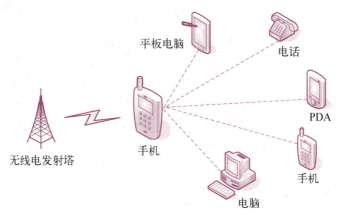

图 2-7　蓝牙传输图

一项技术,实现了各种操作系统间良好的兼容性能。

② 红外通信技术。红外线是指波长超过红色可见光的电磁波,IrDA(红外通信)顾名思义就是通过红外线进行数据传输的无线技术,利用红外线技术在电脑或其他移动设备间可以进行无线数据交换。目前使用的红外线已发展到了 16 Mb/s 的速率。

目前无线电波和微波已被广泛地应用在长距离的无线通信中,但由于红外线的波长较短,对障碍物的衍射能力差,所以更适合应用在需要短距离无线通信的场合,进行点对点的直线数据传输。随着移动计算和移动通信设备的日益普及,红外数据通信已经进入了一个发展的黄金时期。目前,红外通信在小型的移动设备中获得了广泛的应用,包括笔记本电脑、掌上电脑、游戏机、移动电话、仪器仪表、个人数码助理以及打印机之类的计算机外围设备,电视机、空调的遥控器等。

(3) 无线城域网。无线城域网(Wireless Metropolitan Area Network,WMAN)采用无线电波使用户在主要城市区域的多个场所之间创建无线连接,而不必花费高昂的费用铺设光缆、电缆和租赁线路,如图 2-8 所示。IEEE 为无线城域网推出了 802.16 标

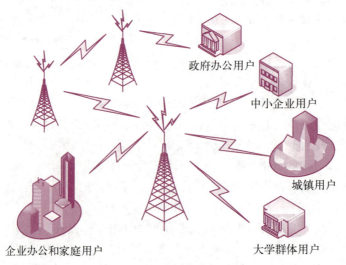

图 2-8　无线城域网结构图

准,同时业界也成立了类似 Wi-Fi 联盟的 WiMax 论坛。

WiMax 的全名是微波存取全球互通(Worldwide Interoperability for Microwave Access),WiMax 应用主要分成两个部分:一个是固定式无线接入,一个是移动式无线接入。现阶段的主要应用系统为以 IEEE 802.16d 标准为主的固定宽带无线接入系统和以 IEEE 802.16e 标准为主的移动宽带无线接入系统。主要参数如表 2-2。WiMax 也有自身的许多优势:实现更远的传输距离;提供更高速的宽带接入;提供优良的最后一公里网络接入服务;提供多媒体通信服务;应用范围广。

表 2-2 WiMax 系统主要参数

技术参数	802.16e	802.16d
带宽(MHz)	1.25—20	1.75—20
频段(GHz)	2—6	2—11
移动性	中低车速(<120 km/h)	固定或漫游
传输技术	多载波、OFDMA	多载波、OFDM
峰值速率(Mbit/s)	15(5 MHz)、30(10 MHz)	75(20 MHZ)
小区间切换	支持	不支持
调制方式	上行:BPSK、QPSK、16QAM;下行:BPSK、QPSK、16QAM、64QAM	
多址方式	OFDMA	
双工方式	TDD、FDD	
增强型技术	智能天线、MIMO、HARQ、AMC	

(4) 无线广域网。无线广域网(Wireless Wide Area Network,WWAN)是指覆盖全国或全球范围内的无线网络,提供更大范围内的无线接入。与无线个域网、无线局域网和无线城域网相比,它更加强调快速移动性,典型的 WWAN 就是 GSM 移动通信系统和卫星通信系统。IEEE 802.20 是 WWAN 的重要标准,由 IEEE 802.16 工作组于 2002 年 3 月提出的。IEEE 802.20 是为了实现高速移动环境下的高速率数据传输率,以弥补 IEEE 802.1x 协议族在移动性上的劣势。IEEE 802.20 技术可以有效解决移动性与传输速率相互矛盾的问题,它是一种适用于高速移动环境下的宽带无线接入系统空中接口规范。

2.3 移动通信终端

移动通信终端就是能接受移动通信服务的设备,是移动通信系统的重要组成部分。移动用户可以通过移动通信终端接触移动通信系统,使用所有移动通信服务业务,由此可见终端的重要性。

2.3.1 移动通信终端设备

移动通信终端产品现在非常多,个人移动通信终端设备主要包括:手机、平板电脑、掌上电脑、笔记本电脑等。按照网络的不同,有 GSM、CDMA、WCDMA、TD-SCDMA 等;按照结构的不同有直板机、折叠机和滑盖机的区分;各种终端产品对使用者来说没有太大的区别,只是运营商不同,如中国移动、中国联通、中国电信;功能上大同小异,但是外观上千差万别。

(1)手机。手机通常被视为集合了个人信息管理和移动电话功能的手持设备。日本通常称为手提电话、携带电话,早期又有"大哥大"的俗称,是可以在较广范围内使用的便携式电话终端。手机从性能上分为智能手机和非智能手机。

(2)平板电脑。平板电脑通常又称为便携式电脑(Tablet Personal Computer,Tablet PC),是一种小型、方便携带的个人电脑,以触摸屏作为基本的输入设备。用户可以通过触控笔、数字笔或手势进行操作而不需要传统的键盘和鼠标。平板电脑集移动商务、移动通信和移动娱乐为一体,方便用户随时随地进行办公、学习、娱乐等活动。随着移动互联网技术的成熟,移动 APP 的大众化,平板电脑也得到了广泛应用,生活中随处可见,如餐厅点餐、课堂教学等。平板电脑使用的操作系统主要有 Windows、Android、iOS 等。

(3)掌上电脑。掌上电脑属于个人数字助理(Personal Digital Assistant,PDA)的一种。正如"掌上电脑"这个名字一样,它在许多方面和我们的台式机相像,比如它同样有 CPU、存储器、显示芯片以及操作系统等。掌上电脑和台式机的区别就是一个是可以在移动中进行个人数据处理,另一个是在固定点进行个人数据处理。这种手持设备集中了存储、办公、电话、传真和网络等多种功能。它不仅可用来管理个人信息(如通信录、计划等),更重要的是可以上网浏览,收发 Email,可以发传真,甚至还可以当作手机来用。尤为重要的是,这些功能都可以通过无线方式实现。

(4)笔记本电脑。笔记本电脑是台式 PC 的微缩与延伸产品,也是用户对电脑产品更高需求的必然产物。其发展趋势是体积越来越小,重量越来越轻,而功能却越发强大。其便携性和备用电源使移动办公成为可能,因此市场容量迅速扩展。

(5)GPS 定位设备。全球定位系统(Global Position System,GPS)是在全球范围内实时进行定位、导航的系统。GPS 功能必须具备 GPS 终端、传输网络和监控平台三个要素,缺一不可。GPS 定位设备功能包括:全球卫星定位、电子导航、语音提示、偏航纠正等,GPS 导航系统现在已经被广泛使用。

2.3.2 移动终端设备的技术特征

移动终端设备不同于传统的固定办公设备,它有许多特殊的技术特征。典型的移动终端设备一般包括:输入工具、一个以上的显示屏幕、一定的计算和存储能力以及独立的电源。移动设备的主要特性如下。

(1) 移动设备的显示屏幕小，而大多数设备使用多义键盘，通过按键来确定具体语义，操作起来比较麻烦，可操作性差。

(2) 移动设备都是依靠电池来维持的，而电池的使用期限很短。电池技术尽管一直在不停地发展，但是容量还是个限制因素。

(3) 移动设备在内存、磁盘的容量比传统的固定设备要小很多。

(4) 移动设备的安全性较差。

移动通信终端正逐渐向智能化方向发展，终端不仅是使用通信的工具，更是技术发展、市场策略和用户需求的体现。因此，受到移动互联网和物联网等战略发展方向的影响，移动通信终端向通信终端融合化和各类物品通信化发展，如表2-3所示。

表2-3 移动终端的发展趋势

通信终端融合化	以通信终端为基础，通过融合各类业务和功能，实现手机的多功能化
各类物品通信化	在物联网时代，通过嵌入式智能芯片和各类中间件技术，可以使物品和物品间进行通信，并实现人对物品的管理

2.4 移动通信操作平台

2.4.1 移动应用平台

目前主要有三种移动应用平台，分别是移动消息平台、移动网络接入平台以及互动式语音应答(IVR)平台。

(1) 移动消息平台。移动消息平台主要包括短信息服务和多媒体信息服务，都可用于建立点对点的短信业务平台，在此基础上也可以开发各种增值服务。

短信息服务SMS(Short Messaging Service，SMS)是指在无线电话或传呼机等无线设备之间传递小段文字或数字数据的一种服务，也是现在普及率最高的一种短消息业务。SMS以简单方便的使用功能受到大众的欢迎，虽然SMS早就问世了，但是在内容和应用方面存在技术标准的限制。随着短信息的逐步流行，增强型信息服务使用了SMS技术并新增了对声音、图像和动画的支持。

多媒体短信服务(Multimedia Messaging Service，MMS)通常又称为彩信，它和SMS相比最大的特色就是支持多媒体功能。MMS能够传递功能全面的内容和信息，包括图像、音频信息、视频信息、数据以及文本等多媒体信息。MMS还可以和手机摄像头结合，将手机上拍的照片通过MMS传给亲朋好友。但是无论是发送还是接收信息，MMS都需要GPRS的支持。

(2) 移动网络接入平台。WAP平台是开展移动商务的核心平台之一。通过WAP平台，手机可以方便快捷地接入互联网，真正实现不受时间和地域约束的移动商务。

WAP是一种通信协议,它是基于在移动中接入因特网的需要提出和发展的。WAP提供了一套开放、统一的技术平台和一种应用开发、应用环境,用户使用移动设备很容易访问和获取因特网或企业内部网信息和各种服务。

WAP应用模型由WAP客户端、WAP网关和WAP内容服务器三部分组成,这三者缺一不可。客户端主要指支持WAP协议的移动用户设备终端,如WAP手机。WAP网关是WAP应用实现的核心,由协议网关和内容编解码器两部分组成。WAP内容服务器存储着大量的信息,WAP手机用户可以用来访问、查询、浏览等。

要想在移动终端上获得丰富的信息内容,除了需要无线通信协议外,还需要一种标记语言,以描述信息的展现格式。无线标记语言(Wireless Markup Language,WML)类似于HTML语言,HTML编写的内容可以在电脑上用浏览器进行阅读,而WML编写的内容可以在移动终端的WAP浏览器上提供文本浏览、数据输入、图像和表格呈现以及按钮和超级链接等功能。

(3) 交互式语音应答(IVR)平台。交互式语音应答(Interactive Voice Response,IVR)系统是呼叫中心的重要组成部分,在呼叫过程中起着不可替代的作用。IVR是自动与用户进行交互式操作的业务。当客户联系呼叫中心时,首先接入IVR平台,在确认用户信息后,根据IVR给出的提示信息,用户根据提示进行互动操作,从而达到所需要的服务菜单。若用户的问题在IVR内得不到解决,则转向人工热线服务。移动IVR还可以利用手机终端独有的收发短信功能,实现语音和短信的互动。

随着呼叫中心信息服务的发展,IVR系统提供的功能急剧增加,用户就要对IVR系统有很深的了解,很多用户都会觉得IVR操作烦琐而选择人工服务,就会降低IVR的利用率。但相信随着技术的发展,IVR将成为继移动消息平台和WAP平台之后,又一个能提供综合业务服务的移动应用平台。

2.4.2 移动通信操作系统

操作系统是对计算机系统内各种硬件和软件资源进行控制和管理、有效地组织多道程序运行的系统软件,是用户与计算机之间的接口。以前广泛认为操作系统就是计算机所拥有的,现在手机也应用了操作系统。

计算机操作系统主要分为两种:一种是Windows类,包括Windows 2000、Windows XP、Vista、Win7,它们的关系都是后者为前者的升级版本;另一种是UNIX类,包括UNIX、Linux等,相互之间兼容性较好。而手机上采用的操作系统有:Android、iOS、Windows Phone、Symbian、BlackBerry OS、Windows Mobile、Harmony等。其中,当前应用最广的Android、iOS和Windows Phone。下面分别简要介绍这些操作系统。

(1) Android操作系统。Android是谷歌(Google)于2007年11月5日宣布的基于Linux平台的开源手机操作系统,该平台由操作系统、中间件、用户界面和应用软件组成,Android操作系统体系结构分层及各层主要包含内容如图2-9所示。

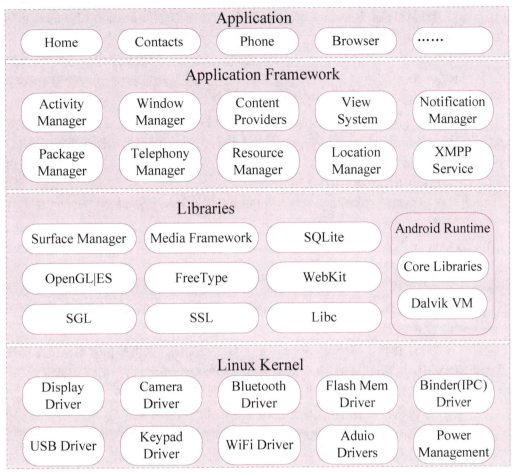

图 2-9 Android 系统架构

Android 系统架构由 5 部分组成，分别是：Linux Kernel、Android Runtime、Libraries、Application Framework、Applications。

① Linux Kernel(Linux 内核)。Android 的核心系统服务依赖于 Linux 2.6 内核，如安全性、内存管理、进程管理和驱动模型。Linux 内核也同时作为硬件和软件栈之间的抽象层。除了标准的 Linux 内核外，Android 还增加了内核的驱动程序：Binder (IPC) 驱动、显示驱动、输入设备驱动、音频系统驱动、摄像头驱动、Wi-Fi 驱动、蓝牙驱动、电源管理。

② Android Runtime(Android 运行库)。Android 的核心类库提供 Java 编程语言核心库的大部分功能。每个 Android 应用都运行在自己的进程上，享有 Dalvik 虚拟机为它分配的专有实例。Dalvik 虚拟机依赖于 Linux 内核的一些功能。

③ Libraries(程序库)。Android 包含一套 C/C++ 库，Android 系统的各式组件都在使用这些库。这些功能通过 Android 应用框架为开发人员提供服务。

④ Application Framework(应用框架)。在 Android 系统中，开发人员也可以完全

访问核心应用程序所使用的 API 框架。其中包括：视图(Views)、内容提供器(Content Providers)、资源管理器(Resource Manager)、通知管理器(Notification Manager)和活动管理器(Activity Manager)等。

⑤ Applications(应用程序)。Android 会和一系列核心应用程序包一起发布，该应用程序包包括 email 客户端、SMS 短消息程序、日历、地图、浏览器、联系人管理程序等。所有的应用程序都是使用 JAVA 语言编写的。

Android 手机操作系统具有开源、免费、实用等特性，受到广大手机厂商、应用开放人员的青睐。各个手机厂商可以在原生系统上进行扩展，定制自己的操作系统，国内的小米、华为、联想等手机大多是基于 Android 系统，Android 手机性价比较高，满足国内大众需求，在国内市场上所占份额近 80%。

(2) iOS 操作系统。iOS 是由苹果公司开发的移动操作系统，最早于 2007 年 1 月 9 日在 MacWorld 大会上公布，最初是为 iPhone 设计，后来陆续应用到 iPod touch、iPad 以及 Apple TV 等产品上。原本命名为 iPhone OS，2010 年 6 月 7 日 WWDC 大会上宣布改名为 iOS。

iOS 的系统架构分为四个层次：核心操作系统层(Core OS layer)、核心服务层(Core Services layer)、媒体层(Media layer)、可轻触层(Cocoa Touch layer)。各层包含的一些组件如图 2-10 所示。

① Core OS：提供了整个 iPhone OS 的一些基础功能。这里所包含的框架常常被其他框架所使用。CoreBluetooth 框架利用蓝牙和外设交互，包括扫描连接蓝牙设备，保存连接状态，断开连接，获取外设的数据或者给外设传输数据，等等。Security 框架提供管理证书，公钥和私钥信任策略等等与安全相关的解决方案。

② Core Services：为应用提供所需要的基础的系统服务。如 Accounts 账户框架，广告框架，数据存储框架，网络连接框架，地理位置框架，运动框架，等等。这些服务中的最核心的是 CoreFoundation 和 Foundation 框架，定义了所有应用使用的数据类型。

③ Media：提供应用中视听方面的技术，如图形图像相关的 CoreGraphics、CoreImage、GLKit、OpenGLES、CoreText、ImageIO 等等。声音技术相关的 CoreAudio、OpenAL、AVFoundation，视频相关的 CoreMedia、Media Player 框架，音视频传输的 AirPlay 框架等等。

④ Cocoa Touch：为应用程序开发提供了各种常用的框架并且大部分框架与界面有关，负责用户在 iOS 设备上的触摸交互操作。如 NotificationCenter 的本地通知和远程推送服务，iAd 广告框架，GameKit 游戏工具框架，消息 UI 框架，图片 UI 框架，地图框架，等等。

从最初的 iPhone OS，演变至最新的 iOS 系统，横跨 iPod Touch、iPad、iPhone，成为苹果最强大的操作系统，能给用户带来极佳的使用体验。苹果手机主打高端产品，因良好的设计与用户体验，受到青年人的热捧，市场份额仅次于 Android，位居第二。

(3) Windows Phone 操作系统。Windows Phone 是微软于 2010 年 10 月 21 日正

图 2-10　iOS 系统架构图

式发布的一款手机操作系统,初始版本命名为 Windows Phone 7.0。2011 年 2 月,诺基亚与微软达成全球战略同盟并深度合作共同研发该系统。2011 年 9 月 27 日,微软发布升级版 Windows Phone 7.5,这是首个支持简体中文的系统版本。Windows Phone 具有桌面定制、图标拖拽、滑动控制等一系列前卫的操作体验,主屏幕通过提供类似仪表盘的体验来显示新的电子邮件、短信、未接来电、日历等,让人们对重要信息保持时刻更新,系统嵌入了微软 Office 办公套装。Windows Phone 力图打破人们与信息和应用之间的隔阂,提供适用于人们包括工作和娱乐在内完整生活的方方面面。Windows Phone 的系统架构如图 2-11 所示。

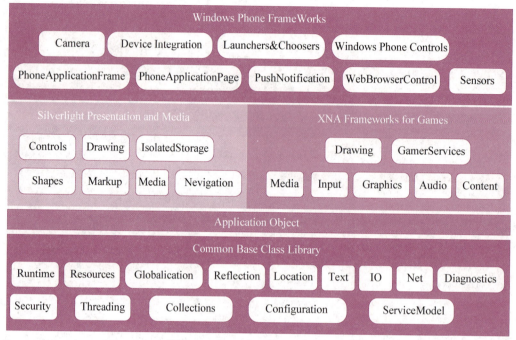

图 2-11 Windows Mobile 系统架构

2.5 二维码与 RFID

我们生活中随处都可以看到条形码,在超市里营业员通过扫描物品的条形码,就能在结算的机器里看到该物品的价格;在图书馆里,工作人员通过扫描书的条形码就可以辨别出该书借还的状态等。为了提高计算机识别的效率,增强其准确性,先后出现了传统条形码、二维条形码、无线射频识别技术等。

2.5.1 传统条形码

传统条形码由一组按一定编码规则排列的宽度不等的多个黑条和空白组成,表示一定的字符、数字及符号信息的图形标识符。条形码自动识别系统由条形码标签、条形码生成设备、条形码识读器和计算机组成,通过扫描条形码标签即可在计算机上显示相关信息,是迄今为止使用最为广泛的一种自动识别技术。条形码技术具有以下优点。

(1) 输入速度快:和键盘输入相比,条形码输入的速度是键盘输入的 5 倍,并且能实现"即时数据输入"。

(2) 可靠性高:键盘输入数据出错率为三百分之一,利用光学字符识别技术出错率为万分之一,而采用条形码技术误码率低于百万分之一。

(3) 采集信息量大：利用传统的一维条形码一次可采集几十位字符的信息，二维条形码更可以携带数千个字符的信息，并有一定的自动纠错能力。

(4) 灵活实用：条形码既可以作为一种识别手段单独使用，也可以和有关识别设备组成一个系统实现自动化识别，还可以和其他控制设备连接起来实现自动化管理。

此外，条形码标签制作简单，对设备和材料没有特殊要求，识别设备操作容易，不需要特殊培训，并且设备也相对便宜，成本非常低。

超市里商品的条码和包装袋上的条码，如图2-12所示，基本上都是一维条码，是利用条码的粗细及黑白线条来代表信息，当扫描器扫描一维条码时，即使将条码上下遮住一部分，所扫描出来的信息也都是一样。

图2-12 一维条码

到目前为止，常见的条形码的码制大概有二十多种，其中广泛使用的码制包括Code39码、交叉25码、EAN码、交叉25码、UPC码、Code128码以及Codabar码等。不同的码制具有不同的特点，适用于一种或若干种应用领域。

2.5.2 二维码

20世纪70年代，在计算机自动识别领域出现了二维条形码技术，二维码效果如图2-13所示，它将条形码的信息空间从一维扩展到二维，具有信息容量大、可靠性高、准确性高、防伪性高、保密性强等诸多优点。

二维条码通常分为两种类型：行排式二维条码和矩阵式二维条码。在目前几十种二维条码中，常用的码制有：PDF417，Code 49，Data Matrix，Code 16K，Maxi Code，QR Code，Code One等。表2-4列出了几种常用的二维条码的基本情况及条码样图。

图2-13 二维条码

表2-4 常用二维码基本情况表

种类	简图	概述
PDF 417		是一种多层、可变长度、具有高容量和纠错能力的二维条码，它可以表示1100个字节、或1800个ASCⅡ字符或2700个数字的信息
Code 49		是一种多层、连续型、可变长度的条码符号，它可以表示全部的128个ASCII字符

（续表）

种　类	简　图	概　述
Code 16K		是一种多层、连续型可变长度的条码符号，可以表示全 ASCII 字符集的 128 个字符及扩展 ASCII 字符
QR Code 条码		是由日本 Denso 公司于 1994 年 9 月研制的一种矩阵式二维条码，可表示汉字及图像多种信息
Data Matrix 条码		每个 Data Matrix 符号由规则排列的方形模块构成的数据区组成
Maxicode		是一种固定长度（尺寸）的矩阵式二维条码，可表示全部 ASCII 字符和扩展 ASCII 字符
Code One 条码		是一种用成像设备识别的矩阵式二维条码。它包含可由快速线性探测器识别的识别图案

2.5.3　RFID

2.5.3.1　RFID 系统组成

RFID 是 Radio Frequency Identification 的缩写，即射频识别，俗称电子标签。RFID 射频识别是一种非接触式的自动识别技术，它通过射频信号自动识别目标对象并获取相关数据，实现对静止的或移动中的物品的识别。作为条形码的无线版本，

RFID 技术具有防水、体积小、使用寿命长及存储数据容量大等优点。最基本的 RFID 系统由三部分组成：标签(Tag)、阅读器(Reader)、天线(Antenna)。如图 2-14 所示。

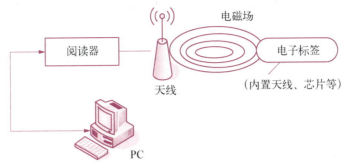

图 2-14　RFID 系统

电子标签是射频识别系统的数据载体，电子标签由标签天线和标签专用芯片组成。每个标签具有唯一的电子编码，实现被识别物体信息的存储。RFID 阅读器(读写器)通过天线读取、写入 RFID 电子标签上的信息。天线负责在标签与阅读器之间传输数据和信号。

2.5.3.2　RFID 的技术标准

为了能够被广泛接受，任何技术都需要某种标准和规范，以提供设计、制造和使用这项技术的方针。目前 RFID 技术存在两个标准体系：ISO 标准体系、EPC Global 标准体系。

(1) ISO 标准体系。国际标准化组织(ISO)制定的 RFID 标准是用于读写器和标签通信的频率与协议标准。RFID 领域的 ISO 标准可以分为四大类：技术标准(如符号、射频识别技术、IC 卡标准等)、数据内容标准(如编码格式、语法标准等)、一致性标准(如测试规范、印刷质量等标准)和应用标准(如船运标签、产品包装标准等)，如图 2-15 所示。

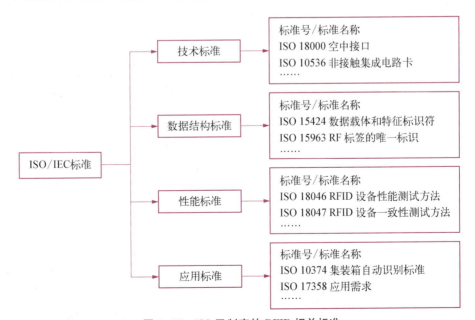

图 2-15　ISO 已制定的 RFID 相关标准

（2）EPC global 标准体系。EPC global 是由美国统一代码协会（UCC）和国际物品编码协会（EAN）共同成立的标准组织，是目前全球实力最强的 RFID 标准组织。图 2-16 是 EPC global 体系框架，它是 RFID 典型应用系统的一种抽象模型，它包含三种主要活动：EPC 数据交换（提供了用户访问 EPC global 业务的方法）、EPC 基础设施（用来收集和记录 EPC 数据）和 EPC 物理对象交换（用户能与 EPC 编码的物理对象进行交互，并能方便地获得相应的物品信息）。

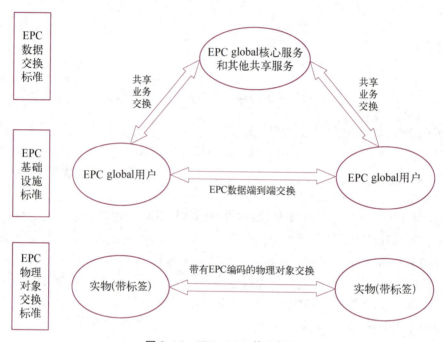

图 2-16　EPC global 体系框架

2.5.3.3　其他自动识别技术

常用的自动识别技术除了有条形码和射频识别技术外，还包括语音识别、生物识别、磁卡和接触 IC 卡。表 2-5 就是对这几种常用的自动识别技术进行比较。

表 2-5　几种常用自动识别技术的比较

	信息容量	读写性能	保密性	环境适应性	成本	通信速度	识别速度	多标签识别
条　码	小	R	无	不好	最低	低	低	不能
语音识别	大	R	无	一般	较高	较低	很低	不能
生物识别	大	R	好	一般	较高	较低	很低	不能
磁　卡	较小	R/W	一般	一般	低	快	低	不能
接触 IC 卡	大	R/W	好	一般	较高	快	低	不能
射频识别	大	R/W	好	好	较高	很快	很快	能

2.5.3.4 RFID 技术的应用

自 20 世纪 90 年代以来,射频识别技术在全世界范围内得到了很快的发展。经过十几年的发展,射频识别技术在各行各业得到了广泛的应用。如表 2-6 所示。

表 2-6 RFID 的应用

应用领域	具 体 应 用
物流行业	包括运输业、仓储业、包装业、装卸业、物流信息业和加工配送业等。根据物流供应链管理需要,在仓储、运输、装卸、包装、配送等应用场景,应用 RFID 技术进行运输管理、货物跟踪以及物流数据交换等,实现物流企业的 RFID 信息服务系统
公共管理	包括医药业、人员管理和门禁管理以及交通领域等。药品上的电子标签能防范假药和降低处方误差等,RFID 与车牌识别技术的有效结合能够对所有车辆实现高度自动化的检查
生产领域	包括制造业、汽车业、农业等。生产领域使用电子标签,可以全面提高生产、制造和加工产业的管理效率
政府应用	包括电子政务和国防与安全等。RFID 可以使电子政府服务更灵活、有效和安全,而且在政府增强国防和安全体系方面发挥了重要的作用
消费者应用	包括图书馆和影视出租商店、个人福利与安全、体育与休闲、购物与餐饮和智能家居等。RFID 技术可以使图书馆管理员更方便地管理借书和控制借出的书籍,使顾客在购物与餐饮时更快地结账付款,还可以方便人们的日常生活

随着技术的不断进步,RFID 产品的种类会越来越多,应用也会更加全球化。相信在未来的几年里,RFID 技术会越来越完善。

此外,在 RFID 技术基础上还衍生出了一种新兴技术——NFC(Near Field Communication,近场通信)。NFC 是在 RFID 技术基础之上,结合无线互联技术研发而成,通过在单一芯片上集成感应式读卡器、感应式卡片和点对点通信的功能,利用移动终端实现移动支付、电子票务、门禁、移动身份识别、防伪等应用。它为我们日常生活中越来越普及的各种电子产品提供了一种十分安全快捷的通信方式。

NFC 和 RFID 的主要区别有以下几点。

(1) 工作模式不同。NFC 是将点对点通信功能、读写器功能和非接触卡功能集成到一颗芯片,而 RFID 则由阅读器和标签两部分组成;NFC 既可以读取也可以写入,而 RFID 只能实现信息的读取不能写入。

(2) 传输距离不同。NFC 传输距离比 RFID 小得多,NFC 的传输距离一般来说只有 10 厘米,RFID 的传输距离可以达到几米、甚至几十米。NFC 是一种近距离的私密通信方式,相对于 RFID 来说具有距离近、带宽高、能耗低、安全性高等特点。

(3) 应用领域不同。NFC 更多的应用于消费类电子产品领域,在门禁、手机支付、公交等领域发挥着巨大的作用;RFID 则更擅长于长距离识别,更多地被应用在生产、物流、跟踪、资产管理上。

本章小结

移动商务主要是基于无线通信技术发展起来的各类商务活动,需要通过移动通信操作平台在移动通信终端上进行商务活动。本章主要介绍了移动通信技术的发展及相应的技术标准,着重讲解了无线网络的概念、常见的移动通信操作系统和射频识别技术。在介绍移动通信的概念和特点的同时也详细介绍了移动通信从1G到4G的发展历程,其次介绍了无线通信系统的组成和四种无线网络,然后简单介绍了一些移动通信终端,重点介绍了移动通信的操作系统,最后介绍了二维码和射频技术,对比了射频识别技术和其他识别技术,突出了射频识别技术的优点。

练习与思考题

1. 简述几代移动通信技术的特点及代表性产品。
2. 简述第五代移动通信的应用场景和技术指标。
3. 4G相比于3G有哪些演化,有哪些特点?
4. 简述无线通信系统的组成。
5. 对比几种无线网络,简要说明各自的优缺点以及适用的场合。
6. 常见的移动终端设备有哪些?
7. 简述移动终端设备的技术特征和发展趋势。
8. 对比几种移动通信操作系统,简述各种操作系统的优点和缺点。
9. 简述Android操作系统的结构框架。
10. 简述几种识别技术的区别。
11. 简述二维码和RFID的应用前景与比较。

第3章 移动商务价值链与商业模式

学习要点

本章以移动商务价值链和商业模式为主体,分析了移动商务价值链的含义,阐述了移动商务价值链在移动增值服务、价值传递中的作用,讲解了移动商务价值链的主要内容及其发展趋势。随后介绍了几种主要移动商务商业模式,即短信定制服务、移动广告、移动互联网、O2O商业模式和共享经济模式,并就各自的特征、优势、分类、盈利模式和未来趋势进行了深入探讨。

知识结构

$$
\begin{cases}
\text{移动商务价值链简介} \begin{cases} \text{价值链、移动商务价值链的含义} \\ \text{移动商务价值链对增值服务、实现价值传递的作用} \\ \text{介绍第一代、第二代和第三代移动商务价值链的主要内容} \\ \text{移动商务价值链的创新趋势} \end{cases} \\
\text{移动商务的主要商业模式} \begin{cases} \text{短信模式:普通短信和彩信} \\ \text{移动广告模式:移动广告的特点、商务模式、类型和发展趋势} \\ \text{移动互联网商业模式:移动互联网的应用、收费模式及其发展趋势} \\ \text{O2O商业模式:常见类型和发展趋势} \\ \text{移动共享经济模式:常见类型、存在的问题和发展趋势} \end{cases}
\end{cases}
$$

3.1 移动商务价值链简介

3.1.1 移动商务价值链的含义

"价值"通常是指客体对于主体表现出来的积极意义和有用性。管理学家斯蒂芬·罗宾斯认为价值是行为的特征、特性或属性,以及客户愿意放弃资源(通常是金钱)来换取的产品或服务。"价值链"这一概念由哈佛大学商学院的迈克尔·波特(Michael Porter)教授1985年在《竞争优势》一书中首次提出,波特认为企业的价值创造是通过一系列的活动构成的,这些活动可分为基本活动和支持性活动,如图3-1所示。如今,价值链理论已被广泛应用于各种服务行业,如银行、电信、新闻、娱乐等,并且应用范围越来越广泛。对价值链理论的研究也为其应用提供了良好的基础。但是,价值链至今没有统一的定义,研究的内容也有所不同。本书在此引用袁雨飞编著的《移动商务》一书中对价值链和移动商务价值链的定义。价值链是指在产品或服务的创造、生产、传输、维护和价值实现过程中所需的各种投资和运作活动,以及这些活动之间相互关系所构成的链式结构。价值链理论的研究核心是企业的竞争优势,任何企业的价值链都是由一系列相互联系的创造价值的活动构成,这些活动分布于从供应商的原材料获取到最终产品消费时的每一个环节。

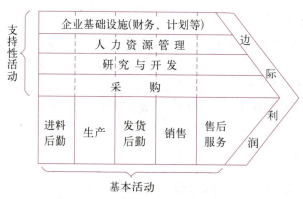

图 3-1 波特价值链

移动商务价值链是指直接或间接地通过移动平台进行产品或服务的创造、提供、传递和维持,以及从中获得利润的过程中形成的价值传递的链式结构。移动商务的发展,取决于其价值链上一系列企业的共同发展。随着移动技术的更新换代,以及经济和法律环境的变化,移动商务价值链已经在很多方面逐渐改变和重构,并逐渐演化为价值网。在对移动商务价值链中参与者进行识别和分析时有很多种不同的分类方式,综合起来,可以将参与者分为用户、内容和服务相关、技术相关以及其他等。用户又包括个人用户、企业用户等,内容和服务相关的参与者通常指网络运营商、应用提供商、服务提供商、内容制作商、内容集成商、应用开发商和无线门户等,技术相关的参与者指设备提供商、基础设施提供商、网络提供商和中间件/平台提供商等,还包括其他的参与者如法律机构和政府机构等。

3.1.2 移动商务价值链的作用

价值链种类繁多并无处不在,例如上下游关联的企业之间存在行业价值链,企业内部各部门各单元的联系构成了企业的价值链。波特的价值链理论告诉我们,企业与企业的竞争,不只是某个环节的竞争,而是整个价值链的竞争,整个价值链的综合竞争力决定企业的竞争力。

那么,移动商务价值链对企业的作用体现在哪些方面呢?首先,企业价值的体现需要经过其他价值链环节的合力才能实现,企业必须善于整合上下游资源。对此,娃哈哈集团有限公司负责人曾经说过:"很多人怀疑我们的产品研发能力,确实,娃哈哈自己开发新产品的能力有限。但是,我的原料供应商都是世界级的供应商,为了让我多用他们的原材料,他们现在也在帮助我开发产品。世界上最新的产品动态,他们会及时反馈到我这里。"其次,企业只有掌握和培养自己的核心竞争优势才能在价值链中获得有利的位置。企业不仅要关注自身竞争优势的打造,同时还需要注重价值链的健康发展。不论是在工业经济时代还是在互联网经济时代,追求竞争优势是企业的永恒目标,没有竞争优势,企业将会被同类或跨界企业所替代,只有自身拥有一定的竞争优势,才能更好地整合相关资源,要么自己成为平台企业,要么成为价值链中不可替代的价值。再次,企业既要让消费者满意,也要让价值链上的合作伙伴满意。最后,企业应根据变化随时灵活调整价值链,要善于根据周围环境的变化和企业不同发展时期的特征和状态,不断转移价值创造的重心,实现企业价值最大化。

增值服务是移动商务价值链的重要作用和应用之一,是将价值附加到客户所购买的产品和服务中的一种方式,与其他服务一样,也包括产品的质量、唯一性、便利性和可能的服务反应性等方面。1995 年,雷波特(Rayport)和斯维奥克拉(Sviokla)提出了"虚拟价值链"的观点。他们认为企业同时生存在两个世界之中,一个是看得见摸得着的实物世界,称为"市场场所";另一个是由信息组成的虚拟世界,称为"市场空间"。企业通过不同的价值链开展价值创造活动。在实物世界中通过采购、生产和销售来创造价值;而在虚拟世界中,企业通过收集信息、筛选信息、加工信息等来创造价值。两条价值链的增值方式和过程均不相同。

移动商务价值链的另一个重要作用是实现价值的传递。价值在以移动网络运营商为核心,由网络设备提供商、网络运营商、内容服务提供商、系统集成商、终端设备制造商、中间服务提供商、软件开发商、最终用户等上中下游的多个部分组成的一根链条上传递,这根链条上的每一个元素紧密联系,相互作用,创造出比单一企业更大的协同效应和市场价值。

3.1.3 移动商务价值链的研究内容

移动商务价值链是随着移动技术的发展而不断发展变化的。自 20 世纪 80 年代中期出现到现在,移动技术经历了模拟技术、数字技术、无线网络高速传输技术三个发展阶段。相应地,移动商务价值链也就经历了三个主要阶段,即第一代、第二代和第三代移动商务价值链。

(1) 第一代移动商务价值链。20 世纪 80 年代中期移动技术开始出现。此时的主要应用是模拟移动电话,该应用能够提供的移动服务比较单一,主要以语音服务为主。价值链也比较简单,主要由 4 部分组成:无线服务提供商(Wireless Service Provider,WSP)、终端设备制造商(Terminal Manufacture,TMF)、中间服务提供商(Intermediate Service Provider,ISP)、最终用户(Final Users,FU)。

图 3-2 中无线服务提供商的主要业务是运用无线设备(基站、交换机等)建立和运营传输信号的无线网络平台,为电子信号实现无线传输提供最基本的网络条件。在第一代移动商务价值中,无线服务提供商为客户提供了一个无线传输模拟信号的网络平

图 3-2　第一代移动商务价值链

台。终端设备制造商的主要业务是制造供用户使用的移动终端设备,主要是采用模拟技术的手机,用户使用这些设备可以进行语音通信。中间服务提供商的主要业务是为终端设备制造商提供安装在终端设备上的应用程序,包括系统集成(System Intergration,SI)、增值转接(Value Added Reseller,VAR)和专业分销(Specialty Retailer,SR)等。这些程序把价值链上的所有参与者连接在一起,使得参与者之间能够实现消息互通和信息传递,最终使用户享受到无线服务提供商提供的各种服务。移动用户利用无线终端设备,主要是手机,享受无线服务提供商提供的无线服务的个体。在第一代移动商务价值链中,他们享受到的服务主要是无线语音通信服务。

第一代移动商务价值链的主要技术基础是模拟技术(Analog Technology),辐射大、稳定性低、价格昂贵是它的特点。

(2)第二代移动商务价值链。20 世纪 90 年代,第二代网络技术数字技术开始普及,数字技术的出现为移动商务的发展提供了新的机遇和挑战,使得数字语音数据服务得以实现,这促使原来的移动商务价值链中参与者的组合分化以及新的参与者的介入,并且改变了参与者之间的价值分配关系。第二代移动商务价值链如图 3-3 所示。

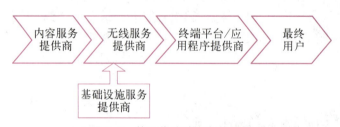

图 3-3　第二代移动商务价值链

与第一代相比,第二代移动商务价值链除了将传统的模拟语音服务转变成数字语音服务外,还具备了向用户提供简单的数据服务的能力,使得移动商务服务的内容变得更加丰富。当时最具代表性的服务就是 SMS 短信服务。数据服务的出现催生了提供数据服务的内容和服务提供商的出现。内容服务提供商的主要业务是通过对数据服务的内容进行优化、整合,使其成为能够通过无线网络传输、最终服务于用户的产品。基础设施服务提供商从属于无线网络运营商,但并不直接参与价值链中的价值分配,而是通过为无线网络运营商提供基础设施服务获利。另外,第一代价值链中的中间服务提供商与终端设备制造商整合在一起,形成了第二代价值链中的终端平台和应用程序提供商。

(3)第三代移动商务价值链。20 世纪末 21 世纪初,新一代无线高速数据传输移动通信技术(The Third Generation,3G)迅速发展。基于这项技术,各种多媒体数据服务得以实现。现在,第三代移动通信系统已得到广泛应用,基于 3G 的无线传输网络已实现大范围覆盖。新一代无线高速数据传输移动通信技术的发展引起了移动商务价值链的又一次革命,形成了第三代移动商务价值链。第三代移动商务价值链如图3-4所示。

图3-4 第三代移动商务价值链

第三代移动商务价值链相比第二代所能提供的服务有了新的突破,出现了基于多媒体数据的服务,如彩信、游戏、高速网络接入等。价值链上的参与者也发生了变化,出现了门户和接入服务商、支持性服务提供商的介入。随着内容变得复杂、处理技术难度提高等,内容服务提供商和无线网络运营商之间就需要利用既熟悉无线网络技术,又熟悉内容处理技术的实体,使得内容服务提供商能够方便、快捷地接入无线网络,而不需要过多地了解无线网络技术。门户和接入服务提供商正是这样的实体,为内容服务提供商提供接入无线网络的接口,在内容服务提供商和无线网络运营商之间架起一座可以互通的"桥梁"。

这里的支持性服务提供商与第一代的中间服务提供商不同。第一代中的中间服务提供商的主要业务是提供应用于终端设备上的应用程序,在第三代中,他们提供的是使移动电子商务得以顺利进行的支持性服务,如付费平台的建立、付费支持、安全保证等。此时的支持性服务提供商的业务是从无线网络运营商的职能范围中分化出来。这样,无线网络运营商只专注于自己的无线网络构建和无线网络运营,将相关业务外包给其他的价值主体,突出了核心竞争力,降低了运营风险;同时整个价值链更加明细化,关系也变得更加复杂。

第三代移动商务价值链的主要成员及相互关系如图3-5所示。

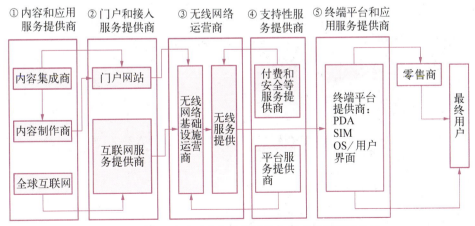

图3-5 第三代移动商务价值链的主要成员及相互关系

第三代移动服务的内容相比较前两代已丰富很多,形式也更加多样化,服务内容主体从单一的语音转向数据多媒体内容。按内容形式可将移动服务内容分为以下四种类型：文本、音频、图片和视频。

> 文本内容：新闻、股票价格、文字广告等；
> 音频内容：广播、音乐、语音信箱等；
> 图片内容：静态图片、动态图片等；
> 视频内容：动画、视频文件等。

移动商务价值链整合可以把移动电子商务看成是移动通信承载服务和多媒体应用软件服务这两个不同行业的有机组合，但这两个行业要真正融合起来实际难度比较大。对于今后的移动电子商务价值链，可以划分为七个主要组成部分：内容提供者、应用开发及其软件提供者、移动网络提供者、内容和应用的聚集者和分发者、网络设备制造商、终端设备制造商、咨询服务者。这七个组成部分即未来移动商务价值链上的主体，每一个主体都负责不同的业务并且实现各自不同的功能，它们分工明确、各司其职，共同协作完成移动商务价值链的价值创造和价值传递的活动。

在以上价值链的各角色中，谁能够处于在价值链中独立地、方便地运用价格杠杆和收取费用的位置，谁就能够成为整个价值链的中心。由于移动运营商可以提供基本识别服务，并且用户必须缴纳基本识别服务费用后才能获得后续的其他业务，因此，目前只有移动运营商才能承担内容和应用的聚集者和分发者的角色。因此，移动运营商应当注意把用户牢牢地粘住，积极开拓增值服务业务和接入服务业务并且迅速推广，以此确保业务规模的增加。移动运营商整合产业价值链的两方向如图3-6所示。

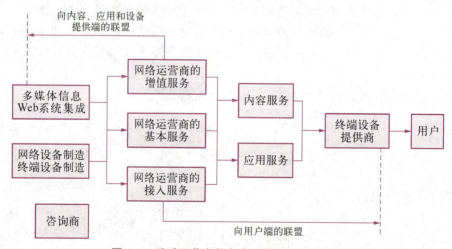

图3-6　移动运营商整合产业价值链的两方向

3.1.4　移动商务价值链的创新

移动商务随着科学技术，尤其是计算机技术的快速发展而迅猛发展，蓝牙技术、无线传输、平板电脑等技术和设备逐渐普及应用，通过手持移动设备随时随地无线上网也已成为趋势。总结起来，移动商务价值链有以下几方面的创新趋势。

（1）移动互联网商业宣传热点。移动运营商和通信设备制造商将围绕着移动互联网进行大力宣传,通过巨额资金的投入来唤醒消费者的热情和关注,创造更大商业价值。

(2) 移动电子商务企业应用中心。无线关系客户管理(CRM)、销售管理和其他企业应用将使得企业用户在收入和办公效率方面获益。因此,移动电子商务企业应用将成为运营商宣传的重头戏,而消费者应用将转入幕后。

(3) 无线互联网。消费者通过手持设备接入互联网来获取信息,如电子邮件、股票信息、天气、旅行线路和航班信息等。手机和电脑的界限已越来越模糊并且手机取代电脑的趋势已经显现,将来电脑能完成的操作和功能手机基本都能实现。

(4) 手机扫描。向手机等手持设备嵌入条形码,通过刷手机条形码完成刷卡、支付等操作,方便快捷。

(5) 移动安全。随着人们已习惯使用移动设备接入互联网,手机支付、手机信息共享等操作成为当今和未来发展趋势,移动安全也日益受到关注。和电脑类似,移动终端设备同样面临巨大的安全风险和潜在漏洞。因此,移动安全必将成为移动商务领域中的一个重要发展趋势。

(6) 无线广告。随着移动商务的发展和移动设备的普及,广告移动化也成为发展必然趋势,当今已经存在短信模式和彩信模式的广告,将来形式会更加丰富,诸如动态网页广告、移动推送等。无线广告势必会成为一种时尚,它也为广告客户提供了一个新的宣传媒介和展示平台。

3.2 移动商务的主要商业模式

商业模式这一概念早在20世纪50年代就已经提出,但直到20世纪末才被广泛研究,虽然出现时间早,但并没有权威的定义。最早的定义由蒂默斯(Timmers)提出,他认为商业模式是指一个完整的产品、服务和信息流体系,包括每一个参与者及其起到的作用,以及每一个参与者的潜在利益、相应的收益来源和方式。现在一般认为商业模式是一个企业通过自身能力运用资源进行价值创新、价值交换和价值实现的内在运作逻辑和联结方式,是企业在激烈的市场竞争中能够脱颖而出的方法论,它集中阐述了企业能够可持续盈利的内在逻辑,也是企业区别于其他企业的独特之处。商业模式的核心在于发现一种将价值传递给消费者的方法,从而吸引消费者为价值而投资并将投资转化为利润。商业模式的实质是帮助企业和消费者更好地沟通,向消费者传递价值,促进消费的同时帮助企业创造最大的价值的方式。管理学大师彼得德鲁克提出当今企业的竞争不是产品之间的竞争而是商业模式之间的竞争。

移动商务的商业模式是指在移动技术条件下,相应的经济实体为创造、实现价值,并获得利润的商业机制。它的内容包括客户类别、服务内容、服务流程、如何在各种服务中获取价值、成本的均摊、利润的分配、市场竞争策略等。根据移动运营商在移动商务价值链中的参与程度,它的角色可分为移动网络提供者、移动门户、中介、可信赖的第三方等。主要有移动信息服务、移动广告、移动互联网、O2O模式、移动共享经济等主要商业模式。

3.2.1 短信定制的移动信息服务模式

短信定制服务是移动商务的主要服务内容之一,移动通信网络提供短信定制服务的方式有两种:普通短信定制服务(Short Message Service,SMS)和多媒体短信定制服务(Multimedia Messaging Service,MMS)。

普通短信定制服务是移动商务的最初形式,对手机性能的要求很低,普通的具有文字输入功能的手机都可以享有此服务。用户只需要到电信部门开通即可享有 SMS。SMS 的内容提供商一般在与电信部门合作、话费共享的基础上为用户提供个性化信息和内容服务,具有使用方便、价格低廉、技术实现容易、覆盖范围广等特点,采用的是推送(Push)式服务方式,它的内容通过无线通信系统自动发送到用户的移动终端上,可以达到即时通信的效果。

多媒体短信服务是目前短信技术开发最高标准中的一种。它最大的特色就是可以支持多媒体功能,借助高速传输技术和 GPRS,以 WAP 为载体传送视频片段、图片、声音和文字等。多媒体信息不仅可以在手机之间传输,而且可以在手机和计算机之间传输。

移动运营商最基本的角色就是只提供无线网络供用户和内容提供商交流,开展最基本的短信业务和语音业务。在这种模式下,移动运营商在整个价值链中的参与程度非常低,除了向用户收取网络使用费以外,与下游用户几乎没有其他的联系。而在与上游的内容提供商的关系方面,也不提供任何网络以外的服务,它的收入仅来源于提供无线连接,移动运营商只负责被称作电信业基础业务的无线互联网的维护,具体详见图 3-7。

图 3-7 短信定制移动信息服务模式

这种商业模式主要的参与者是内容和应用服务提供商、无线网络运营商和移动用户,提供的服务主要是短信服务,用户交纳的短信定制费是主要的利润来源。内容服务提供商通过无线网络运营商向移动用户提供各种信息服务,用户通过交纳一定的定制费获得这些服务,无线网络运营商通过传输信息而获得通信费。另外,根据与内容提供商签订协议的情况,无线网络运营商还会以佣金的形式获得内容提供商提供的利润分成。

3.2.2 移动广告收费模式

从移动互联网角度看移动广告是指由广告主通过移动终端向目标受众群体投放的

产品服务相关的品牌、销售、商业或其他信息。

3.2.2.1 移动广告的优势

移动广告相对于传统的广告有如下特点。

（1）具有移动的特性，灵活性很强。过去的互联网广告是对的时间投给对的人，现在是在对的时间，对的地点，投给对的人。所以，它对于技术上的要求，对于各种情境的分析，会更深刻。

（2）手机用户群庞大。截至 2019 年 6 月底，我国移动电话用户总数达 15.9 亿户，4G 用户规模为 12.3 亿户，手机上网用户为 13 亿户，这无疑是一个巨大的潜在广告市场，一部移动终端就代表了一个潜在广告对象，手机已经成为真正的"第五传媒"。同时手机用户比较多地同外界联系，接收信息的能力强，其消费需求相对多样化，适合不同类型的广告宣传。

（3）用户个人信息全面，便于分析。现有技术已经可以记录跟踪手机用户的具体操作行为。通过对消费者信息的有效把握，可以了解消费者行为方式，这也是移动广告相对于其他形式广告最具优势的地方。

（4）手机媒体广告可直接到达目标群体。其他形式的广告难以区分受众，对于广告达到的效果只能通过销售业绩的变化情况来进行推测，移动广告由于明确了广告的具体受众类型，可以将广告直接送达目标人群，可通过跟踪记录客户消费信息，甚至直接同消费者通信，准确获知广告效果。

（5）手机媒体广告具有自发传播性。手机终端不仅可以接收广告内容，还可以将广告内容向周围人群转发。

3.2.2.2 移动广告的商务模式

在移动广告的商业运作模式中，涉及广告客户、内容提供商、无线网络运营商和广告受众。当然，在广告模式中，涉及一些中间商，如无线广告代理商、内容集成商、移动门户网站和无线网站接入商等。移动广告价值链如图 3-8 所示。

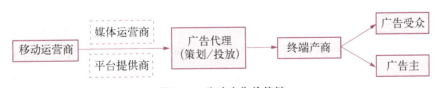

图 3-8 移动广告价值链

在价值链中广告客户（广告主）是这一切的源头，也是最为重要的一环，因为它是广告需求的发起者，其他的价值主体的获利很大程度上取决于广告主所付的广告费用。而运营商主要是控制传播的渠道。内容提供商所起的作用则是维持经过授权的移动数字型号。技术提供者解决在传播过程中的技术问题。客户则是广告的最终接受者，他们对手机移动广告的态度很大程度上决定了这个新媒介的未来。

在其商业模式中，广告内容是指移动广告所提供给目标受众的信息。手机移动广告在内容提供上与传统广告有所不同：传统广告大部分是发布广告主要求的信息，而移动广告则强调为消费者提供所需要的信息。如果不能提供受众需要的信息，会影响到他们对信息的处理。所以手机移动广告要求把握好消费者预期需求和心态。运营商的环节主要是运营商的渠道管理过程，比如在手机移动广告中主要是靠电信的运营商提供渠道，电信的运营商可以通过对渠道的把关和控制来获利。移动广告商业模式如图 3-9 所示。

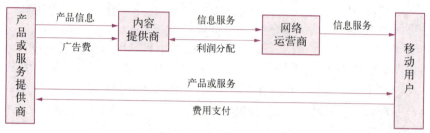

图 3-9　移动广告模式

在这种模式下，表面上看，广告客户支付内容提供商一定的费用，内容提供商再与无线网络运营商之间进行利润分配。实际上，移动用户才是利润的来源，移动用户通过购买产品和服务，将利润过渡给广告客户，广告客户只是将其利润的一部分以广告费的形式付给内容和服务提供商。内容提供商通过将推销信息添加到发给移动用户的内容和服务中，获得广告费。而无线网络运营商通过为内容提供商提供无线传输服务获得通信费或者利润分成。

所以，要打造成功的移动广告，首先要建立一种良好的用户应用模式，将其包装成一个有吸引力的媒体形式，让尽量多的用户（即广告受众）接受这种形式；然后在有足够多的用户的基础上，建立一种广告投放的模式，让广告客户能通过这种模式展示自身的广告信息；最后，建立一个广告应用平台，从而方便客户或者代理商投放广告以及获得监控报告。

3.2.2.3　移动广告的类型

根据广告的投放方式，广告商务模式可分为推送（Push）类广告商务模式和订阅（Pull）类广告商务模式。

Push 类广告的特点是由上到下，快捷简单。其精准化趋势在于对用户数据和用户行为的准确分析。所以商务模式非常简单，在媒体应用方面主要是获取用户授权，在客户方面主要是通过代理商发展客户。一方面，运营商利用应用捆绑或者优惠活动，发展大量授权许可用户；另一方面，吸纳代理商发展广告主。由于广告形式简单，多数广告策划、设计工作可以直接由广告商（代理商）完成。Push 类广告商务模式如图 3-10 所示。

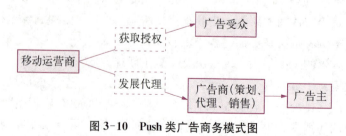

图 3-10　Push 类广告商务模式图

Push 类广告最有代表性的案例是中国移动在 2003 年推出的"企信通"业务。企信通是以客户数据精细化分析为基础,通过中国移动自身储备的海量客户电信消费历史信息(如计费系统、客服系统、客户关系管理系统、数据业务平台系统等),辅之以外在获得的附加信息(如各大服务提供商门户网站搜集的带有用户手机号码注册的客户爱好、购买行为等信息),建立细分用户与条件筛选数据库,为集团和行业客户提供营销广告精准投放服务。

Pull 类广告则具有客户许可的优势,以移动互联网为主要形式,服务提供商通过移动互联网提供内容吸引用户浏览,在大量用户浏览基础上向商家销售广告。运营商仅仅是应用平台提供商,其广告平台、站点内容往往由专业广告平台商提供。广告平台商也同时承担广告代理销售的工作。Pull 类广告来源于用户直接需求或者对用户行为分析出的"潜在需求",因此广告效果比较好。Pull 类广告商务模式如图 3-11 所示。

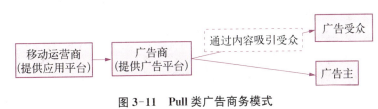

图 3-11　Pull 类广告商务模式

3.2.2.4　移动广告的发展趋势

移动广告的发展趋势,主要有以下四个方面。

(1) 坚持用户主导性,走绿色广告之路。有效的移动广告,关键是让广告内容和用户联系起来,做到许可营销,即不向用户发送未经许可的广告信息,走绿色广告之路。尽量减少未经许可的群发和主动 Push 型广告,取而代之的是引导用户定制和提前知晓的广告。通过提前告知和定制反馈,运营商也可以进一步了解到愿意接收广告的用户的兴趣爱好信息、接收广告的时间和频次,一方面将用户对移动广告的排斥控制在最低程度,另一方面也为准确的广告内容提供了依据。

(2) 建立精准的客户群,严格保护用户隐私。成功的移动广告营销案例应是从建立客户群开始的,在此基础上进一步跟踪、挖掘用户点击习惯,了解访问内容爱好,访问时段等信息。掌握了这些内容后方可支持广告商有目的地推送广告,例如在什么时候、什么页面给什么客户推送什么形式的广告等等。

(3) 实施精确营销和分众化营销。精确营销有两种,一种是广告受众的精确细分,主要解决如何将移动广告推送到合适的人手中;另外一种是情景式推送,主要解决如何在合适的时间和地点将移动广告推送到需要这些广告信息的手机上。在移动互联网时代,运营商已经可以定位用户的地理位置,比如刚下长途火车站就可以收到问候信息、酒店的预订信息和车票的服务信息。这种与销售终端的互动往往更容易促进消费者产生购买意向,取得不错的广告效果。

(4) 加强业务创新、内容整合,实现多方共赢。移动广告商业模式核心是要实现广告主、运营商、技术提供商、媒体、消费者的产业链参与方共赢。从目前整个移动广告产业链来看,移动网络用户是广告的目标受众,是移动广告的终点,其参与的积极性取决于其他方提供的增值服务内容、质量与其需求的一致性。

3.2.3 移动互联网

移动互联网是一个全国性的、以宽带 IP 为技术核心的，可同时提供语音、传真、数据、图像、多媒体等高品质电信服务的新一代开放的电信基础网络，是国家信息化建设的重要组成部分。

3.2.3.1 移动互联网的应用

目前，移动互联网主要有三大方面的应用，即公众服务、个人信息服务和商业应用。公众服务可为用户实时提供最新的天气、新闻、体育、娱乐、交通及股票等信息。个人信息服务包括浏览网页查找信息、查址查号、收发电子邮件和传真、统一传信、电话增值业务等，其中电子邮件可能是最具吸引力的应用之一。商业应用除了办公应用外，最主要、最有潜力的应用就是商务应用。网上购物、银行业务、股票交易、机票及酒店预订、旅游及行程路线安排等都是移动商务中较早开展的应用。

移动互联网的商业价值链主要含有广告商、内容提供商、服务提供商、移动运营商、用户、终端制造商、软件开发商、芯片提供商、设备提供商、系统集成商，其中移动运营商、终端制造商、内容提供商/服务提供商等扮演了重要的角色，起到不可忽视的作用。移动运营商提供信息通道，并且牢牢掌控对用户的收费环节；终端制造商目前有直接向用户销售和运营商定制终端两种销售方式；内容提供商是移动数据业务内容提供商，或者叫移动增值业务内容提供商；服务提供商是移动互联网服务内容应用服务的直接提供者，负责根据用户的要求开发和提供适合手机用户使用的服务。与传统的"推"式价值链不同，新的产业价值链是一个"拉"式的价值链，一个围绕最终用户形成的价值链，真正体现了以用户为中心的思想，从而形成良性的市场发展。这也意味着产业链上各环节的关系不再是传统的上下游关系，更多的是一种合作关系，各方的发展都关系和影响到整个移动互联网价值链，由此引起移动互联网商业模式的发展变化，产业联盟是移动互联网商业模式的核心。在这种模式下，移动运营商是名副其实的移动价值链的主导者。

3.2.3.2 移动互联网的收费模式

移动互联网最主要的收费模式是后向收费，即协助合作伙伴、广告商等向终端用户推广产品，并向合作伙伴收取费用，而非向最终用户收取费用的盈利模式。在互联网企业中，网页信息对所有的用户来说都是免费的，因此互联网企业通过对用户提供免费的信息，借此吸引大量用户来使用自己的平台，这些互联网企业一般通过为后向企业提供收费的广告、会员费等等来盈利。目前的后向收费模式包括有广告发布费、竞价排名费、冠名赞助费、会员费等费用，在互联网企业中，这一模式具有代表性的网站一类是搜索引擎类网站，如百度、谷歌等；另一类是大多数视频类网站，如优酷、爱奇艺、腾讯视频等；第三类则是电子商务网站，如京东商城、淘宝、当当、亚马逊等；还有成千上万的小网站，基本归为第四类，都以网民的点击量为依据，向后向客户收取广告费。

3.2.3.3 移动互联网的主要商业模式

移动互联网主要有以下三种主要商业模式：内容类商业模式、服务类商业模式、广告类商业模式。

（1）内容类商业模式。是指内容提供商通过对用户收取信息、音频、视频、游戏等内容费用而盈利。内容提供商可分为官方内容提供商和独立内容提供商两种。官方内容提供商通过运营商建立的网站为用户提供信息内容，并由运营商代为收费，运营商提取一定比例的利益分成。计费方式分为包月收费和按次收费两种。独立内容提供商则通过自己独立的 WAP 网站为用户提供信息内容，通过第三方进行结算，并支付一定的佣金。如图 3-12 所示。

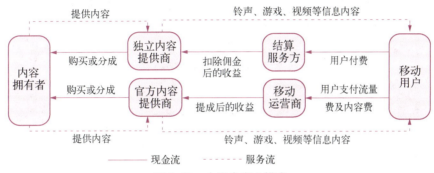

图 3-12　内容类商业模式

这种模式中的内容形式多种多样，在所有内容目录下的服务都可以收费。用户愿意支付费用的项目包括音乐下载、视频下载、电子杂志订阅、游戏下载等，每个收费的网站都会提供一部分免费的内容或时段，这有助于用户试用后再决定是否对此服务付费。此种模式为目前移动互联网最主要的盈利模式，其中官方网站又占据着绝大部分份额。

（2）服务类商业模式。是指基本信息和内容免费，用户为相关增值服务付费的盈利方式。手机网游就是很好的例证。手机网游通过手机终端实现随时随地的游戏与娱乐，大部分的服务提供商采取免费注册的方式吸引游戏玩家。其收入主要来自增值服务，包括销售道具、合作分成、比赛赞助、周边产品销售等。以手机腾讯为例，手机 QQ 服务免费，但对 QQ 秀、宠物等虚拟物品进行收费销售，这已成为其主要收入来源。服务类商业模式如图 3-13 所示。

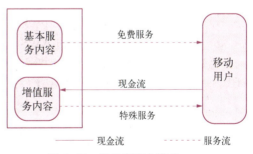

图 3-13　服务类商业模式

（3）广告类商业模式。是指免费向用户提供各种信息和服务，盈利则是通过收取广告费来实现。广告主为付费对象，用户免费使用内容或服务，只需向网络提供商付出一定的流量费用，典型的例子如门户网站和移动搜索。由于移动互联网的特性，在广告的投放方式上不断推陈出新，既有与传统互联网广告类似的页面广告，也出现了根据手机用户的不同属性、特点进行针对性投放的点告（即点对点广告），以及根据用户的定制信息定向投放的直告。

和传统互联网一样，WAP 门户网站和广告主之间通过页面浏览和点击率来构建双方的合作模式。相比于传统互联网，移动互联网在广告方面有很多的限制因素，最大的限制来自手机的屏幕尺寸，过小的尺寸和较慢的传输速度无法向用户展示有吸引力的图片，同时用户支付流量费来阅读广告也并不符合商业常理。这就要求手机广告的内容一定要对用户有吸引力，同时通过手机用户深度参与讨论，直接促进广告产品的营销。互联网的搜索业务主要靠竞价排名和广告链接收费，网络架构的差异以及手机屏幕和带宽的限制决定了移动搜索无法完全复制互联网搜索盈利模式，目前移动搜索市场的盈利模式尚未成熟。移动搜索服务商可以利用手机的便携性、移动性向用户提供简洁而有针对性的实用信息内容，从而不断创新盈利模式。广告类商业模式如图 3-14 所示。

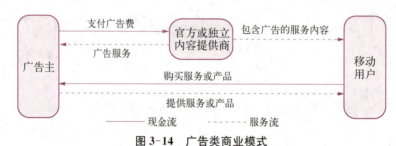

图 3-14　广告类商业模式

3.2.3.4　移动互联网商业模式的发展趋势

移动互联网商业模式的发展趋势主要包括以下三个方面。

(1)"软件服务化"商业模式。未来移动互联网的增值服务将更多是以软件厂商与运营商的合作方式来实现。随着移动互联网领域企业在多方面展开较量，软件平台与应用服务的结合将成为竞争的新焦点。未来移动互联网业务的产业链中将诞生"软件＋服务"的联合模式。目前网络服务中以微软和谷歌为代表，从微软提出"S＋S"(Software＋Service)的战略来看，该战略发展的四大支柱是体验、交付、联盟、聚合。Google 的 Desktop 和 Amazon 的 AWS 都是"软件＋服务"的代表产品。由此可见，在移动互联网领域的产品及服务模式发展过程中，软件服务化也将是一个趋势，以手机软件平台为核心的应用服务在产业中将会起到越来越重要的推动作用。

(2)传统移动增值商业模式。在产业价值链中，与运营商关系最为密切的利益相关者是客户、服务提供商/内容提供商、终端制造商和设备/软件提供商，其中服务提供商/内容提供商与运营商之间的博弈关系仍将是移动互联网产业链中最重要的环节。在 3G 和 4G 时代，应用与内容领域是移动互联网产业发展的焦点，移动运营商与服务提供商/内容提供商的竞合策略成败都将关系到移动互联网的繁荣与否。移动运营商应发挥产业链上的主导地位，加大对产业链的整合力度，通过与第三方合作来开发更加丰富的应用服务。让运营商从原来的监管和规划身份转变成引导和支持的角色，真正做到泛行业合作和对参与合作的不同伙伴准确的价值定位，才能使移动互联网产业进入一个新的历史发展阶段。

（3）价值链网络化。随着终端企业进入移动互联网业务领域以及互联网服务提供商进入终端软件领域，促进多功能终端和应用导向终端的发展，将使得以移动终端为载体、不通过门户或搜索的移动互联网业务种类不断增多，这些业务简单易用、更新快捷，将获得各层次用户的青睐。业务种类的增多反映出社会专业化分工的细化，业务组成移动互联网产业价值链中的各个"结点"，每个结点都是一个功能模块。整个价值链体系将变得更加脉络清晰、有序，呈现出网络化结构。

3.2.4 O2O 商业模式

O2O 是 Online To Offline 的缩写，即线上到线下，是指将线下的商务机会与互联网相结合，让互联网成为线下交易的平台。O2O 模式最早起源于沃尔玛 2006 年提出的一种新的业务模式：消费者可以在沃尔玛自建的电子商务平台上下单，然后到就近的沃尔玛超市网点取货。随着 O2O 商务模式逐渐渗透到各行各业，消费者的购物方式发生了很大变化，国内外学者开始关注和研究 O2O 的相关问题。O2O 模式的本质是融合线上线下的信息流、资金流和商流，是线下商家实现业务转型和服务提升的重要方式。O2O 商业模式中主要参与主体有三类：用户、O2O 平台/应用、线下商家，三者关系如图 3-15 所示。

图 3-15 O2O 商业模式

（1）用户。用户通过 O2O 平台/应用可以获取更丰富、更全面的商家及其服务的信息，更加便捷地向商家在线咨询、对比、筛选和订购商品或服务，获得比线下直接消费更为便宜的价格；还可查看其他用户的评价，线下实体店提取商品或享受服务，可降低被欺骗的可能性。

（2）O2O 平台/应用。O2O 平台/应用可以收集和保存交易后留下的消费、支付、反馈评价等各项数据，通过对这些行为数据进行分析可以深度挖掘用户的偏好和需求，为 O2O 平台的产品经营决策和客户关系管理提供有价值的依据，提升用户黏度，进而吸引更多的本地商家资源，增强 O2O 平台/应用的竞争力。

（3）线下商家。能够获得更多的宣传和展示机会，吸引更多新客户到店消费，推广效果可查，每笔交易可跟踪，通过在线有效预订等方式，合力安排经营，节约成本，在一定程度上降低商家对地理位置的依赖程度，减少租金等固定成本的支出，持续深入进行"客情维护"，进而进行精准营销。

3.2.4.1 O2O 商业模式从传统电子商务模式发展而来，又存在很大不同

传统电子商务以实物产品为主，通常都是标准化的产品，而 O2O 模式以服务型产品为主，往往需要满足用户个性定制化需求。传统电子商务往往具有跨地域的特点，关注"价格"，通过低价吸引消费者，然后通过在线客服和快递带给消费者体验；而 O2O 模式更注重于本地生活服务消费，更注重于"体验"，以用户为中心，依靠线下实体的服务

过程完成消费者的完整体验,在消费者引流、留存各方面都有优势。在传统的 B2C、C2C 商业模式下,消费者一般的购物流程是:买家在线上浏览商品信息,选择喜欢的商品后下单,线上的卖家接收到订单信息后打包商品、发货,通过物流企业将商品送到买家手中,买家收到商品后做出一定的反馈评价,整个交易过程结束。作为线上与线下相结合的电子商务,O2O 商业模式充分利用了互联网跨地域、海量信息、海量用户的优势,让买家享受线上优惠价格的同时,又可以享受线下的优质服务。在 O2O 商业模式中,整个消费过程由线上和线下两部分构成:线上平台为消费者提供消费指南、优惠信息、便利服务(预订、地图等)和分享平台,而线下商户则专注于提供服务或商品。O2O 模式下,消费流程大致可分为五个阶段。

(1) 引流。线上平台作为线下消费决策的入口,汇聚了大量有消费需求的消费者,通过一些活动引发消费者的线下消费需求。常见的 O2O 平台引流入口包括:消费点评类网站,如大众点评,推荐一些评价高的商品或服务;地图应用,如百度地图、高德地图,推荐附近的商品或服务;社交类网站或应用,如微信、微博等,推荐社交好友喜欢的商品或服务等。

(2) 转化。线上平台向消费者提供商铺的详细信息、优惠(如团购、优惠券)、便利服务,方便消费者搜索、对比商铺,并最终帮助消费者选择线下商户、完成消费决策。

(3) 消费。消费者利用线上获得的信息到线下商铺接受服务、完成消费。

(4) 反馈。消费者将自己的消费体验反馈到线上平台,有助于其他消费者做出决策。线上平台通过梳理和分析消费者的反馈,形成更加完整的本地商铺信息库,从而吸引更多的消费者使用在线平台。

(5) 存留。线上平台为消费者和本地商户建立沟通渠道,可以帮助本地商户维护消费者关系,使消费者重复消费,成为商家的回头客。

3.2.4.2 O2O 商业模式的常见类型

O2O 模式的基本商业逻辑是用户在线上平台预先支付,然后到线下消费体验,商家实时追踪其营销效果,由此形成闭环的商业服务和体验过程。它采用"电子市场+到店消费"模式,而不是"电子市场+物流配送"模式。根据线上线下活动先后顺序,大致可分为四种:先线上后线下、先线下后线上、先线上后线下再线上、先线下后线上再线下。

(1) 先线上后线下模式,就是企业先搭建起一个线上平台,以这个平台为依托和入口,将线下商业流导入线上进行营销和交易,同时,用户又可以到线下享受相应的服务体验。这个平台是 O2O 运转的基础,应具有强大的资源流转化能力和促使其线上线下互动的能力。在现实中,很多本土生活服务性的企业都采用了这种模式。比如,腾讯凭借其积累的资源流聚集和转化能力以及经济基础,构建的 O2O 平台生态系统即是如此。

(2) 先线下后线上模式,就是企业先搭建起线下平台,以这个平台为依托进行线下营销,让用户享受相应的服务体验,同时将线下商业流导入线上平台,在线上进行交易,由此促使线上线下互动并形成闭环。在这种 O2O 模式中,企业需自建两个平台,即线下实体平台和线上互联网平台。其基本结构是:先开实体店铺,后自建网上商城,再实现线下实体店与线上网络商城同步运行。在现实中,采用这种 O2O 模式的实体化企业居多,苏宁易购所构建的 O2O 平台生态系统即是如此。

（3）先线上后线下再线上模式，就是先搭建起线上平台进行营销，再将线上商业流导入线下让用户享受服务体验，然后再让用户到线上进行交易或消费体验。在现实中，很多团购、电商等企业都采用了这种O2O模式，比如京东商城。

（4）先线下后线上再线下模式，就是先搭建起线下平台进行营销，再将线下商业流导入或借力全国布局的第三方网上平台进行线上交易，然后再让用户到线下享受消费体验。这种O2O模式中，所选择的第三方平台一般是现成的、颇具影响面的社会化平台，比如微信、微淘、大众点评网等等，且可同时借用多个第三方平台，这样就可以借力第三方平台进行引流，从而实现自己的商业目标。在现实中，餐饮、美容、娱乐等本地生活服务类O2O企业采用这种模式的居多。

3.2.4.3　O2O模式的未来发展

（1）本地化。O2O模式主要是提供生活服务，增加本地资质规范、规模较大、服务口碑较好的线下商家的数量，可以有效提升O2O平台/应用的竞争力。

（2）建立基于社交、位置、移动的服务模式。通过社交媒体与用户群体建立情感联系，激活品牌口碑传播；通过提供基于地理位置的服务，迅速引导消费者到店消费；提供移动化服务，包括移动支付工具，让消费者随时随地都可以通过移动终端选择自己想要的产品或服务。

（3）大数据与云计算技术。传统的线下商家，尤其是规模较小的线下商家，并不是很注重信息平台的建设以及对信息数据的挖掘，这就要求O2O平台要充分利用云端处理技术全面地收集、处理、反馈积累的交易数据、运营数据、用户数据，充分挖掘消费者的生活圈和生活使用场景，实时地实现个性化和精准化互动。同时本地化程度较高的垂直O2O平台/应用还可以凭借海量的用户数据资源为商家提供多维数据支持，如个性化精准营销、差异化定制服务等。

此外，餐饮、社区、教育、家政、汽车、美容、房产等领域与O2O模式相结合进行的创新创业活动层出不穷，以二维码、NFC甚至刷脸支付为代表的移动支付技术，以地图应用APP为代表的LBS技术，以微信订阅号和服务号为代表的客户关系管理等相关技术与应用都已获得大量的用户。总而言之，O2O商业模式带来的不仅仅是一种消费思维和服务模式的改变，O2O平台/应用的运营者及线下商家更要充分融合线上线下的各项资源，结合大数据、云存储等新一代信息技术，最大化地实现信息和实物、虚拟和实体的无缝衔接，从而创建一个全新的、共赢的商业模式。

3.2.5　移动共享经济模式

共享经济最早由美国社会学教授马科斯·费尔逊和琼·斯潘思于1978年提出，其主要特点是包括一个由第三方创建的、以信息技术为基础的市场平台，个体借助该平台交换闲置物品，分享自己的知识、经验等。共享经济的初衷是通过互联网和信息技术所搭建的平台，降低信息不对称水平，降低交易成本，促使跨行业、跨地域、线上线下、为数众多的经济主体参与到共享经济之中，充分盘活社会闲置资源，优化资源与需求的匹配度。共享经济模式主要涉及三大主体：商品或服务的需求方、供给方和共享经济平台。

共享经济平台作为连接供需双方的纽带,通过移动LBS应用、动态算法与定价、双方互评体系等一系列机制的建立,使得供给方与需求方通过共享经济平台进行交易。共享经济商业模式的核心在于供给方闲置资源的再利用,再利用的方式不是通过售卖,而是以物品或者服务所有权的暂时性转移方式提供给需求者,这种方式为拥有过剩资源的供给者带来收益的同时,也给需求者带来了更多的消费可能性。

3.2.5.1 共享经济的常见商业模式

当前商业实践中,共享经济商业模式主要有平台向服务提供者收取佣金的商业模式、平台向用户收取租赁费的商业模式、产品中植入广告收取商业推广费的商业模式以及通过数据挖掘收取增值服务费的商业模式。

(1) 平台向服务提供者收取交易佣金的商业模式。收取佣金的商业模式是指企业构建移动互联网交易平台,拥有相关闲置资源的用户或商家申请入驻平台,每次交易完成后,平台从交易中抽取一定的提成,抽取规则可以按照交易额抽取,也可以按照交易量抽取。例如滴滴打车为用户提供了一个打车平台,私家车车主可向平台提交申请入驻,平台对相关资质进行审核,通过后,私家车车主即可在空闲时间利用平台接单,充分利用闲置的汽车。每次交易后,平台从中抽取一定提成。佣金抽取模式示意图如图3-16所示。

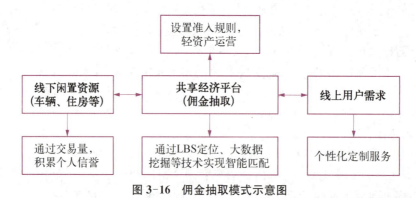

图 3-16 佣金抽取模式示意图

(2) 平台向用户收取租赁费的商业模式。收取租赁费的商业模式是指在出租共享物品时按照一定标准收取租赁费获得收益的商业模式。例如共享单车利用规模投入和低租赁费用获得庞大的用户群体。这样的分时租赁模式优势在于服务标准化,采用统一管理。这种商业模式依赖于用户规模,因此面临运营成本高、竞争激烈等困境。租赁模式示意图如图3-17所示。

(3) 产品中植入广告收取商业推广费的商业模式。线下商业广告推广模式是指在给用户提供信息和服务的同时,通过合理植入商业广告来获得收益的商业模式。提供共享服务的商家可充分利用其线下用户流量资源进行商业推广。漂流伞的创始人顾曼认为,雨伞的真正运营逻辑和报纸的"移动广告"定位相似,需要在雨伞上印制广告获得收入分担成本。另外,二维码、NFC等技术的场景应用也会带来广告收益,如共享篮球印制LOGO、二维码或线下充电宝扫码关注微信公众号,再由公众号进行广告推广的间接广告方式等。广告模式示意图如图3-18所示。

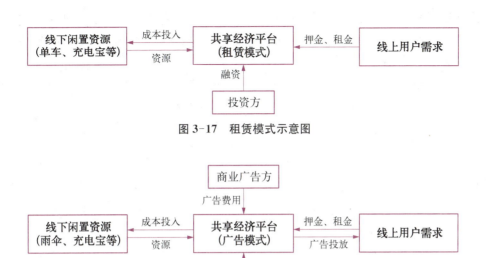

图 3-17　租赁模式示意图

图 3-18　广告模式示意图

（4）通过数据挖掘收取增值服务费的商业模式。数据挖掘收取增值服务费是利用共享经济平台积累的大量用户行为数据，构建数据中心，探索用户数据变现的一种商业模式。例如进行某类社会热点问题的调研分析，或与第三方合作，辅助商业行为决策等。该商业模式建立在运营的基础上，关键在于寻找提供商业价值的增值点，通过平台与平台的互联互通，数据共享，建立共享经济生态圈。例如阿里巴巴利用闲鱼 APP，将淘宝与二手转让市场联系起来，累计大量数据，统计用户二手搜索、购买、上传历史来优化淘宝购物、转让体验，吸引更多流量，同时在广告推送上有了更多决策依据。数据增值模式示意图如图 3-19 所示。

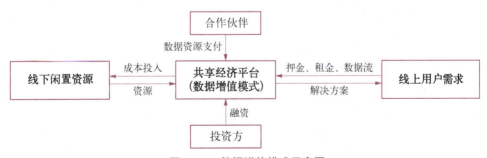

图 3-19　数据增值模式示意图

上述四种模式在商业实践当中比较常见。但是更多地，企业往往会组合使用上述商业模式，并在其基础上进行不断地迭代创新，而不是单单依靠某一种固定的商业模式持续运营下去。

3.2.5.2　当前共享经济模式存在的问题

（1）共享经济盈利模式不够清晰。到目前为止，大部分共享企业仍然处在烧钱寻求发展的阶段,经过一轮又一轮的融资之后效果并不显著,怎样利用其商业模式进行盈利仍然找不到落脚点。如何从资本中独立出来寻求发展道路成为共享经济模式面临的一大难题。

(2) 共享经济商业模式创新不足。近两年来共享经济成为热潮,由于移动互联网的迅猛发展和较低的进入门槛,大量企业开始建立自己的共享平台,然而,大部分企业仍然在模仿阶段,难以找到自身商业模式的创新点,行业同质化现象严重,并且可能进一步加剧恶性竞争。

(3) 共享商业模式对闲置资源的利用率仍然较低。共享经济的本质是利用移动互联网技术搭建共享平台,连接供需双方,实现闲置资源的高效利用。然而在现实情况中,共享平台掌控资源能力还比较弱,导致资源利用率低和资源浪费的问题。

3.2.5.3 共享经济模式的未来发展趋势

共享经济模式的未来发展趋势。主要包含以下三个方面。

(1) 多渠道融合。共享经济平台应实现线上线下多渠道融合,形成专注、独特、可持续的盈利模式。通过建立一个能够联系和沟通外部资源的价值网络,完善与合作伙伴、供应商和分销商的沟通渠道与协调机制。

(2) 创造社交效应。在社会生活中,人们通常有一种共同的心理倾向,即希望自己归属于某一较大的群体,被大多数人所接受,从而得到群体的保护、帮助和支持。在消费时表现出的社交效应与社交网络的出现密切相关,社交效应会影响人们的消费心理和消费决策。互动营销和口碑营销是网络经济的一大特点,共享平台能够通过吸引更多用户到平台中形成社交圈,让群体参与其中进行宣传和消费。

(3) 利用物联网技术,进行数据挖掘。日常用品的需求量不大,但用户基数大,应用场景分散。如果按照共享单车那样的利润微薄的租赁费模式想要盈利十分困难,因此共享平台可以利用其物品(如单车、充电宝、雨伞)来建立起与人的联系,将信息整合、规范化,利用大数据分析将营销与信息结合起来。以共享单车为例,可以根据用户的骑行路线,在不同的场景推荐不同的商家广告,利用路线信息进行交通优化管理等。

本 章 小 结

本章首先介绍了移动商务价值链的含义及作用,讲述了第一代、第二代和第三代移动商务价值链主要内容,着重讨论了移动商务的主要商业模式,包括短信定制服务、移动广告、移动互联网、O2O 商业模式以及移动共享经济模式等,并对每种商业模式的特点、应用、类型、盈利模式和发展趋势做了深入探讨。

练习与思考题

1. 简述价值链和移动商务价值链的含义及区别。
2. 移动商务价值链对企业有什么重要作用?
3. 移动商务价值链经历了哪几个阶段以及每个阶段的背景和特点是什么?
4. 随着信息技术的发展,简述移动商务价值链的发展趋势。
5. 简述目前移动商务主要有哪些商业模式。请分别叙述。

第 4 章　移动商务安全

学习要点

本章以安全移动电子商务为主轴,分析了移动商务安全的特点,对移动商务所存在的安全威胁和安全需求等方面进行了阐述,从技术方面分析了实现移动商务安全的加密、认证和交易信任等技术机制,接着对移动终端操作系统安全技术、认证下载软件、存储信息防盗和恢复进行了分析和介绍。最后阐述手机病毒的特征、危害和防治措施。

知识结构

移动商务安全概述
- 移动商务面临的安全威胁
- 移动商务的安全需求
- 移动商务安全技术现状
- 移动商务安全的发展现状

移动安全通信技术
- 信息加密原理:对称加密、非对称加密
- 移动通信加密:GSM 加密、GPRS 加密
- 终端身份认证:身份认证现状及需求、终端认证、口令认证
- 移动交易信任机制:从政府、企业和交易伙伴角度

移动终端安全
- 移动终端操作系统安全技术:操作系统介绍、威胁和对策
- 移动终端下载软件的认证、认证平台流程、各子系统功能
- 移动终端存储信息的备份和恢复

手机病毒
- 手机病毒的定义、分类
- 手机病毒的特征
- 手机病毒的危害、手机终端危害和移动网络的危害
- 手机病毒的防治:用户、运营商、制造商、软件服务商

4.1　移动商务安全概述

4.1.1　移动商务面临的安全威胁

无线通信网络是开展移动电子商务的必要技术,由于无线线路的开放性,移动商务

同样面临多种安全威胁。主要包括以下几个方面。

（1）无线窃听。在无线通信过程中，所有通信内容，如通话信息、身份信息、数据信息等，都是通过无线信道开放传送的。任何拥有一定频率接收设备的人均可以获取无线信道上传输的内容。无线窃听可以导致通信信息和数据的泄漏，而移动用户身份和位置信息的泄漏可以导致移动用户被无线追踪。这对于无线用户的信息安全、个人安全和个人隐私都构成了潜在的威胁。

（2）漫游安全。在无线网络中，当用户漫游到攻击者所在的一定区域内，在终端用户不知情的情况下，信息可能被攻击者窃取和篡改，服务也可能被拒绝。中途交易后，由于缺少重新认证的机制，通过刷新使连接重新建立会给系统带来风险。没有再认证机制的交易和连接的重新建立是危险的，连接一旦建立，使用安全套接层协议（SSL）和无线传输层安全协议（WTLS）的多数站点，不再进行重新认证和重新检查证书，因此，攻击者可以利用该漏洞。

（3）假冒攻击。假冒攻击是指，由于无线通信信道的开放性，当攻击者掌握了网络信息数据规律或解密了商务信息以后，可以假冒合法用户或发送假冒信息欺骗其他用户的行为。无线通信中，移动通信站需要通信用户的身份信息，以认证其是否合法用户。攻击者容易截获通信用户包括身份信息在内的所有通信数据，从而假冒该合法用户发送错误信息。另外，攻击者通过冒称网络信息控制中心，如在移动通信网络中假冒网络基站以欺骗用户，骗取用户身份信息。

（4）完整性侵害。完整性侵害指网络攻击者截取信息后，私自修改、删除、插入或重传合法用户的信息或数据的过程。完整性侵害可以通过信息的修改阻止用户双方建立链接，也可以欺骗接收者相信收到的已被修改的信息是由原发送者传出的未经过修改的信息。还可以通过阻止合法用户的身份信息、控制信息或业务数据，从而使合法用户无法享受正常的网络服务。

（5）业务抵赖。业务抵赖是指业务发生后否认业务发生，以逃避付费或逃避责任，这在移动商务中很常见。在移动商务中，这种威胁包括两个方面：一方面交易双方中的买方收货后否认交易，企图逃避付费；另一方面，卖方收款后否认交易，企图逃避付货。

（6）用户隐私泄露。厂商在没有获得用户许可的前提下，通过后台应用收集移动用户的身份、行为、位置等数据，造成了个人隐私的泄露，不法分子通过这些数据推测出了用户的身体状况等个人敏感信息，对大量用户的隐私构成侵犯。

此外，移动电子商务中的移动终端面临的安全威胁包括移动终端设备的物理安全、SIM 卡被复制、电子标签（RFID）被解密和感染病毒、拒绝服务等多个方面。

4.1.2　移动商务的安全需求

通过分析移动商务系统所面临的安全威胁，可以看出安全性对于移动商务重要性。一个完整并且安全的移动商务系统应该有以下特点。

（1）保密性和身份认证需求。移动终端的 SIM 卡通常需要具有加密和身份认证的能力，SIM 卡号就像无线通信中的物理地址，具有全球唯一性。随着移动用户的实名制实施，一个用户对应一张 SIM 卡，SIM 卡可以识别用户身份，利用可编程的 SIM 卡，还可以存储用户的银行账号、CA 证书等用于标识用户身份的有效凭证。另外，可编程的 SIM 卡还可以用来实现数字签名、加密算法、身份认证等电子商务领域必备的安全手段。

（2）数据信息完整性。保证数据信息在信息传输、交换、存储和处理过程保持非修改、非破坏和非丢失的特性。可以使用消息摘要技术和加密技术（Hash 函数）来实现，而支付信息的完整性可由支付协议来保证实现。

（3）不可否认性。保证接收方对于自己已接受的信息内容不能进行否认，发送方对于已经发出的信息不能抵赖否认；保证交易数据的正当保留，维护双方当事人的合法利益。可以通过数字签名技术来实现。

（4）匿名性。移动商务的匿名性主要包括以下三个方面。

① 用户身份隐藏：用户的永久身份不能在无线接入链路上被窃听到。

② 用户位置的隐藏：用户到达某个位置或某个区域不能通过对无线接入网窃听得到。

③ 用户的不可跟踪性：攻击者不能通过在无线接入网上窃听推断出是不是对某个用户提供了不同的服务。

（5）容错能力。信息在网络中传输，设备和线路经常会发生故障，要保证在故障产生时，系统不会长时间处于停滞状态，要有备用方案去处理，还要保证更新系统时对于原有软硬件的兼容能力。

另外，移动商务对于系统的经济性也得适当考虑，希望在增强系统安全性的同时，能够尽量降低所花费用；合理的加密技术是增强安全的最有力措施，目前已有不少加密算法可以实现，要从算法的可实践性上来适当选择。

4.1.3 移动商务安全技术现状

针对移动商务面临的安全威胁和安全需求，可以通过使用各种安全技术来满足不同的安全需求。

4.1.3.1 完整性保护技术

完整性保护技术是用于提供消息认证的安全机制。通常情况下，完整性保护技术是通过计算消息认证码来实现的，就是利用一个带密钥的 Hash 函数对消息进行计算，产生消息认证码，并将它和消息捆绑在一起传给接收方。接收方在收到消息后首先计算消息认证码，并将重新计算的消息认证码与接收到的消息认证码进行比较。如果它们相等，接收方就认为消息没有被篡改；如果它们不相等，接收方就知道消息在传输过程中被篡改了。

4.1.3.2 真实性保护技术

真实性保护技术用来确认某一实体所声称的身份，以防假冒攻击。在移动商务中，交易信息通过无线网络转发，在传输过程可能产生一定的延迟，需要通过鉴别数据源来确认交易信息的真正来源。最简单的方法是让声称者与验证者共享一个对称密钥，声称者使用该密钥加密某一消息(通常包括一个非重复值,例如序列号、时间戳或随机数等,以对抗重放攻击),如果验证者能成功地解密消息,那么验证者相信消息来自声称者。

4.1.3.3　机密性保护技术

机密性保护技术是为了防止敏感数据泄漏给那些未经授权的实体。通常,最简单的方案是收发双方共享一个对称密钥,发送方用密钥加密明文消息,而接收方使用密钥解密接收到的密文消息。

4.1.3.4　抗抵赖技术

抗抵赖技术是为了防止恶意主体事后否认所发生的事实或行为。要解决上述问题,必须在每一事件发生时,留下关于该事件的不可否认证据。当出现纠纷时,可由可信第三方验证这些留下的证据,这些证据必须具有不可伪造或防篡改的特点。通常,不可否认证据是由发送者使用数字签名技术产生的。

4.1.3.5　其他安全技术

安全协议是以密码学为基础的消息交换协议,目的是在网络环境中提供各种安全服务,其安全目标是多种多样的。例如,认证协议的目标是认证参加协议的主体的身份,许多认证协议还有一个附加的目标,即在主体之间安全地分配密钥或其他各种秘密。在网络通信中最常用的、最基本的安全协议按照其目的可以分成以下四类。

(1) 密钥交换协议。这类协议用于完成会话密钥的建立,一般情况下是在参与协议的两个或者多个实体之间建立共享的秘密,如用于一次通信的会话密钥。例如,Blom 协议、Girault 协议、Diffie-Hellman 协议、MIT 协议和 Andrew RPC 协议等;

(2) 认证协议。认证协议包括身份认证协议、消息认证协议、数据源认证协议等,用来防止假冒、篡改、否认等攻击。例如,Schnorr 协议、Okamoto 协议、Kerberos 认证协议、Guillou-Quisquater 协议等;

(3) 认证密钥交换协议。这类协议将认证协议和密钥交换协议结合在一起,先对通信实体的身份进行认证,在认证成功的基础上,为下一步安全通信分配所使用的会话密钥,它是网络通信中应用最普遍的一种安全协议。如 Needham-Schroeder 公钥认证协议、分布式认证安全服务(DASS)协议、互联网密钥交换(IKE)协议、X.509 协议等;

(4) 电子商务协议。与上述协议的明显不同是,电子商务协议中主体是交易的双方,其利益目标是矛盾的,电子商务协议最为关注的就是公平性,即协议应保证一个交易方达到自己的目标当且仅当另一交易方达到自己的目标。当前应用比较广泛的电子商务安全协议主要有 Digicash 协议、Netbill 协议、SET 协议和 SSL 协议等。

一般来说,前三类安全协议是第四类电子商务协议的基础。通常情况下,在移动商务交易中并不只采取上述某一种安全协议来保证交易的安全性,而是采取其中两个或者多个协议的组合。

4.1.4　移动商务安全的发展趋势

4.1.4.1　互联网电子商务的安全交易机制广泛用于移动商务

目前的大多数手机配备处理器比较低、内存容量较小,无法处理大量的复杂运算和交易信息,导致互联网电子商务的安全交易机制难以在移动网络环境下实现。因此,减少移动终端的处理和存储负担,降低双方交易信息的传输量和保障交易安全是移动商务研究亟待解决的问题。

4.1.4.2 生物特征识别技术的广泛使用

用户/密码机制是最古老也是目前应用最广的一种计算机网络安全措施,PKI 技术可以实现更高级别的安全。然而,这些安全措施都可能会受到设备级的安全攻击,如手机、智能卡丢失或被盗等都将会带来致命的安全问题。为了防止这种安全问题,生物特征识别技术发挥越来越大的作用。

以往由于生物特征识别技术运算量大、准确度低,限制了其广泛使用,而现在随着指纹识别、视网膜识别和面部特征匹配等一系列生物特征识别技术的成熟,其必将在给电子商务带来更高级别的安全过程中发挥重要的作用。

4.1.4.3 重视移动商务隐私问题

由于智能移动终端功能的升级和参与移动商务的用户日益增多,用户大量的隐私信息保存在移动终端上,同时,移动商务作为电子商务的延伸也需要个人提供的隐私信息,这样才能得以发展,而且由于移动商务的一些独特性,隐私问题比传统电子商务更加突出。随着技术的发展,越来越多更可靠和更安全的保护措施应用于移动设备上。

隐私侵犯涉及社会道德甚至法律问题,单从技术层面来保证是不够的,在这样的大环境下,有关安全性的标准制定和相应法律出台也将成为趋势。

4.2 移动安全通信技术

4.2.1 信息加密原理

由于数据在传输过程中有可能遭到侵犯者的窃听而失去保密信息,加密技术是网络中数据传输采取的主要保密安全措施。加密技术也就是利用技术手段把重要的数据变为乱码(加密)传送,到达目的地后再用相同或不同的手段还原(解密)。

加密算法按其对称性可分为对称密钥加密算法和非对称密钥加密算法。

(1) 对称密钥加密算法。对称密钥加密的特点是文件加密和解密使用相同的密钥,即加密密钥也可以用作解密密钥。在该算法中,安全性在于双方密钥的秘密保存。这种方法的加密和解密过程见图 4-1。

图 4-1 对称密钥加/解密示意图

对称密钥加密算法使用起来简单快捷,密钥较短,且破译困难。但这种算法需要信使或秘密通道来传送密钥,密钥的传送和管理就比较困难,因此算法的安全性依赖于密钥的秘密保存。

对称密钥加密体制中有排列码算法、RC4、混沌算法、DES(数据加密标准 Data Encryption Standard)、IDEA(国际数据加密算法)、RC2 等,以 DES 算法为典型代表。

(2) 非对称密钥加密体制。1976 年,美国学者 Diffie 和 Hellman 为解决数字签名和密钥分配问题,提出一种新的密钥交换协议,允许通信双方在不安全的媒体上交换信息,安全地达成一致的密钥,这就是公开密钥系统。这引起了密码学上的一场革命,公开密钥系统从根本上克服了传统密码体制的困难,解决了密钥分配和消息认证等问题。相对于"对称密钥加密算法",这种方法也叫作"非对称密钥加密算法"。

与对称加密算法不同,非对称加密算法需要两个密钥:公开密钥(Public Key)和私有密钥(Private Key)。公开密钥系统使用密钥对时,如果用公开密钥对数据进行加密,只有用对应的私有密钥才能进行解密;如果用私有密钥对数据进行加密,那么只有用对应的公开密钥才能解密。因为加密和解密使用的是两个不同的密钥,所以这种算法叫非对称加密算法(见图 4-2)。

图 4-2 非对称密钥加/解密示意

图中 KU 为接收方的公开密钥,KR 为接收方的私有密钥。在提出了公开密钥密码体制的设想后,先后出现了背包公钥算法、RSA 公钥加密算法,此外还有椭圆曲线加密算法 ECC、ElGamal、DSS 等著名的非对称加密算法。

公开密钥体制的算法是公开的,所以非对称加密体制的保密性不依赖于加密体制和算法,而是依赖于密钥,它可实现保密通信、数字签名。

4.2.2 移动通信加密

移动通信网络中,由于移动端比网络端的计算能力低且计算资源差,这就要求移动通信网络中的密码技术应该满足两个条件:(1) 尽可能采用计算简单的密码算法;(2) 使移动端和网络端的计算量具有不对称性。

在单钥系统中,只有知道共享密钥的通信双方才能相互信任,这不仅限制了保密通信的范围,也带来了密钥管理问题。不过单钥加密算法简单,运算量小,执行速度快,因而得到广泛的应用。目前,移动通信系统主要采用的是基于对称密钥密码体制。

1. GSM 加密

移动通信系统中的信息基本上使用无线信道传输,易被截获和窃听。在 GSM 通信系统中,一般对基站收发台(BTS)和移动台(MS)之间传递的信息加密,确保用户通信的保密性。BTS 和 MS 之间的信息加密和解密过程如图 4-3 所示。

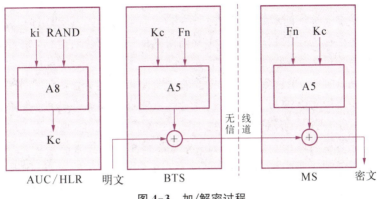

图 4-3　加/解密过程

从图中可以看出,鉴权中心(AUC)利用 A8 算法产生 Kc,由密钥 Kc 和当前信息序列的帧号 Fn 控制信息加密,将 Kc 和 Fn 作为参数输入到算法 A5 中,产生加密流,再将加密流与明文逐位进行异或,就得到密文,用同样的方法生加密流和密文进行一次异或运算,就可以得到明文。由于 Fn 是不断变化的,导致 A5 算法输出的加密流也不断变化,即传送的每一信息序列所采用的加密流也各不相同,增强了加密信息的安全性。

2. GPRS 加密

同 GSM 相比,GPRS 系统的加密范围更大,如图 4-4 所示,在 GPRS 系统中,对 SGSN 和移动台之间的无线链路上的信令和用户数据进加密保护;而 GSM 系统只在 MS 和基站收发台/移动交换中心(BTS/BSC)之间的无线链路上加密。

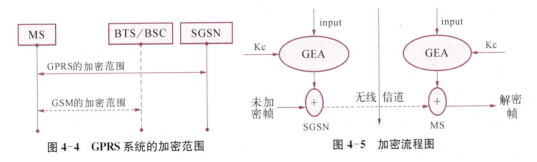

图 4-4　GPRS 系统的加密范围　　　　图 4-5　加密流程图

在 GPRS 系统中采用的加密算法是 GEA,从 SGSN 到 MS 的加密流程图如图 4-5 所示。GEA 加密算法一般有 GEA1 和 GEA2 两种,GPRS 中采用这两种算法来保证 MS 和 SGSN 之间链路上数据的完整性和机密性。在 SGSN 发送的"请求加密消息"中指明采用哪种算法。但是 GPRS 系统的加密仍然不能提供端到端的加密;GPRS 系统的 GEA 算法和 GSM 中的 A5 算法的密钥长度一样太短,都只是 64 bit,无法抵抗穷举攻击;GPRS 系统的加密算法对外保密,不能对其性能进行评估和修正。

4.2.3 终端身份认证

（1）移动商务身份认证现状及需求。在移动通信系统中，移动用户与网络之间不像固定电话那样存在固定的物理连接，商家如何确认用户的合法身份，如何防止用户否认已经发生的商务行为，都是急需解决的安全问题。

在移动商务系统中，通信会话开始之前的安全协议就是身份认证和密钥协商协议，其目的就是验证通信对方的身份信息的合法性，以便提供服务，同时协商好一个会话密钥，用于结合适当的密码算法对会话信息加密，使敏感信息不会泄漏。

移动通信中的双向认证和密钥协商协议因为部署于移动通信环境之中，除了具有有线双向认证和密钥协商协议的安全需求之外，由于移动通信的特点，还提出为用户提供匿名服务、计算资源尽量少等特殊需求，目前主要考虑以下安全需求。

① 双向身份认证。在移动通信中，无线通信网络与移动终端用户之间相互认证身份，是安全通信中最基本的安全需求。第二代数字蜂窝移动通信系统都是基于私钥密码体制，采用共享密钥的安全协议，实现对移动用户的认证和数据信息加密，缺少用户对移动网络的身份认证，导致存在"中间人攻击"的威胁。

② 协议尽量简单。目前移动通信系统的带宽和移动通信终端的计算资源有限，因此密钥协商和身份认证协议要求尽量计算简单、传输信息量小。虽然在第三代移动通信系统中，带宽得到大幅度改善，目前硬件的瓶颈得到一定的突破，但是手持移动通信终端的体积和市场价格决定了其计算资源和存储资源的有限性。

③ 密钥协商和双向密钥控制。移动用户与移动网络之间通过安全参数协商确定会话密钥，密钥协商协议对通信双方是否能够建立安全的会话至关重要。同时，保证一次一密，一方面是为了保证密钥的质量可以防止特定会话密钥带来的安全隐患；另一方面也是为了防止由于旧会话密钥的泄漏而导致重传攻击。

④ 双向密钥确认。为保证接收方和发送方拥有相同的会话密钥，移动网络系统和移动用户之间要进行确认，以保证下次会话中，发送方加密的信息能被接收方正常解密。

（2）移动终端认证。在无线应用协议（WAP）中要实现移动终端身份认证，一般是指无线传输层安全（WTLS）终端之间的 WTLS 客户端证书认证，图 4-6 表明了移动终端身份认证的全过程，该方法要求移动终端拥有一个用户证书 URL 和一私钥。由于无线身份识别模块（WIM）是防篡改硬件，私钥常保存在终端的 WIM 中。

WAP 网关和网络服务器通过有线连接对移动终端证书验证，移动终端证书可以是 X.509 证书，但 X.509 证书数据量太大不能存储在 WIM。因此，WAP 中存储的是终端证书的 URL，而不是终端证书，而终端证书则集中保存在证书目录里。网络服务器和 WAP 网关根据证书 URL 到对应的位置取证书来认证移动终端身份。

（3）口令认证技术。身份认证技术是指用于确认用户身份和访问者权限的技术，使访问控制策略可靠执行。目前，身份认证技术主要包括：口令认证技术、基于数字证书的身份认证技术、基于物理设备的身份认证技术和基于生物特征的身份认证技术。

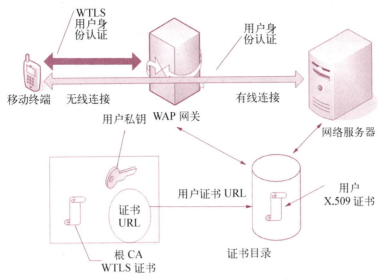

图 4-6 移动终端身份认证

口令认证基于"What You Know"的验证手段，是最简单、最易实现、应用最广泛的认证技术。口令认证技术分为静态口令认证技术和一次性口令(One-Time Password，简称 OTP)认证技术。两种口令认证技术的特点如表 4-1 所示。

表 4-1 静态口令认证与 OTP 认证对比分析

比较项目	静态口令认证技术	OTP 认证技术
动态性	静态口令固定不变的，难以抵御重放攻击	OTP 口令可以随设定的时间或事件等变量自动变化，无须人工干预
一次性	静态口令在传输过程中易被截获，难以抵御窃听攻击	OTP 口令一次有效，旧口令不能重复使用，即使口令被窃听，也不会造成很大危险，因此具备良好的抗窃听性
随机性	静态口令通常比较简单，难以抵御口令猜测攻击	OTP 口令随机生成、无规律，增加了破解的难度
认证机制	静态口令认证技术是单向认证机制，即服务器对登录用户的身份认证，而用户无法认证服务器，因此，攻击者可能伪装成认证服务器欺骗用户	OTP 认证技术建立在密码学基础之上，通过在认证过程中加入不确定因子，使用户每次进行身份认证的认证口令都不相同，而且每个认证口令只使用一次。OTP 认证技术的一次一密的认证方法可以有效保证用户身份的安全性
安全性	静态口令认证技术是一种单因子的认证技术，安全性仅依赖于口令，口令一旦泄露，安全性随即丧失	OTP 认证多技术具有多重安全性，与静态口令的单一认证方式不同，OTP 认证技术将一次性口令与用户名、静态口令等多重因素结合实现认证

静态口令认证技术指用户口令在一定的时间内固定不变、可以重复使用,其认证过程为:登录时,用户输入二元组信息(UserID,UserPW),认证服务器比对接收的信息和存储的信息是否一致,以此判断用户身份的合法性。静态口令认证技术最大的优点是实现简单、易于使用,但其存在诸多安全问题。

OTP认证技术是一种摘要认证,在摘录过程中给用户秘密信息加入不确定因素,使每次登录过程中摘录所得的密码(即一次性口令OTP)都不相同,用户真正的秘密信息没有在网上传输,以提高登录的安全性。从上述身份认证技术的特点可以看出,OTP认证技术实现简单、成本低、无须第三方认证,同时一次一密保证了较高的安全性,比较适合移动商务的身份认证。

4.2.4 移动交易信任机制

移动商务交易中的信任是指网上消费者对在线交易的总体信任,它分为广义和狭义两种。狭义的信任机制局限于网络平台的技术手段的研究,一般分为基于身份的信任模型、基于角色的信任模型、自动信任协商模型、基于名誉的信任模型。广义的信任机制是指电子商务交易系统中构成、影响相互信任关系的各部分及它们之间的作用方式,以及为促进和维持信任关系所发生的相关作用方式和所有手段、方法等。在这一机制中主要涉及交易主体(网上企业和消费者)及在交易过程中其保护和支持作用的第三方机构(如银行、政府等)。

建立移动电子商务交易信任机制,需要综合考虑政府、企业、交易伙伴三方面因素的影响,需要交易涉及的各方主体共同努力。

(1)从政府的角度。一是加强法律的威慑力度。建立健全法律制度是政府推进移动电子商务信任机制的重要途径。当前,国际社会为了确保电子商务交易的顺利进行和发展,都纷纷着手制定相关法规。目前,较为规范和完整的电子商务交易法规当首推联合国国际贸易法委员会(UNCITRAL)提出的《电子商务示范法蓝本》。除此之外,1997年欧盟发布的《欧盟电子商务行动法案》、美国的《全球电子商务发展纲要》和世界贸易组织达成的《信息技术协议》,都为电子商务交易提供了有力的安全保障。我国已经颁布的《电子签名法》标志着我国电子商务法律建设的开始。国际上许多国家已经采取了法律手段规范短信息服务,以控制有害短信蔓延的势头,在我国这些法律法规也已逐步完善。二是提升移动电子商务经营者的自律水平。经营者自律、监管是建立移动电子商务信任机制的重要手段。电子商务行业自律可由政府牵头,制定行业自律规章制度,规范移动电子商务经营者的经营行为,提高移动电子商务经营者的诚信法律知识和素质;企业要经常进行自查自评,对客户跟踪调查,了解消费者反馈,从而推动移动电子商务经营的诚信服务质量。

(2)从企业的角度。企业应以不断创新为手段,全心全意致力于提供安全诚信服务,来满足广大顾客需要,如南航在国内率先推出电子客票,还提供电子客票网上值机和手机值机等特色服务;尤其是在网站电子商务信息化诚信服务方面,加强网站安全建设,不断创新超越,强化网站服务功能,扩展服务领域范围,优化电子商务服务流程。不管是电子商务网站和移动电子商务网站的运营者还是会员,都应有责任和义务去保证上传信息的真实性和有效性,特别是作为电子商务网站和移动电子商务网站的运营者,更应承担自己网站上传或者所发布信息的审核责任,这个环节是重中之重。

(3) 从交易伙伴角度。一是完善第三方认证形式。在移动电子商务中,通过担保的方式建立消费者信任,建立商务交易主体的信任途径。第三方认证可以降低不确定性和机会主义行为所带来的利益诱惑,有力保证认证结果的公正性、客观性和真实性,相对而言更具高可信度和公正性。如银行、第三方支付机构在移动商务中做担保,极大推进交易双方信任机制的建立;如支付宝公司为淘宝网交易者提供的"第三方担保",对淘宝网信任机制的建立就起到了巨大作用。但由于第三方认证在国内仍处于发展阶段,还不能满足交易伙伴间建立信任的要求,需要大力发展和建设。2011年出台的《第三方电子商务交易平台服务规范》在电子商务服务业发展中具有重要的作用。第三方电子商务交易平台不仅沟通了买卖双方的网上交易渠道,大幅度降低了交易成本,也开辟了电子商务服务业的一个新的领域。加强第三电子商务交易平台的服务规范,对于维护电子商务交易秩序,促进电子商务健康快速发展,具有非常重要的作用。2015年和2019年进一步修正《电子签名法》是我国推进电子商务发展,扫除电子商务发展障碍的重要步骤。

建立和完善移动商务交易信任机制,需要政府、企业、交易各方共同努力,需要法律、技术、诚信多方面的协调共建。只要政府发挥自身职能提高移动商务交易过程的监管力度;企业有意识的采取一些措施提高自己在网络上的信任度;交易者遵守法律、恪守道德、诚实守信,我国移动商务信任机制就会得以快速建立,电子商务行业会更加健康快速地发展。

4.3 移动终端安全

4.3.1 移动终端操作系统及其威胁

4.3.1.1 移动终端操作系统介绍

移动终端操作系统作为连接软硬件、承载应用的关键平台,在智能终端中扮演着举足轻重的角色。目前主流的移动终端操作系统有:Android、iOS、Windows Phone、鸿蒙等。

Android是一种基于Linux的自由及开放源代码的操作系统。主要使用于移动设备,如智能手机和平板电脑,由Google公司和开放手机联盟领导及开发。Android一词的本义指"机器人",最初由Andy Rubin开发,主要支持手机。2005年8月由Google收购注资。2007年11月,Google与84家硬件制造商、软件开发商及电信营运商组建开放手机联盟共同研发改良Android系统。随后Google以Apache开源许可证的授权方式,发布了Android的源代码。第一部Android智能手机发布于2008年10月。

Android 逐渐扩展到平板电脑及其他领域上，如电视、数码相机、游戏机、智能手表等。2011 年第一季度，Android 在全球的市场份额首次超过塞班系统，跃居全球第一。2013 年 Android 平台手机的全球市场份额已经达到 78.1%。其特点如下。

（1）开放性。Android 平台首先就是其开放性，开发的平台允许任何移动终端厂商加入 Android 联盟中来。显著的开放性可以使其拥有更多的开发者，随着用户和应用的日益丰富，一个崭新的平台也将很快走向成熟。开放性对于 Android 的发展而言，有利于积累人气，这里的人气包括消费者和厂商，而对于消费者来讲，最大的益处正是丰富的软件资源。开放的平台也会带来更大竞争，如此一来，消费者将可以用更低的价位购得心仪的手机。

（2）丰富的硬件。这一点还是与 Android 平台的开放性相关，由于 Android 的开放性，众多的厂商会推出丰富多样、功能特色各具的产品。功能上的差异和特色，却不会影响到数据同步、甚至软件的兼容，比如从诺基亚 Symbian 风格手机改用苹果 iPhone，不仅可将 Symbian 中优秀的软件带到 iPhone 上使用，联系人等资料更是可以方便地转移。

（3）方便开发。Android 平台提供给第三方开发商一个十分宽泛、自由的环境，不会受到各种条条框框的阻挠，可想而知，会有多少新颖别致的软件诞生。但也有其两面性，血腥、暴力、情色方面的程序和游戏如何控制正是留给 Android 的难题之一。

（4）Google 应用。在互联网的 Google 已经走过 10 年历史，从搜索巨人到全面的互联网渗透，Google 服务如地图、邮件、搜索等已经成为连接用户和互联网的重要纽带，而 Android 平台手机将无缝结合这些 Google 服务。

iOS 是由苹果公司开发的移动操作系统，最早于 2007 年发布，最初是设计给 iPhone 使用的，后来陆续套用到 iPod touch、iPad 以及 Apple TV 等产品上。iOS 与苹果的 macOS 操作系统一样，属于类 Unix 的商业操作系统。原本这个系统名为 iPhone OS，因为 iPad，iPhone，iPod touch 都使用 iPhone OS，所以 2010 年 WWDC 大会上宣布改名为 iOS（iOS 为美国 Cisco 公司网络设备操作系统注册商标，苹果改名已获得 Cisco 公司授权）。苹果搭载的 iOS 系统具有以下优势。

（1）软件硬件高度融合，避免了严重的碎片化，增加了系统的稳定性，减少死机、无响应的情况。

（2）界面设计美观简洁，且操作简单易用，给用户最直观的体验。

（3）安全性强。iOS 专门设计了低层级的硬件和固件功能，用以防止恶意软件和病毒；同时还设计有高层级的 OS 功能，有助于在访问个人信息和企业数据时确保安全性。iOS 支持加密网络通信，它可供 APP 用于保护传输过程中的敏感信息。如果你的设备丢失或失窃，可以利用"查找我的 iPhone"功能在地图上定位设备，并远程擦除所有数据。一旦你的 iPhone 失而复得，你还能恢复上一次备份过的全部数据。

（4）iOS 所拥有的应用程序是所有移动操作系统里面最多的。iOS 平台拥有数量庞大的移动 APP，几乎每类 APP 都有数千款。而且很多 APP 都十分出色。这是因为 Apple 为第三方开发者提供了丰富的工具和 API，从而让他们设计的 APP 能充分利用每部 iOS 设备包含的先进技术。

Windows Phone(简称 WP)是微软基于 Windows CE 内核,于 2010 年 10 月 21 日正式发布的一款手机操作系统,初始版本命名为 Windows Phone 7.0,最新版本为 2018 年底发布的 Windows 10 Mobile。Windows Phone 具有桌面定制、图标拖拽、滑动控制等一系列前卫的操作体验。其主屏幕通过提供类似仪表盘的体验来显示新的电子邮件、短信、未接来电、日历约会等,让人们对重要信息保持时刻更新。它还包括一个增强的触摸屏界面,更方便手指操作;以及一个最新版本的 IE Mobile 浏览器,在一项由微软赞助的第三方调查研究中,和参与调研的其他浏览器和手机相比,该浏览器可以执行指定任务的比例超过 48%。很容易看出微软在用户操作体验上所做出的努力,而史蒂夫·鲍尔默也表示:"全新的 Windows 手机把网络、个人电脑和手机的优势集于一身,让人们可以随时随地享受到想要的体验。"Windows Phone 力图打破人们与信息和应用之间的隔阂,提供适用于人们包括工作和娱乐在内的端到端体验。

鸿蒙 OS(HarmonyOS)于 2019 年 8 月正式发布,是一款"面向未来"的操作系统,一款基于微内核的面向全场景的分布式操作系统,它将适配手机、平板、电视、智能汽车、可穿戴设备等多终端设备。它的特点是:(1)低时延。确定时延引擎和高性能 IPC 技术实现系统流畅,甚至可到毫秒级乃至亚毫秒级。(2)实现模块化耦合。对应不同设备可弹性部署,鸿蒙 OS 有三层架构,第一层是内核,第二层是基础服务,第三层是程序框架。(3)采用全新的微内核设计。应用于可信执行环境(TEE),通过形式化方法,重塑可信安全,从而拥有更强的安全特性。

除上述几种操作系统之外,目前应用在手机上的操作系统还有 Symbian(诺基亚)、BlackBerry OS(黑莓)、Web OS、Windows Mobile(微软)等。同时,它们的广泛使用,使针对移动终端的第三方开发成本大大降低,加快了移动终端的发展速度。

4.3.1.2 移动终端操作系统的安全威胁与对策

嵌入式操作系统的广泛应用,使移动终端的功能日益强大,可以支持蓝牙、电子邮件、无线上网等服务,同时移动终端上存储的数据,运行的软件也越来越多,而针对移动终端的病毒、木马等也逐渐出现,威胁着移动终端的操作系统安全。目前针对移动终端操作系统的安全威胁主要有四个方面。

(1) 病毒。病毒可寄生于主机文件中,并通过它完成复制的恶意代码。主要通过移动终端系统的漏洞、程序的下载、蓝牙、MMS 等进行传播,可能导致终端运行失常、信息破坏,甚至硬件损毁。

(2) 蠕虫。蠕虫可以通过红外线、蓝牙或彩信等自动传播,并消耗移动终端的带宽、存储等资源。

(3) 木马。木马可以潜伏在目标移动终端上窃取用户的有效信息。

(4) 拒绝服务攻击(DOS)。随着移动技术的发展,移动终端与服务器等一样,也存在拒绝服务攻击。一旦被攻击,终端资源将被大量占用,无法正常工作。

针对上述攻击的一般对策主要包括如下几个方面。

(1) 定时更新操作系统,安装升级补丁,备份系统。

(2) 安装杀毒软件和防火墙,不接收未知的信息,不随便开启蓝牙等通信功能。

(3) 设置程序行为监控机制,记录分析程序的操作是否安全合法等。

(4)根据移动终端操作系统的组成部分:文件系统、指令系统、系统管理及安全服务等,可以将移动终端操作系统的安全技术进行划分。目前,针对移动终端操作系统的各个主要部分,已经存在相应的基本安全要求及相关测试方法,应当在实际使用时保证各项安全措施的实施。

此外对于具体的操作系统,还存在一些特殊的安全技术,如 2018 年 9 月 22 日,美国苹果公司在最新的操作系统中秘密加入了基于 iPhone 用户和该公司其他设备使用者的"信任评级"功能。还有所有的应用软件必须有合法的签名才能进行安装,且签名的不同类型,对应不同的权限,因此尽量不安装没有公众签名的应用软件。

4.3.2 移动终端下载软件的认证

随着终端技术和移动网络技术的发展,终端越来越智能化,终端上的业务将越来越丰富,终端的安全性也越来越重要。伴随着终端数量的增长、软件平台"缺乏控制手段"的开放使得一些恶意开发者有利可图,初期没有过多考虑安全性,可以促进开发者的投入;随着影响力和市场的扩大,恶意开发者可以利用软件平台的漏洞,轻易开发恶意软件,给用户带来经济损失。因此,必须从源头开始解决软件安全的管理漏洞,软件的认证是一套有效的管理手段。认证流程如图 4-7。

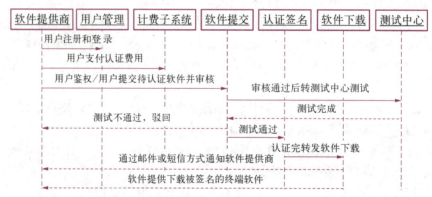

图 4-7 认证平台流程

图中,各子系统功能介绍如下。

(1)用户管理子系统:提供全面的认证用户管理功能。

(2)认证计费子系统:提供认证计费功能,用于商业运营使用。可分为按次认证、包年认证等模式。

(3)软件提交子系统:提供终端软件上传功能,支持病毒扫描、邮件通知、短信通知、认证审核、软件入库等功能。

(4)软件签名子系统:提供终端软件签名功能,可支持多种平台。提供软件入库、查询等功能。

(5)软件下载子系统:提供终端软件下载功能,负责通过邮件、短信等工具通知软件提供商。

4.3.3 移动终端存储信息的备份与恢复

4.3.3.1 信息备份

当移动终端存储的信息由于某种原因遭到破坏时,将保存的数据副本恢复,重新加以利用的过程。由于信息的内容、备份时间及备份方式不同,采用的备份策略也不同,通常采用的备份策略有以下三种。

(1) 完全备份(Full Backup)。完全备份是指不管原信息是否修改,都将整个信息进行完全备份。如果信息没有做任何修改,所备份数据都是一样的。这种备份策略的好处是:当发生数据丢失的灾难时,只要用灾难发生前的最近一次备份就可以恢复丢失的数据。然而它亦有不足之处,首先,每次都对整个系统进行进完全备份,造成备份的数据大量重复。这些冗余数据占用大量的存储空间,对用户来说就意味着增加成本。其次,由于需要备份的数据量较大,所以备份所需的时间也就较长。对于那些业务繁忙、备份时间有限的系统来说,选择这种备份策略是不明智的。

(2) 增量备份(Incremental Backup)。增量备份是指在备份前首先检测当前的数据是否与前一次备份的数据不同,备份引擎只备份变化的数据。该备份策略极大地提高了备份的速度,减少了备份所需的存储空间。它的缺点在于当发生灾难时,恢复数据比较麻烦。另外,这种备份的可靠性也很差。

(3) 差分备份(Differential Backup)。差分备份是指备份前首先检测当前备份数据与前一次完全备份的数据差异,备份引擎只备份变化的数据。同增量备份相比,该备份策略在寻找数据差异时所依据的数据基准是近一次的完全备份。差量备份策略在避免了以上两种策略的缺陷的同时,又具有了它们的所有优点。差量备份无须每天都做系统完全备份,因此备份所需时间短,并节省磁带空间,它的灾难恢复也很方便,系统管理员只需两个存储设备,即系统全备份的存储与发生灾难前一天的备份存储,就可以将系统完全恢复。

4.3.3.2 信息恢复

信息恢复是指由于操作失误或移动终端系统故障造成数据丢失的那些信息进行恢复。实现信息恢复技术主要靠软件技术、硬件技术及二者的结合。

软件技术可分为三类。第一类,信息存储类软件内置信息恢复功能。其通过备份和存储数据来实现信息恢复功能,因为很难及时备份,往往数据恢复的不完整。第二类,反病毒软件内置信息恢复功能,其信息恢复能力有限,对非病毒造成的数据丢失往往作用不大。第三类是专业的信息恢复软件。其不仅具有数据备份和数据存储功能,还具有较强的数据修补、数据分析处理、数据直接读取技术,与前两类相比,其信息灾难恢复能力更强。

用软件方法恢复的优点是速度较快,费用较低。但它不能解决一些由硬件损坏造成的数据丢失。

信息恢复的硬件技术能在不破坏原有系统的情况下,对各种存储介质、硬件平台、软件平台下的任何原因造成的信息丢失进行信息恢复,但信息恢复的费用是较高的,且需要高精尖设备的支持。因而很少使用。

4.4 手机病毒

4.4.1 手机病毒

4.4.1.1 手机病毒的定义

手机病毒也是一种计算机程序,和其他计算机病毒(程序)一样具有传染性、破坏性。手机病毒可利用发送短信、彩信、电子邮件、浏览网站、下载铃声等方式进行传播。手机病毒可能会导致用户手机死机、关机、资料被删除、向外发送垃圾邮件、拨打电话等,甚至还会损毁 SIM 卡、芯片等硬件。普遍接受的手机病毒的定义是:手机病毒原理和计算机病毒一样,以手机为感染对象,以计算机网络和移动通信网络为传播平台,通过病毒短信、邮件等形式攻击手机,从而造成手机或移动通信网络异常的一种新型病毒。

4.4.1.2 手机病毒的分类

根据手机病毒的来源和传播机理的不同,当前的手机病毒可以划分为以下几大类。

(1) 蠕虫型病毒。蠕虫型病毒是一种通过网络自我传播的恶性病毒,它最大的特性就是利用操作系统和应用程序所提供的功能或漏洞主动进行攻击,如"卡比尔"和 Lasco.A 病毒等都是蠕虫病毒,它们会感染手机系统中的文件,并通过无线通信信道对附近手机扫描,发现漏洞手机后,病毒就会自我复制并发送到该手机上。因此,蠕虫病毒可以在短时间内通过蓝牙或短信的方式蔓延至整个网络,造成用户财产损失和手机系统资源的消耗。

(2) 木马型病毒。木马型病毒也叫后门病毒,其特点是运行隐蔽、自动运行和自动恢复,能自动打开特别的端口传输数据。随着当前黑客组织越来越商业化,其开发目的从最初的炫耀技术演变成现在的贩卖从手机中盗取的个人或商业信息,因此手机用户面临的隐私泄露的风险也越来越大。目前较常见的手机木马程序有 Pbstealer 病毒(通信录盗窃犯)、Commwarrior 病毒(彩信病毒)等。

(3) 感染型病毒。感染型病毒其特征是将其病毒程序本身植入其他程序或数据文件中,使文档膨胀,以达到散播传染的目的。传播手段一般是网络下载,资源拷贝。这种病毒可以破坏用户数据且难以清除。

(4) 恶意程序型病毒。恶意程序型病毒专指对手机系统软件进行软件硬件破坏的程序,常见的破坏方式就是删除或修改重要的系统文件或数据文件,造成用户数据丢失或系统不能正常运行启动。典型的例子有导致手机自动关闭的移动黑客(Hack.mobile.smsdos),导致手机工作不正常的 Mobile.SMSDOS 病毒。

4.4.2 手机病毒的特征

手机病毒属于计算机病毒的一种,几乎具备了计算机病毒的所有特性。手机病毒主要有以下几个特点。

(1) 传染性：病毒通过自身复制感染正常文件，即病毒程序必须被执行之后才具有传染性，继而感染其他文件，达到破坏目标正常运行的目的。

(2) 隐蔽性：隐蔽性是手机病毒最基本的特点。经过伪装的病毒程序还可能被用户当作正常的程序而运行，这也是病毒触发的一种手段。

(3) 潜伏性：一般病毒在感染文件后并非立即发作，多隐藏于系统中，只有在满足其特定条件时才启动其表现（破坏）模块。

(4) 可触发性：病毒如未被激活，则会潜伏于系统之中，不构成威胁。一旦遇到特定的触发事件，则能够立即被激活且同时具有传染性和破坏性。

(5) 针对性：一种手机病毒并不能感染所有的系统软件或是应用程序，其攻击方式往往是具有较强的针对性。

(6) 破坏性：任何病毒侵入目标后，都会不同程度地影响系统正常运行，如降低系统性能，过多地占用系统资源，损坏硬件甚至造成系统崩溃等。

(7) 表现性：无论何种病毒被激活以后，将会对系统的运行、软件的使用、用户的信息等进行不同程度的针对性破坏。病毒程序的表现性或破坏性体现了病毒设计者的真正意图。

(8) 寄生性：病毒嵌入载体中依载体而生，当载体被执行时病毒程序也同时被激活，然后进行复制和传播。

(9) 不可预见性：和计算机病毒相类似，手机病毒的制作技术也在不断提高，在病毒检测方面来看，病毒对反病毒软件来说永远是超前的。

4.4.3　手机病毒的危害

4.4.3.1　对手机终端的危害

随着移动宽带网的发展，手机涉及的功能和范围也越来越广，包括各种付费业务及其手机银行等安全性比较高的业务，因此，手机病毒一旦爆发，会对人们造成很大的影响和损失。目前的手机病毒对终端的影响主要包括以下几个方面。

(1) 消耗手机内存或修改手机系统设置，导致手机无法正常工作。"卡比尔"病毒就能通过手机的蓝牙设备传播，病毒发作时，屏幕上会显示"Caribe-VZ/29a"字样，中毒手机的电池将很快耗尽，蓝牙功能丧失。

(2) 窃取手机上保存的机密数据，或修改、删除和插入移动终端中的数据。破坏了数据的真实性和完整性。近两年来，随着智能手机逐步进入普通消费者的视野，这意味着越来越多的人将把手机作为存储个人信息的重要载体，不可避免地成为黑客的攻击对象。

(3) 控制手机进行强行消费，导致机主通信费用及信息费用剧增。有的病毒能控制手机用户在本人不知情的情况下恶意群发一些违法短信，甚至个别短信诱导客户进行欺诈性订阅和消费，造成用户手机费用的损失。

4.4.3.2　对移动网络的危害

手机病毒也会像计算机病毒一样，向整个网络发起攻击，攻击类型主要分为以下几种。

（1）攻击和控制通信"网关"，向手机发送垃圾信息，或者其他方式，致使手机通信网络运行瘫痪。手机通信网中的"网关"是有线网络与无线网络间的联系纽带，就像互联网中的网关、路由器等设备的作用一样。手机病毒可以利用网关漏洞对手机网络进行攻击，使手机不能正常工作，甚至向其他手机用户批量发送垃圾短信。

（2）攻击WAP服务器，随着第三代移动通信的发展，用户可以通过手机办理缴费、银行、购物等业务，手机病毒将会利用手机的各种方式发起对移动网络的攻击。其次就是利用协议中的漏洞攻击网络，通过发送大量的垃圾数据，消耗无线资源，使得正常业务将会被拒绝。

4.4.4　手机病毒的防治

为了防范手机病毒带来的危害，需要手机用户、移动通信运营商、手机制造商和安全软件生产商多方的共同努力。结合这四方面，提出以下具体的可操作性防御策略建议。

4.4.4.1　手机用户

（1）留意一些乱码电话、未知短信和彩信等手机异常情况。尽量从安全和信誉好的网站下载软件、信息等，下载完毕后最好进行病毒查杀后再打开或安装。

（2）不要浏览危险网站。比如一些黑客、色情网站，本身就是很危险的，其中隐匿着许多病毒与木马，用手机浏览此类网站是非常危险的。

（3）不要随便点击短信链接。点击短信链接可能把手机暴露在钓鱼网站下，导致手机感染病毒。

（4）目前手机交换数据的主要方式包括数据线、存储卡、红外线、蓝牙、Wi-Fi等。其中数据线和存储卡属于接触性传输，需要确保接触源的安全性，防止交叉感染。

（5）红外线和蓝牙是短距离传输，如果不常用这些连接，尽量将它们关闭。需要注意数据来源的可信性，因此不要接受未知的连接请求，更不要打开其发来的文件、图片和软件等。另外，蓝牙和Wi-Fi拥有保护措施，可以有效防范未授权的数据进入手机，如蓝牙可以设置连接认证的PIN码；Wi-Fi可以设置更复杂的访问密码。

（6）尽量使用支持WPA(Wi-Fi Protected Access)标准的Wi-Fi，这是一种通过软件实现的安全机制，WPA提供更强大的加密和认证机制。

（7）安装手机杀毒软件和防火墙，及时更新病毒库，并对所有与外部的数据通信做好系统日志以供安全审计。

4.4.4.2　移动通信运营商

由于手机病毒的传播方式是依靠网络，手机的杀毒重点应放在网络层面，最直接有效的办法是让网络运营商进行网络杀毒。国内少数反病毒专家认为，手机防病毒应该由网络运营商牵头，如果缺少网络运营商的防御环节，仅有防病毒厂商和手机终端厂商，仍然存在安全隐患。

4.4.4.3　手机制造商

（1）作为手机制造商，可以为用户提供手机固件或者操作系统升级服务，通过对漏洞的修补来提高防范病毒的能力。

(2) 手机终端厂商希望通过系统对第三方软件进行认证的方式来提高安全性,如 Symbian 和 Windows Mobile 操作系统中都采用了数字证书,当未获得数字证书的软件安装时系统会向用户报警。

(3) 手机在出厂之前,在内部捆绑反病毒软件,为用户提供最基本的安全服务,用户可以通过 WAP、蓝牙、彩信、红外、数据传输等形式随时将软件进行升级,从而保证自己手机的安全性。

4.4.4.4 安全软件生产商

(1) 结合手机的特点,推出更有效的手机反病毒软件,能针对手机进行全面快速的病毒扫描和准确的实时监控,保护用户的智能手机以及所存储数据的安全。

(2) 将存储卡或手机直接与 PC 相连,利用 PC 上的杀毒软件进行查杀操作。优点是 PC 上的杀毒软件功能全面,查杀能力强,可以彻底完全地清除系统内的病毒;缺点是不能实时查杀。

(3) 提供无线网络在线杀毒,能够较好地兼顾杀毒和实时病毒检测需求。

本 章 小 结

随着移动互联网技术的发展和人们对于电子商务需求的不断增加,安全性作为影响移动商务推广的重要因素受到越来越多的关注。本章首先讲解了移动商务在安全性方面所存在的问题和技术现状;其次介绍了移动安全通信相关技术,着重讲解了移动通信两种常见加密技术(包括 GSM 加密和 GPRS 加密)以及认证技术(包括终端认证和口令认证),并从政府、企业和交易伙伴的角度分析移动交易信任机制;然后介绍了移动终端的一些安全性措施,如操作系统安全技术、终端下载软件的认证和存储信息的备份与恢复;最后简述了手机病毒的基础知识,分析了常见手机病毒的特征及危害,并介绍用户、运营商、制造商和软件生产商四方面的防治措施。

练习与思考题

1. 在无线网中,移动商务所面临的主要威胁有哪些?
2. 什么是身份认证?试说明移动终端的身份认证的基本原理。
3. 为什么说一次性口令认证是一次一密机制?这有什么好处?
4. 请简述移动电子商务平台下的交易信任机制。
5. 试说明移动终端软件下载认证的必要性及其基本流程。
6. 请说明信息备份与信息恢复的关系。
7. 了解手机病毒的发展现状及常见的手机病毒。
8. 除了手机病毒之外,让用户最反感的移动安全及隐私问题有哪些?

第 5 章　移动支付

学习要点

本章重点介绍了三种常见的移动支付方式,阐述了移动支付系统框架结构和四种典型移动支付系统。通过本章学习,读者需要了解移动支付的含义、移动 APP 支付的流程以及移动支付的演变与中国移动支付的演进;结合实践掌握移动支付方式,理解移动支付系统的框架结构与典型的移动支付系统,了解常用的移动支付安全技术、安全认证方法以及风险防范等问题。

知识结构

移动支付概述 ⎰ 移动支付的含义:借助移动终端设备进行账务支付
　　　　　　 ⎨ 移动支付的流程:涉及消费者、商家、支付平台、清算平台等
　　　　　　 ⎱ 移动支付的发展:移动支付的演变与中国移动支付的演进

移动支付方式 ⎰ 扫码支付:通过扫描条形码进行支付
　　　　　　 ⎨ NFC 支付:通过使用支持 NFC 的终端进行支付
　　　　　　 ⎱ 刷脸支付:通过扫描用户人脸进行支付

移动支付系统 ⎰ 移动支付框架:框架结构、支撑技术
　　　　　　 ⎱ 典型支付系统:银联云闪付系统、支付宝相关支付系统

移动支付安全 ⎰ 安全技术:加密、安全认证、消息认证、消息摘要、数字签名、双重
　　　　　　 ⎨ 　　　　　签名、数字证书、数字信封、数字时间戳
　　　　　　 ⎱ 安全认证:支付授权与资金清算,以及数字证书的安全管理机制

支付风险防范 ⎰ 风险:政策、技术、法律、信誉
　　　　　　 ⎱ 防范:聚合支付和网联平台

5.1　移动支付概述

▶ 5.1.1　移动支付的含义

移动商务的主要优点之一就是可以随时随地完成商务处理,体现出方便、快捷的特点,这就要求商务的支付方式也应该同样表现出方便快捷的特点。可以想象,当我们使

用智能手机、笔记本电脑等在公交车上上网订购火车票,或在线欣赏一部电影或聆听一首歌曲时,却因现场无法支付而给商务活动带来诸多不便,客户是怎样的心情呢? 由于支付处理的不便或效率不高造成的必然结果,使客户对所谓的移动商务兴趣大减。可见,移动支付处理得不好将直接影响移动商务的拓展。移动支付是移动商务的重要环节,也是移动商务得以顺利发展的基础条件。没有合适的支付手段配合,移动商务就成了真正意义上的"虚拟商务",只能是电子商情、电子合同,而不能成交。

移动支付可以定义为借助移动终端设备(如智能手机、智能手表、移动 POS 机、扫描枪等),对所消费的商品或服务进行账务支付的一种方式。移动支付是移动金融服务的一种,必须安全可靠,也应该属于电子支付与网络支付的更新方式,主要支持移动商务的开展。移动设备可用于多种付款情况,如图 5-1 所示,可以购买数字产品(音乐、视频、游戏等)和实物产品、公共交通(公共汽车、地铁、出租车等)、生活缴费(水、电、煤气、有线电视等)、现场消费(自动售货机、超市等)。

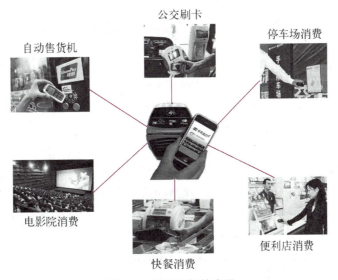

图 5-1 移动支付的应用

随着智能手机的普及,以及支付宝、微信支付等支付平台的不断发展,移动支付已全面渗入人们的生活当中,越来越多的用户开始习惯于使用手机进行支付。现在,人们已经很少会携带现金出门,随处都可以使用手机进行移动支付,实现一部手机走天下。由此可见,我国将逐渐进入无现金时代。

5.1.2 移动支付的流程

由于手机支付的便捷性,加上快节奏的生活,人们开始越来越多地使用移动 APP 来购买商品或服务。移动 APP 支付的一般流程如图 5-2 所示。

(1) 注册账号:在进行交易之前,消费者和商家都要在移动支付平台(支付宝或微信等)注册账号,用于关联自己在交易中的付款与收款账户;

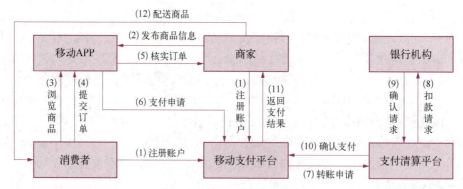

图 5-2 移动 APP 支付流程

（2）发布商品信息：商家在 APP 上发布自己的商品信息，这里的商品可以是实物，也可以是电子文件等；

（3）浏览商品：消费者通过 4G 网络或 Wi-Fi 登录 APP 后浏览商品信息；

（4）提交订单：消费者选择商品和数量，填写收货地址、联系电话等信息后，提交订单；

（5）核实订单：商家对消费者提交的订单进行核实，订单被确认后，APP 平台将发送给消费者支付申请的消息；

（6）支付申请：消费者选择支付方式（支付宝或微信等）付款后，APP 平台根据支付申请进行分类，转接到相应的移动支付平台；

（7）转账申请：移动支付平台根据收到的交易信息向支付清算平台提交转账申请；

（8）扣款请求：支付清算平台向相应的银行机构申请对消费者账户进行扣款；

（9）确认扣款：银行机构对消费者账户扣款后，返回扣款成功的信息；

（10）确认支付：支付清算平台向移动支付平台返回扣款的结果信息；

（11）返回支付结果：移动支付平台向商家返回支付的结果信息；

（12）配送商品：商家安排商品的配送，将商品发送给消费者。

5.1.3 移动支付的发展

5.1.3.1 国外的移动支付发展

日本的电信运营商 NTT DoCoMo 在 2004 年推出了基于索尼 FeliCa 芯片的手机钱包服务，这可能是全球最早利用 NFC 进行线下支付的解决方案。成立于 2018 年 6 月，由印度最大的移动支付公司 Paytm 与软银及日本雅虎共同合资的移动支付 PayPay，经营十个月用户就已达一千万，接受 PayPay 付款的商户达一百万家，支付次数超过一亿次。目前全球使用最为广泛的第三方支付公司之一 PayPal 拥有超过 2.5 亿活跃用户，服务范围超过 200 个市场。PayPal 在 2006 年开始进入移动支付，允许美国和加拿大的用户通过短信息立即汇钱。旗下的移动支付平台 Venmo 将社交元素与支付过程融合，用户可以关联自己 Twitter 和 Facebook 账号，支付和转账记录可以自动实时分享到账号的朋友圈。在非洲，移动支付不仅可以实现资本转移和支付，还可以存储和赎回资金。其中最成功的是肯尼亚,M-PESA 是肯尼亚最大的电信运营商 Safaricom 推出的移动银行系统,由电信运营商领导,将财务应用集成到客户的移动 SIM 卡中,使用移动账户作为结算账户,并与代理商合作。虽然 M-PESA 只是一种基于 SMS 的相对落后的技术,但由于其合理的业务设计,简单的操作和低廉的价格,它可以适应肯尼亚经济发展的需要,特别是满足农民工转移资金的需求。2019 年 M-PESA 在肯尼亚已有 1 700 多万名用户,相当于肯尼亚成年人口的三分之二,约有 25% 的肯尼亚国民生产总值是透过 M-PESA 进行交易。

5.1.3.2 移动支付的业务演变轨迹

从移动支付的业务种类来看,电子化产品由于不需要物流支撑,很适合采取移动支付方式;公用事业产品由于处于垄断地位,往往只有一个产品提供者,利用移动支付来缴费的谈判成本较低。这两类业务构成了移动支付发展初期的主导业务。从业务特点来看,小额电子化产品的支付成为移动支付业务发展的起点,逐渐向大额、实物的方向发展。所以移动支付业务的发展将遵循的演变轨迹如图 5-3。

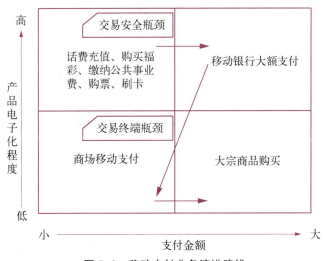

图 5-3 移动支付业务演进路线

(1) 在小金额、电子化的产品领域取得突破;
(2) 继而在交易安全方面取得突破;
(3) 由于技术的进步和产业的逐渐成熟,商场、超市大量装备移动支付终端;
(4) 最后移动支付几乎可以购买任何商品。

5.1.3.3 中国的移动支付发展历程

中国的移动支付最早出现在 1999 年,由中国移动与中国工商银行、招商银行等金融部门合作,在广东等一些省市开展移动支付业务试点。通过该业务,客户可以在手机上实现银行账户的理财和支付功能。虽然这一业务由于种种原因而未能取得成功,但它打开了移动通信和金融业务结合的大门,为移动支付业务发展铺垫了道路。进入 21 世纪以来,中国移动支付产业发展的历程如图 5-4 所示。

2002—2004 年:国外移动支付的快速发展给中国市场展示了该服务的美好前景,

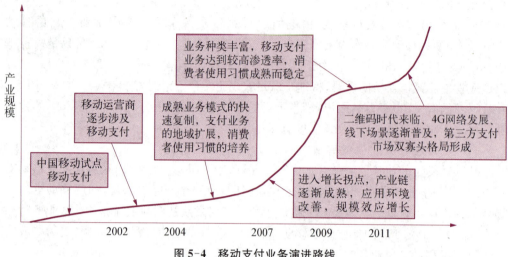

图 5-4 移动支付业务演进路线

移动运营商尝试性地推出一些移动支付服务,如彩票的投注、自动售货机的商品购买、Email 服务费代收等。但是由于刚刚开始涉及移动支付服务,因此,这个时期的移动支付市场还处于业务导入阶段。

2004—2007 年:2004 年下半年以来,若干主要的第三方移动支付运营商的业务有放量增长的趋势,使得移动支付业务的地域覆盖范围越来越广,产业链的其他环节也开始越来越积极地寻求合作机会。2005 年,移动支付用户数达到 1 560 万人,同比增长 134%,占移动通信用户总数的 4%,产业规模达到 3.4 亿元;2007 年,由于产业链的成熟、用户消费习惯的形成和基础设施的完备,移动支付业务将进入产业规模快速增长的拐点。这个时期的移动支付市场是地域扩展阶段。

2007—2009 年:移动支付服务的商业模式探索阶段。在此期间,产业主导者不清晰,金融机构和移动运营商的议价能力相当有限,产业实际投入力度比较小;国内信用体系和安全保障问题并未得到实质性解决,用户体验较差;用户可以通过移动支付购买的物品和服务并不丰富,没有带来真正的便捷。尽管如此,由于电子商务的普及以及人们对消费支付新的需求,这个时期移动支付市场的规模增长还是十分惊人的,2009 年上半年,我国手机支付用户总量突破 1 920 万人,实现交易 6 268.5 万笔,支付金额共 170.4 亿元。这个时期是移动支付产业的规模成长期。

2009—2011 年:移动支付服务的稳定发展阶段。在日益激烈的竞争压力下,移动运营商和金融机构为了增强业务吸引力,纷纷拓展更广泛的服务内容和支付通道。3G 网络覆盖区域的扩大和网络优化的持续,移动支付服务内容的不断丰富,伴随着不断改善的硬件环境,使得用户体验逐渐提升,吸引着越来越多的用户和第三方的参与者。

2011 年以后:二维码时代来临。2011 年 6 月,央行下发第一批 27 张第三方支付牌照,银联、银联商务、支付宝、财付通等获得许可证。7 月 1 日,支付宝正式推出了手机 APP 二维码支付业务,标志着线下扫码支付时代的开启。2013 年 8 月 9 日,微信 5.0 版本发布,新增了微信支付功能。2013 年 12 月 4 日,工信部正式向三大运营商发布 4G 牌照,宣告我国通信行业进入4G时代。2014年的春节红包大战让微信支付大火,市场份额迅速逼近支付宝。同年"双十二"促销日,支付宝开展了第一次大规模线下推广,联合约2万家线下门店推出支付宝钱包付款打5折的活动,二维码支付逐渐在线下场景普及开来。

2016年第四季度支付宝与财付通两大巨头占据超过中国第三方移动支付交易规模市场份额的90%,市场集中度高,双寡头市场格局已经形成。截至2017年12月,中国手机支付用户规模达5.27亿,较2016年增长12.3%;移动支付规模达202.9万亿元,全球排名第一,较2016年增长28.8%;4G用户总数达到9.97亿,4G移动网络逐步实现深度覆盖。

我国目前的移动支付主要有通信运营商、中国银联(包含各大银行)、第三方支付机构三大阵营。通信运营商包括移动的和包支付、电信的翼支付、联通的沃支付;中国银联系的代表产品是云闪付(Apple Pay、三星Pay、华为Pay和小米Pay等)和手机银行;第三方支付主要包括支付宝、财付通(主要为微信支付)和拉卡拉等。

我国移动支付的线上支付市场已经趋于完善,线下支付是各支付机构竞争激烈的领域,主要以二维码支付为主。近年来,二维码支付在餐饮、超市、便利店等支付场景应用明显,受用户欢迎程度有增无减,支付宝和财付通两家在二维码支付领域占有绝大部分市场。2016年7月15日,中国工商银行正式推出二维码支付产品,成为国内首家具有了二维码支付的商业银行;12月12日,中国银联宣布推出"二维码支付标准",迈出银联联合成员机构推广二维码支付的第一步;2017年5月27日,中国银联联合40余家商业银行正式推出银联云闪付二维码产品,京东金融、美团点评等非银机构也宣布加入其中。银联二维码支付后台账户仍基于实体银行卡账户,不存在因资金沉淀在虚拟账户带来金融风险,消费者资金安全更有保障。此外,商业银行可以获取与传统银行卡支付一致的、透明的、完整的支付信息,有利于风险识别管控和客户关系管理。

随着银联及各大银行推出二维码支付产品,各方对线下支付市场的争夺将更加激烈,从目前支付宝、财付通的双寡头竞争格局进入由银行、银联、第三方支付机构共同参与的多头竞争阶段。至于能否打破双寡头市场格局,让我们拭目以待。

5.2 移动支付方式

5.2.1 扫码支付

扫码支付扫描的是条形码,条码包括传统条形码和二维码,更常用的是二维码支付,支付宝和微信的二维码都是采用QR Code。

二维码支付是一种基于账户体系搭起来的新一代无线支付方案。在该支付方案下,商家可把账号、商品价格等交易信息汇编成一个二维码,用户使用手机扫描二维码便可实现与商家账户的支付结算,最后商家根据用户信息进行商品配送,完成交易。

二维码诞生于20世纪80年代,由日本Denso公司的腾弘原发明,在20世纪90年代形成了二维码支付技术。韩国与日本是使用二维码支付比较早的国家,在2011年就达到

96%以上的普及度。支付宝于2011年7月1日将二维码支付引入中国,推出了手机APP二维码支付业务,进军线下支付市场。二维码支付与传统的支付方式相比具有以下优势:一是携带方便,手机已经成为生活必需品,如果通过手机扫码就能完成支付,就不再需要携带现金或者银行卡;二是操作便捷,通过扫描二维码即可快速完成支付操作,避免了找卡、刷卡或者是算钱、找钱等烦琐操作;三是降低商家成本,二维码支付只需要商家手机上安装相应的APP或打印一张二维码即可,无须缴纳押金,而且费率大大降低。

常见的用户与商户之间的二维码支付模式可以分为两类:用户主扫模式和用户被扫模式。

5.2.1.1 用户主扫模式

用户主扫模式是用户打开手机APP(如支付宝、微信等)扫描商户二维码的支付模式。在这种模式中,二维码通常是显示在商户的POS终端或者直接打印在纸上,二维码的信息主要包括商户标识等。具体交易流程如图5-5所示。

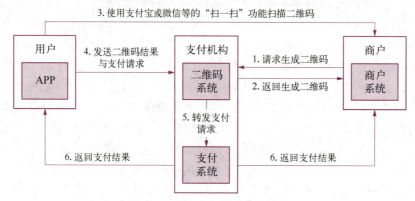

图5-5 用户主扫模式交易流程

5.2.1.2 用户被扫模式

用户被扫模式是商户使用扫码枪或其他条码读取设备扫描用户手机APP上的二维码的支付模式。在这种模式中,二维码主要包括用户的账户信息等。具体交易流程如图5-6所示。

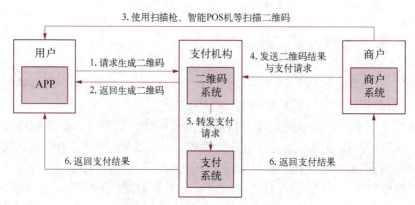

图5-6 用户主扫模式交易流程

由于各类场景的适配性高,所以二维码支付比较方便快捷,受到广大消费者和中小商家的喜爱,成为线下小额高频支付场景中各方都乐于选择和接受的一种新支付方式。但是由于二维码技术门槛低,通过二维码生成网址、下载二维码生成器等就可制作,导致制作二维码的主体随意性大,二维码易被链接到含有木马病毒的网站或者钓鱼网站,存在较大的安全风险。2014年3月,中国人民银行就曾因安全问题全面暂停了二维码线下支付,随着二维码支付标准的发布才再次放开。

二维码可以分为静态二维码和动态二维码,食堂、零售店等贴在墙上或者打印好的二维码都属于静态二维码,用户付款时出示给收银员的付款码属于动态二维码。

中国人民银行官网发布的《中国人民银行关于印发〈条码支付业务规范(试行)〉的通知》规定,自2018年4月1日起,使用静态条码进行支付的,风险防范能力为D级,无论使用何种交易验证方式,同一客户银行或支付机构单日累计交易金额应不超过500元。对于使用动态条码进行支付的,风险防范能力根据交易验证方式不同分为A、B、C三级,同一客户单日累计交易限额分别为自主约定、5 000元、1 000元,风险防范能力分级见表5-1。

表5-1 不同风险防范能力的动态条码交易限额

风险防范能力	交易验证方式	交 易 限 额
A级	采用包括数字证书或电子签名在内的两类(含)以上有效要素进行验证	自主约定
B级	采用不包括数字证书、电子签名在内的两类(含)以上有效要素进行验证	5 000元
C级	采用不足两类有效要素进行验证	1 000元

5.2.2 NFC支付

NFC(Near Field Communication,近场通信)是由诺基亚(Nokia)、飞利浦(Philips)和索尼(Sony)在2004年共同制定的标准,是一种短距离的高频无线通信技术,允许电子设备之间进行非接触式点对点数据传输。NFC由RFID(Radio Frequency Identification,射频识别)演变而来,通过在单一芯片上集成感应式读卡器、感应式卡片和点对点通信的功能,利用移动终端能应用于移动支付、电子票务、门禁系统、身份识别等方面,如图5-7所示。

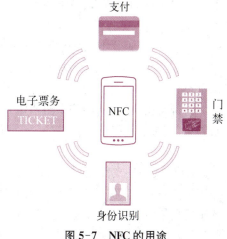

图5-7 NFC的用途

和蓝牙、红外等传统的近距通信相比，NFC虽然在使用距离和传输速度上不及另外两者，但它具有天然的安全性，可以不需要电源，而且连接的建立非常迅速。具体对比如下表5-2所示。

表5-2 几种近场通信对比

	NFC	蓝牙	红外
网络类型	点对点	单点对多点	点对点
使用距离	≤0.1 m	≤300 m	≤1 m
传输速度	106、212、424 Kbps 最高 868 Kbps	24 Mbps	4 Mbps(FIR) 16 Mbps(VFIR)
建立时间	<0.1 s	6 s	0.5 s
安全性	具备，硬件实现	具备，软件实现	不具备，使用IRFM时除外
通信模式	主动—主动/被动	主动—主动	主动—主动
成本	低	中	低

NFC采用了双向的识别和连接，因此NFC有三种工作模式。

（1）主动模式。主动模式（读卡器模式）下的NFC终端作为非接触读卡器使用，发出射频场去识别和读/写其他NFC设备信息，比如从海报或者展览信息电子标签上读取相关信息。

（2）被动模式。被动模式（卡模式）与主动模式相反，此时NFC终端被模拟成一张非接触卡，如银行卡、门禁卡等，它只在其他设备发出的射频场中被动响应，被读/写信息。

（3）双向模式。双向模式（点对点通信模式）下两个NFC终端都主动发出射频场来建立点对点的通信，相当于两个NFC设备都处于主动模式。

使用Apple Pay、Samsung Pay、Huawei Pay或Mi Pay等各种方式进行NFC支付前，需要先绑定银行卡，这个绑定的过程会向银联系统申请一个虚拟卡号，这个虚拟卡号会写到手机里的NFC芯片内，此时NFC芯片就模拟成了一张银行卡。这个卡是虚拟看不见的，银联系统会将主账号和虚拟卡号进行关联，所以才能支付。

一部支持NFC功能的手机可以存储多个虚拟卡号，根据芯片各自算法可以绑定不同数量的银行卡，但只能设置一张默认卡，进行支付的时候，也需要选择一张卡进行支付。

NFC设备的支付过程十分简单、便捷。用户的手机开启NFC功能后，预先设置好相应的支付方式（例如云闪付、Apple Pay或 Huawei Pay等），然后将手机靠近POS机的感应区域，屏幕会自动进入支付界面，选择支付卡后（或使用默认银行卡支付）验证身份（指纹认证等），即完成支付，如图5-8所示。

- 步骤一
- 手机靠近POS机非接触感应区，屏幕将自动进入支付页面

- 步骤二
- 根据屏幕提示，验证指纹，再靠近POS机

- 步骤三
- POS机打印交易凭证，支付成功

图 5-8　NFC 支付过程

5.2.3　刷脸支付

伴随着移动网络和 AI 技术的发展，以及"互联网＋"、云计算、物联网等技术的成熟，一种连手机都不需要的新型支付方式诞生了，那就是刷脸支付。

2015 年 3 月，德国汉诺威 IT 博览会上，阿里巴巴首次将刷脸支付搬上世界舞台，现场为德国总理默克尔演示了刷自己的脸来购买商品。从 2017 年开始，刷脸支付逐渐在全国多地落地应用，全面提速商用，有"刷脸"功能的自助收银机具已在零售、餐饮、医疗等大型商业场景中得到使用。2017 年 9 月杭州万象城的肯德基 KPRO 餐厅与支付宝合作上线刷脸支付，成为全球第一家可以刷脸支付的餐厅，同时也是刷脸支付技术在全球范围内首次实现商用。2018 年 5 月 20 日，家乐福上海天山店正式上线与微信支付合作的刷脸支付系统，消费者可以通过"刷脸"完成会员注册与绑定，以及结账免密支付。2018 年 10 月 15 日，杭州市余杭区第一人民医院联合阿里健康、支付宝共同开发的"全流程刷脸就医"功能上线，杭州市民可以实现无卡（身份证、社保卡）就医。2018 年 12 月 18 日，全球第一家支持全场景刷脸住宿的酒店，阿里巴巴未来酒店"菲住布渴"正式开业。2019 年 1 月，浙江温州有着深厚历史底蕴的五马街成为全国首条"刷脸"支付商业街。同一时段，全国首个刷脸支付商圈落户陕西西安的曲江，曲江大悦城已经有 80％以上的商户支持支付宝刷脸支付。刷脸支付有望在 2019 年迎来"商用元年"，未来将有可能像二维码支付一样普及。

刷脸技术依托的是生物特征识别技术，生物特征识别技术就是通过计算机与光学、声学、生物传感器和生物统计学原理等高科技手段密切结合，利用人体固有的生理特性和行为特征来进行个人身份的鉴定。除了人脸识别以外，该项技术还包括指纹识别、眼纹识别、静脉识别、虹膜识别和视网膜识别等等，如图 5-9 所示。人类身上存在的很多生物信息都可以用来识别，识别方式可能有上千种，而业界正在开发的也就两三百种，还很有限。其中，指纹、人脸和虹膜是目前比较成熟且常用的三种生物特征识别方式，应用场景也比较丰富。

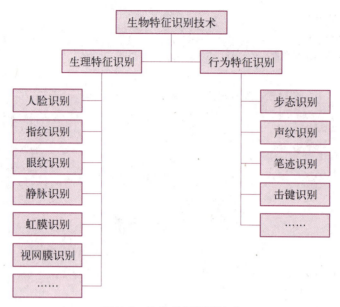

图 5-9　生物特征识别技术

　　人脸识别的过程非常简单、迅速,而且由于使用了红外镜头,即使是在全黑的条件下,解锁也不会有什么问题。甚至在佩戴口罩的情况下,只要不是大面积的严密遮盖,人脸识别依旧能够成功。

　　银行卡支付、扫码支付、NFC 支付和刷脸支付都是现在的主流产品,是支付市场的互补产品,不会存在谁替代谁的情况。刷脸支付相比其他支付方式具有以下一些优势。

　　(1) 刷脸支付解决了手机没电、忘记带卡等情况下无法付费的尴尬。

　　(2) 其他支付方式没有办法确定使用者到底是谁,因为可以和家人、朋友等共同使用。刷脸支付可以确定真正的消费实体是谁,定位到具体的人从而确定数据标签。

　　(3) 刷脸支付的体验更好,效率更高,市场接受度强,减少消费者长时间排队等待的情况。刷脸支付帮助顾客省去了记密码和输密码的麻烦,真正实现了人与账户的"合二为一"。而且,随着未来人力结构改变,收银员这个职业可能越来越稀少,成本更高,提前使用无人收款也是在为未来布局。

　　(4) 刷脸支付的安全性和隐私性更强,避免了银行卡盗刷、二维码被伪造或存在木马病毒,以及支付密码被盗取、修改等风险。

　　(5) 除了可以为商家提供支付便利,刷脸支付系统还能与商家的会员系统整合,自动识别会员身份并完成积分、消费金额推送,甚至实现一键加入会员等会员服务。刷脸设备的显示屏也可以用于展示海报、活动宣传,对顾客进行定向营销。

　　2018 年 12 月 13 日,支付宝宣布推出了刷脸支付产品"蜻蜓",其外形如同一个台灯,取代灯泡位置的是一块刷脸显示屏。"蜻蜓"将刷脸支付的接入成本降低了 80%,让刷脸支付像收款码一样,走进每一个普通的小店。2019 年 4 月 17 日,支付宝推出的"蜻蜓二代"全面"瘦身",显示器从 10 英寸缩小至 8 英寸,厚度减少了 3/4,整机重量减轻 55%,经折叠和拆卸后如同书本般大小,能装进大衣口袋。"蜻蜓二代"可以帮助商家抓住顾客在收银台的短短几秒钟，使之从单一的结账变成多维的数字化经营，通过会员系统完成与顾客的连接之后，还可通过支付宝小程序完成识人、领券、核销等一揽子操作，为商户提供各类运营手段。在刷脸支付中，商户是不能获得或存储用户刷脸的照片信息的，从而确保用户的隐私安全。

"蜻蜓"的刷脸支付如图 5-10 所示，流程如下：在完成商品确认后，用户或商户点击刷脸支付，显示屏的摄像头打开，如果用户在支付宝中进行过刷脸支付的授权，那么只要对准摄像头，通过系统识别后，输入手机号码就能完成刷脸支付。如果用户首次进行刷脸支付，需要在 APP 上开通"到店刷脸支付"功能。在商户进行第一次认证需要输入完整手机号，后续只要输入后四位即可，如果是用户经常使用的场景，甚至可以免输手机号。

图 5-10　支付宝"蜻蜓"刷脸支付流程

2019 年 3 月，微信支付也推出了刷脸支付设备"青蛙"。时隔 5 个月，"青蛙 Pro"发布。"青蛙 Pro"是带有前后双面屏的刷脸支付智能硬件产品，在帮助商家高效完成收银工作之余，强化与顾客间的互动沟通能力，如收银员可以为用户推送新品推荐、活动促销的信息，进一步提高商户营销经营效能。"青蛙 Pro"将支持运行微信小程序、微信卡包，通过打通线上线下，连接微信生态能力，助力商家开展智慧经营管理。

5.3　移动支付系统

5.3.1　移动支付系统框架

移动支付的系统架构如图 5-11 所示，根据适用场合的不同，分成远程支付和近场支付两种模式。远程支付是通过 Wi-Fi 或 4G 移动网络，利用 GPRS、短信等空中接口，和后台支付系统建立连接，实现各种转账、消费等支付功能的支付方式；近场支付是使用 NFC、红外、蓝牙等技术与 POS 机、自动售货机或其他终端进行通信，即时地向商家进行支付。

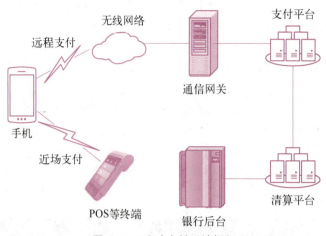

图 5-11 移动支付系统框架

从移动通信体系结构来看,支撑移动支付的技术分为平台层、支撑层、交互层和传输层四个层面,如图 5-12 所示。

图 5-12 移动支付系统技术支持

(1) 银联 TSM。银联 TSM 是基于"一卡多应用"技术建立的一套完整的"空中发卡"和应用管理体系。通过 TSM 平台,发卡机构可安全、高效地将多张金融智能卡信息存储在手机或 IC 卡上,既方便用户携带、使用,又便于自身的发卡和管理。

(2) 聚合支付平台。聚合支付是近年来出现的一种多支付渠道一站式接入解决方案,企业通过聚合支付可以一次性接入多种支付方式,可有效降低多平台开发的成本。

(3) 腾讯云支付。腾讯云支付是腾讯云联合微信支付推出的移动收单 SaaS 服务,为服务商开展业务提供易用、开放、可靠和低成本的移动支付收单通道,用于解决商户端第三方支付的安全性和可靠性问题。

(4) WPKI。WPKI 无线公开密钥体系是将互联网电子商务中公钥体系的安全机制引入到无线网络中的一套遵循既定标准的密钥及证书管理平台体系,用它来管理在移动网络环境中使用的公开密钥和数字证书,有效建立安全和值得信赖的无线网络环境。

(5) VoLTE。VoLTE 是一个面向手机和数据终端的高速无线通信标准,带给 4G 用户最直接的感受就是接通等待时间更短,以及更高质量、更自然的语音视频通话效果。

(6) TD-LTE、FDD-LTE。TD-LTE 和 FDD-LTE 是 4G 的两种制式,二者实质上是相同的,只存在较小的差异,相似度达 90%。4G 是集 3G 与 WLAN 于一体,并且能够快速传输数据、高质量音频、视频和图像等。4G 能够以 100 Mbps 以上的速度下载,可以满足几乎所有用户对于无线服务的要求。

(7) Wi-Fi。Wi-Fi 中文称作"行动热点",是一种根据无线网络通信标准 IEEE 802.11 发明的无线局域网技术。

(8) NFC、RFID、蓝牙。NFC、RFID 和蓝牙都是基于射频的通信技术,可以将射频技术引入非接触式移动支付服务。一般情况下在手机中内置一个非接触式芯片和射频电路,用户的账户支付信息通过某种特殊格式的编码存放在此芯片中,以适应银行或其他支付平台的认证规则。用户在支付时,只需将手机在读卡器前一晃,用户的账户信息就会通过射频技术被读取,几秒钟就可以完成支付认证和此次交易。

(9) 红外。2002 年红外线数据标准协会制定了一个用于移动支付的全球无线非接触支付标准:IrFM(Infrared Financial Messaging,红外线金融通信)。2003 年 4 月,VISA 国际、OMC card、日本 ShinPan、AEON credit 和日本 NTT DoCoMo 等公司将其引入进行移动支付服务的试验,通过红外线通信把信用卡信息下载并存储在手机里,在支付时通过红外线通信将用户的信用卡信息传输到指定设备,以完成支付认证。

5.3.2 典型支付系统介绍

5.3.2.1 基于 NFC 的银联云闪付系统

云闪付是银联顺应移动支付潮流推出的以 NFC、TSM、HCE 和 Token 等技术为核心的产品,支持 Apple Pay、Samsung Pay、Huawei Pay 和 Mi Pay 等,架构如图 5-13 所示。

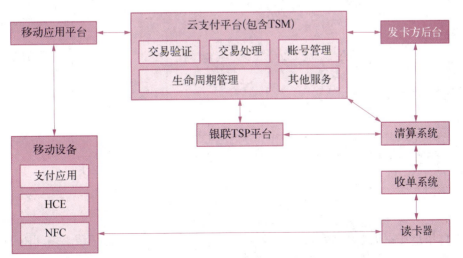

图 5-13 云闪付系统框架

相关技术介绍如下。

(1) HCE(Host-based Card Emulation,基于主机的卡模拟)。在一部配备 NFC 功能的手机实现卡模拟,目前有两种方式:一种是基于硬件的,称为虚拟卡模式;一种是基于软件的,称为主机卡模式。

在虚拟卡模式下,需要提供安全模块 SE(Secure Element),SE 提供对敏感信息的安全存储和对交易事务提供一个安全的执行环境。NFC 芯片作为非接触通信前端,将从外部读写器接收到的命令转发到 SE,然后由 SE 处理,并通过 NFC 控制器回复。

在主机卡模式,也就是 HCE 模式下,不需要提供 SE,而是由手机中的一个应用或云端的服务器完成 SE 的功能。此时 NFC 芯片接收到的数据由操作系统或发送至手机中的应用,或通过移动网络发送至云端的服务器来完成交互。两种方式的特点都是绕过了手机内置的 SE 的限制,这样就不需要整个行业为了控制安全元件而争斗。

(2) Token(标记/令牌)。Token 技术是国际芯片卡标准化组织 EMVCo 于 2014 年发布的一项加密技术,在交易过程中用虚拟卡号代替银行卡号,使卡号和有效期等敏感信息无须留存,防范了信息泄露的风险。

支持 NFC 的手机进行云闪付绑卡流程如图 5-14 所示。

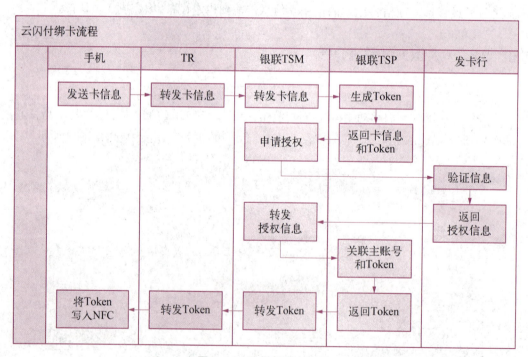

图 5-14 云闪付绑卡流程

① 用户在手机上录入银行卡信息后,手机将卡信息发送至标记请求方 TR(Token Requestor),TR 可以是传统支付行业的参与者或者某类专业化服务提供方,也可以是

商户、移动设备或芯片制造商、收单机构或发卡机构等;

② TR 将卡信息发送至银联 TSM,TSM 再发给标记服务提供方 TSP(Token Service Provider),也就是银联 TSP,然后 TSP 将卡信息和针对这个卡预生成的虚拟卡号 Token 通过 TSM 发给发卡行验证;

③ 发卡行通过验证后,通过 TSM 向 TSP 授权,建立主账号和 Token 的唯一对应关系,并进行账务关联;

④ TSP 将 Token 通过 TSM 回送至 TR,再发回并写入手机中的 NFC。

支持 NFC 的手机在 POS 上进行云闪付的支付流程如图 5-15 所示。

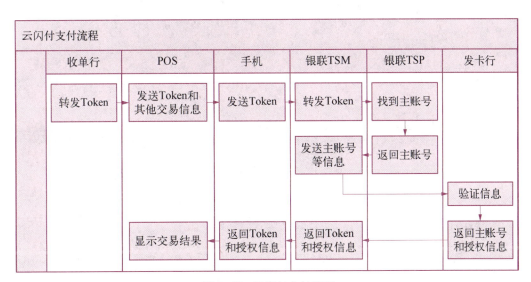

图 5-15 云闪付支付流程

① 手机上的 NFC 芯片将 Token 发给 POS,POS 再将 Token 和其他交易信息发给收单行;

② 收单行将 Token 发给银联 TSM,TSM 再发送给 TSP,TSP 通过 Token 找到对应的主账号发给 TSM,TSM 将主账号、Token 和其他交易信息一并发给发卡行。

③ 发卡行验证信息后进行交易授权,将主账号和授权信息回送至 TSM,TSM 再将 Token 和授权信息回送至收单行;

④ 收单行将 Token 和授权信息回送至 POS,POS 提示交易成功,打单。

5.3.2.2 支付宝 APP 支付系统

用户使用支付宝 APP 的付款流程如图 5-16 所示。

其中步骤二采用的签名算法,支付宝目前支持两种,见表 5-3,建议使用 RSA2 算法。这是由于如果使用短的 RSA 密钥,可能被强力方式破解,密钥长度越长越难破解。根据公开的资料统计,目前被破解的最长 RSA 密钥是 768 个二进制位,也就是说,长度超过 768 位的 RSA 密钥,没有被成功破解过。因此可以认为,1 024 位的 RSA 密钥基本安全,2 048 位的密钥极其安全。支付宝建议采用 2 048 位密钥。

图 5-16 支付宝 APP 付款流程

表 5-3 RSA 算法和 RSA2 算法

签名算法名称	标准签名算法名称	要求
RSA2	SHA256WithRSA	强制要求 RSA 密钥长度至少为 2 048 位
RSA	SHA1WithRSA	对密钥长度不限制 推荐使用 2 048 位以上

5.3.2.3 基于条形码的支付宝线下当面付支付系统

支付宝的线下当面付产品支持条码支付和扫码支付两种付款方式。

（1）条码支付。条码支付是支付宝提供给线下传统行业的一种收款方式。商家使用扫码枪等条码识别设备扫描用户支付宝钱包上的条码/二维码，完成收款。用户仅需出示付款码，所有收款操作由商家端完成。业务流程如图 5-17 所示。

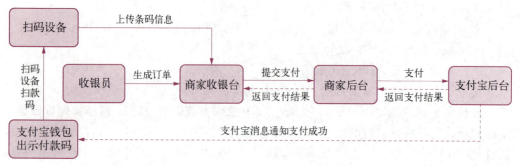

图 5-17 条码支付流程

条码支付使用步骤如下。

第一,用户登录支付宝钱包,点击首页"付钱",进入付款码界面;

第二,收银员在商家收银系统操作生成订单,用户确认支付金额;

第三,用户出示钱包的"付款码",收银员用扫码设备来扫描用户手机上的条码/二维码后,然后在商家收银系统上提交支付;

第四,付款成功后商家收银系统会收到支付成功或者失败的结果。

条码支付支持用户手机在离线状态下完成支付,实现的关键在于以下几点。

① 付款码可以离线生成。当用户在联网的情况下打开支付宝 APP 时,支付宝会和服务端进行通信,并请求令牌种子;服务端收到请求后,会根据算法生成一个令牌种子,并返回给 APP;APP 收到后,就把令牌种子保存在了本地;支付时用户出示的付款码是支付宝用令牌种子+时间+算法所生成,由于信息的采集和生成都在本地,因此离线状态下也能生成。

② 付款码的安全性。付款码是一次性的,且每分钟会更新一次,这样就保证了安全性,即使付款码被别人打印了,也会超时失效,不会发生盗刷现象。

③ 付款码能离线,扫描枪需在线。商家的扫描枪需要读取付款码,并上传至支付宝服务器;支付宝服务器收到后,会将信息与自己存储的令牌信息进行比对;如果完成匹配,就会创建支付订单返回给商家,并扣除账户中对应的消费金额。也就是说,付款方可以离线,但收款方得在线,通过在线的收款方搭桥,将离线的付款信息传到支付宝服务器端进行校验。

(2)扫码支付。扫码支付指用户打开支付宝钱包中的"扫一扫"功能,扫描商家展示在某收银场景下的二维码并进行支付的模式。该模式适用于线下实体店支付、面对面支付等场景。业务流程如图 5-18 所示。

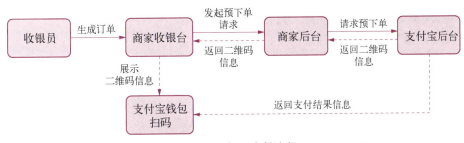

图 5-18 扫码支付流程

扫码支付使用步骤如下。

第一,收银员在商家收银系统操作生成支付宝订单,并生成二维码;

第二,用户登录支付宝钱包,点击首页"付钱—扫码付"或直接点击"扫一扫",进入扫码界面;

第三,用户扫收银员提供的二维码,核对金额,确认支付;

第四,用户付款后商家收银系统会拿到支付成功或者失败的结果。

5.3.2.4 支付宝刷脸支付系统

支付宝刷脸付基于人工智能、生物识别、3D 感、大数据风控技术,是一种新型支付方式。用户在无须打开手机的情况下,凭借"刷脸"完成支付。

支付宝刷脸支付终端使用的是 3D 结构光摄像头,通过采集三维人脸信息来核验身份,将支付与身份识别合二为一。首先,通过 3D 摄像头进行活体检测,快速、精准,可以防止图片、视频、面具模型等非生物特性的攻击,有效地避免身份冒用情况;其次,消费者进行刷脸支付时,3D 传感器将构建消费者的 3D 人脸模型,再通过手机号码后几位数索引出支付宝数据库中的人脸信息,与消费者的人脸信息进行比对。人脸匹配成功之后,支付就完成了,整个过程仅需数秒。

支付宝刷脸付产品一般同时支持扫码和扫脸支付,用户可以根据情况自行选择,具体流程如图 5-19 所示。

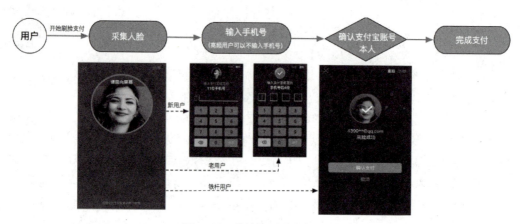

图 5-19 支付宝刷脸支付流程

第一,用户进入支付环节,选择"刷脸支付"方式;

第二,采集符合质量要求的人脸并完成活体检测;

第三,用户输入支付宝绑定的手机号。根据支付宝刷脸付后台强大的安全风险智能决策系统,结合用户在不同场景下刷脸的风险级别,要求输入的手机号位数可能会不同。对于偶尔光顾某家门店使用刷脸支付的用户来说,通常需要输入 11 位手机号;对于经常光顾门店使用刷脸支付的用户,通常只需要输入后 4 位手机号甚至不需要输入手机号,即跳过手机号输入界面,直接进入支付确认页面;

第四,如果经过系统识别,当前用户被确认为手机号对应的支付宝账号的本人,则展示确认支付页面;

第五,点击确认支付后,系统根据订单金额完成支付宝账号的扣款操作。

5.3.2.5 微信小程序支付系统

商户系统和微信支付系统的主要交互分为以下五大步骤。

第一,小程序内调用登录接口,获取到用户的 OpenID;

第二,商户 server 调用支付统一下单;

第三,商户 server 调用再次签名;

第四,商户 server 接收支付通知;

第五,商户 server 查询支付结果。

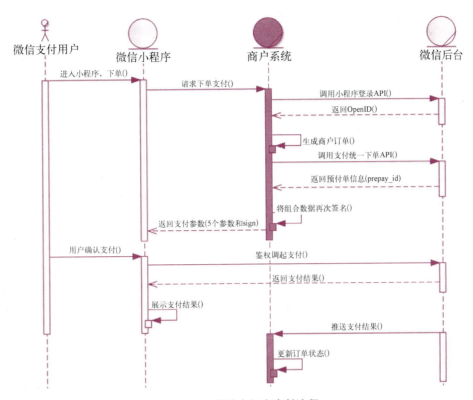

图 5-20　微信小程序支付流程

5.3.2.6　微信刷脸支付系统

微信刷脸支付具有三大特征。

（1）识别精准。在支付场景保证极低误识率（FAR）的情况下，一次识别通过率在99%以上。持续不断进行算法优化，可以通过不断的训练使识别变得更智能。

（2）极速高效。整体识别流程耗时小于 1 s，节约支付环节的等待时间。支持针对不同门店或区域，建立高频人脸库，减少用户二次确认概率，有效提升识别效率。

（3）安全可靠。硬件搭载 3D 结构光活体检测技术，可拦截照片、面具、视频等攻击手段，安全可靠。

图 5-21　微信刷脸支付流程

5.3.2.7　商户 APP 接入微信支付

商户 APP 调用微信提供的 SDK 调用微信支付模块,商户 APP 会跳转到微信中完成支付,支付完后跳回到商户 APP 内,最后展示支付结果。

① 用户进入商户 APP,选择商品下单、确认购买,进入支付环节。商户服务后台生成支付订单,签名后将数据传输到 APP 端。以微信提供的 DEMO 为例,见图 5-22(a);

② 用户点击后发起支付操作,进入到微信界面,调起微信支付,出现确认支付界面,见图 5-22(b);

③ 用户确认收款方和金额,点击立即支付后出现输入密码界面,可选择零钱或银行卡支付,见图 5-22(c);

④ 输入正确密码后,支付完成,用户端微信出现支付详情页面,见图 5-22(d);

⑤ 回跳到商户 APP 中,商户 APP 根据支付结果个性化展示订单处理结果,见图 5-22(e)。

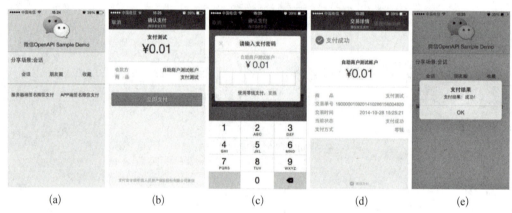

图 5-22　商户 APP 接入微信支付交互流程

5.4　移动支付安全与风险防范

在整个移动支付的过程中涉及的支付参与者包括:消费者、商家、移动运营商、第三方服务提供商、银行。消费者和商家是系统的服务对象,移动运营商提供网络支持,银行方提供银行相关服务,第三方服务提供商提供支付平台服务,通过各方的结合以实现业务。移动支付需要考虑以下安全问题。

(1) 移动终端接入支付平台的安全,包括用户注册时,签约信息的安全传递,以及用户通过移动终端登录系统,其间传递的数据如签约用户名、签约密码等的安全性。

(2) 支付平台内部数据传输的安全,即支付平台内部各模块之间数据传输的安全性。

(3) 支付平台数据存储的安全,涉及签约用户的机密性的银行卡账户、密码、签约用户名、签约密码等的安全性。

5.4.1 移动支付安全技术

5.4.1.1 加密技术

加密技术是电子商务采取的主要安全保密措施,是最常用的安全保密手段,利用技术手段把重要的数据变为乱码(加密)传送,到达目的地后再用相同或不同的手段还原(解密)。加密技术包括两个元素:算法和密钥。算法是将普通的文本(或者可以理解的信息)与一串数字(密钥)的结合,产生不可理解的密文的步骤;密钥是用来对数据进行编码和解码的算法中的一个设置参数。在安全保密过程中,可通过适当的密钥加密技术和管理机制来保证网络的信息通信安全。密钥加密技术的密码体制分为对称密钥体制和非对称密钥体制两种。相应地,对数据加密的技术分为两类,即对称加密和非对称加密。对称加密以 DES 算法为代表,非对称加密以 RSA 算法为代表。对称加密的加密密钥和解密密钥相同,而非对称加密的加密密钥和解密密钥不同,使用公钥加密就要用私钥解密,使用私钥加密就要用公钥解密。

5.4.1.2 安全认证技术

仅有加密技术不足以保障移动电子商务的交易安全,而且移动终端的计算环境和通信环境都非常有限,这就需要对相应的安全认证做一些特殊要求。身份认证技术是保障移动电子商务安全的又一项重要技术手段。移动电子商务中的身份认证可以通过静态密码、短信密码、动态口令等方式,可以利用指纹、人脸、虹膜等生物特征识别技术,也可以与手机的 SIM 卡的唯一识别结合起来,还可以结合数字签名技术和数字证书技术。

5.4.1.3 消息认证

消息认证是指通过对消息或者消息有关的信息进行加密或签名变换进行的认证,包括消息内容认证(即消息完整性认证)、消息的源和宿认证(即身份认证)、消息的序号和操作时间认证等。消息认证用于证明消息的真实性和完整性,即信息的发送者是真正的而不是冒充的,且消息未被篡改。

5.4.1.4 消息摘要

消息摘要又称为数字摘要,指的是通过单向 Hash 函数将需加密的明文"摘要"成一串密文,这一串密文亦称为数字指纹,它有固定的长度。消息的接收者通过将采用相同的算法处理收到的消息所产生的摘要与原摘要比较,就可以知道消息是否被改变了。因此,消息摘要可以用来验证消息的完整性。

5.4.1.5 数字签名

数字签名,又称为公钥数字签名、电子签章,是一种类似写在纸上的普通的物理签名,但是使用了公钥加密领域的技术实现,用于鉴别数字信息的方法。一套数字签名通常定义两种互补的运算,一个用于签名,另一个用于验证。数字签名技术是不对称加密算法的典型应用。

5.4.1.6 双重签名

在实际商务活动中经常出现这种情形,即消费者给商家发送订购信息和自己的付款账户信息,但不愿让商家看到自己的付款账户信息,也不愿让处理商家付款信息的第三方看到订货信息。实现这一点需要双重签名技术:消费者将发给商家的信息1和发给第三方的信息2都对应生成消息摘要1和2,合在一起生成消息摘要3,并进行数字签名;然后将消息1、消息摘要2和消息摘要3发送给商家,将消息2、消息摘要1和消息摘要3发送给第三方;接受者根据收到的消息生成消息摘要3,确定消费者的身份和信息是否被修改过。双重签名解决了三方参加电子贸易过程中的安全通信问题。

5.4.1.7 数字证书

数字证书相当于身份证,是标志网络用户身份信息的一系列数据,提供了一种在网络上验证身份的方式。它是由一个由电子商务认证中心(CA中心)颁发的一种较为权威与公正的证书,对网络用户在网络上传输信息和数据等进行加解密,保证了信息和数据的完整性和安全性。最简单的数字证书包含证书所有人的名称、证书所有人的公开密钥和CA中心的数字签名。

5.4.1.8 数字信封

数字信封包含被加密的内容和被加密的用于加密该内容的密钥。虽然经常使用接收方的公钥来加密"加密密钥",但这并不是必需的,也可以使用发送方和接收方预共享的对称密钥来加密。当接收方收到数字信封时,先用私钥或预共享密钥解密,得到"加密密钥",再用该密钥解密密文,获得原文。数字信封技术使用两层加密体系,是公钥密码体制在实际中的一个应用,是用加密技术来保证只有规定的特定收信人才能阅读通信的内容。

5.4.1.9 数字时间戳

对于成功的电子商务应用,要求参与交易各方不能否认其行为。这其中需要在经过数字签名的交易上打上一个可信赖的时间戳,从而解决一系列的实际和法律问题。由于用户桌面时间很容易改变,由该时间产生的时间戳不可信赖,因此需要一个权威第三方来提供可信赖的且不可抵赖的时间戳服务。在各种政务和商务文件中,时间是十分重要的信息。在书面合同中,文件签署的日期和签名一样均是十分重要的防止文件被伪造和篡改的关键性内容。在电子文件中,同样需对文件的日期和时间信息采取安全措施,而数字时间戳服务就能提供电子文件发表时间的安全保护。

▶ 5.4.2 支付过程安全认证

移动支付包括支付授权和资金清算两部分。但是,整个支付过程均需用到身份认证技术。

5.4.2.1 支付授权

支付授权确保这笔交易是经过银行确认的,保障商家能收到钱,并作为向消费者提供服务或商品的凭证,过程如图5-23所示。

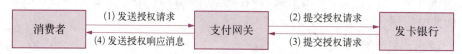

图5-23 支付授权过程

(1) 商家首先向支付网关发送授权请求消息,消息内容主要包括以下三部分。

① 与购买有关的消息。主要来源于客户,包括：支付信息、订购信息的消息摘要、双重签名和数字信封。

② 与授权有关的信息。由商家生成,包括：交易标识号,由商家签名并加密的授权数据块、数字信封。

③ 数字证书。包含消费者签名证书、商家的签名证书及密钥交换证书。

(2) 支付网关接收到授权请求后,将进行一系列验证后,再向发卡银行提交授权请求,详细的操作过程如下。

① 验证有关的数字证书。

② 解密相关数字信封,再解密授权数据块和支付数据块。

③ 验证有关的数字签名、双重签名。

④ 验证交易标识号。

⑤ 向发卡银行提交授权请求。

(3) 支付网关得到发卡银行的授权确认。

(4) 支付网关向商家返回授权响应消息,消息内容包括以下三部分。

① 与授权有关的信息,包括支付网关签名及加密的授权数据块和数字信封。

② 资金清算令牌,这一消息将用于清算支付资金。

③ 数字证书,包含支付网关的签名证书。得到支付网关的授权确认后,商家即可发送货物或提供服务。

5.4.2.2 资金清算

资金清算是商业活动中金融机构之间办理资金调拨、划拨支付结算款项,并对由此引起的资金存欠进行清偿的行为。商家发送清算请求的过程的过程如图 5-24 所示。

图 5-24 资金清算过程

(1) 商家首先对支付网关发送清算请求消息,消息内容包括：

① 清算请求数据块：需要经过商家签名、加密,该数据块包含了支付总额和交易标识号。

② 资金清算令牌。

(2) 支付网关收到清算请求后,需要进行如下操作：

① 对有关加密的数据块进行解密,并进行相关的有效性、一致性检验；

② 通过银行内部的资金清算网络把款项从消费者账号划到商家的账号上去。

(3) 支付网关向商家返回清算响应消息以通知商家转账结果。商家须保留该响应消息以备日后核对之用。

5.4.2.3 身份认证

在整个认证过程中,身份认证是至关重要的环节。CA 中心颁发数字证书,并履行用户身份认证的责任,在安全责任分散、运行安全管理、系统安全、物理安全、数据库安全、人员安全、密钥管理等方面,需要十分严格的政策和规程,建立完善的安全管理机制。

(1) 产生、验证和分发密钥。主体的密钥对管理必须确保高度的机密性,防止其他方伪造证书,主体密钥对产生的方式有两种:用户自己产生或者 CA 中心产生,由移动电子支付系统的策略决定。

① 用户自己产生密钥对。在这种方式下,用户自己选择产生密钥的方法,自己负责私钥的存放,用户还向 CA 中心提交自己的公钥和身份证明,CA 中心对用户进行身份认证,对密钥强度和密钥持有者进行审查,在审查通过的情况下对用户的公钥产生证书,然后通过面对面、信件或者电子方式将证书安全的发放给用户,最后将证书发布到相应的目录服务器。

② CA 中心为用户产生密钥对。这种方式下,用户应到 CA 中心产生并获得密钥对,产生之后,CA 中心应自动销毁本地的用户密钥对复本,用户获得密钥对后,保存好自己的私钥,将公钥送给 CA 中心,接着申请证书。

(2) 签名和验证。在移动电子支付体系下,对信息和文件的签名以及对数字签名的认证是很普遍的工作,成员对数字签名和验证是使用多种算法的,有 RSA、DES,这些算法可以由硬件、软件或者软硬件结合的加密模块来完成,密钥和证书存放的介质有内存、手机 SIM 卡、IC 卡、USB Key、光盘等。

(3) 数字证书的获取。在验证信息的数字签名时,用户必须事先获得信息发送者的公钥证书,以对信息进行解密验证,同时还需要 CA 对发送者所发送的证书进行验证,以确定发送者身份的有效性。数字证书的获取有如下方式:

① 发送者发送签名信息时,附加自己的证书;
② 单独发送证书信息的通道;
③ 访问发布数字证书的目录服务器。

(4) 数字证书的验证。验证数字证书的过程就是迭代寻找证书链中下一个证书和上级 CA 的证书。在使用每一个证书前,必须检查相应的证书列表。用户检查证书,是从最后一个证书所签发的证书有效性开始的,检查每一个证书,一旦验证后,就提取该证书的公钥,用于检验证书,直到验证完发送者的签名证书,并将证书中包括的公钥用于验证签名。

5.4.3 移动支付风险

5.4.3.1 政策风险

移动支付处于电信增值业务与银行增值业务中间的交叉地带,存在多种不同的业务类型,适用不同政策,不可一概而论。国内非银行机构推动移动支付的积极性比银行更高,但由于涉及金融业务,所以第三方支付必须接受金融监管,这无疑提高了市场准入门槛。由此可以看出,政策风险是移动支付业务发展无法避免的障碍。

5.4.3.2 技术风险

移动支付技术风险主要是支付的技术安全风险和技术开展风险。技术安全风险包括两方面,一是数据传输的安全性风险;二是用户信息的安全性风险。存在的安全性问题诸如：设备漏洞、软件病毒、虚假 Wi-Fi、钓鱼网站等等。手机仅仅作为通信工具时，密码保护并不重要，但作为支付工具时，丢失手机、密码被攻破、病毒木马等问题都会造成重大损失。

移动支付产业链比较长，涉及银行、非银行机构、清算机构、移动运营商等多个行业。在移动支付的技术实现中，仅安全方面就包括了物理安全、网络安全、主机安全、应用安全、数据安全、业务连续性等。在这些安全要素的实现方面，有些技术已经成熟，有些技术还在探索中，特别是条码支付技术（包括支付标记化、有效期控制、条码防伪识别等）。在移动支付的发展过程中，有些支付创新为了实现用户的友好性及支付交易的快捷性，而忽略了交易验证的严谨性，支付风险存在每一个环节中，特别是支付交易中的身份确认往往存在支付风险。

5.4.3.3　法律风险

我国移动支付行业的监管主要由中国人民银行、银监会和工信部三者之间相互配合，虽然三者的监控内容和对象各有侧重，但是职责界限并不清晰，存在交叉重叠现象，导致监管主体不明和多头监管问题。另外，由于移动支付市场虽颇具规模但仍不够成熟，尚未形成行业完整的交易规则和交易习惯，缺乏严格的行业自律准则，加重突出了监管问题。而且，目前的移动支付缺乏对金融风险交易的监管，像第三方支付在途资金安全问题上，缺乏相应监管法律体系的构建，存在较大的风险。

5.4.3.4　信誉风险

良好的经济环境和信用环境是移动支付健康发展的基础，例如日韩及欧盟作为移动支付发展较为先进的地区，它们的移动支付业务在发展过程中，就充分利用了完善的社会信用体系、健全的法律法规和良好的纠纷解决机制。我国的市场经济起步较晚，移动支付用户的信用意识淡薄，社会的信用体系建设不完善，加之移动支付本身的线上支付造成的相对较高的不确定性和风险性，使得目前网络电子商务交易纠纷频发。可见，在如今的网络经济时代，社会信用制度的建设与完善，和移动支付市场的发展前途密切相关，休戚与共。

▶ 5.4.4　聚合支付规避风险

在支付手段日益丰富的今天，商户无法与各支付机构一一对接，需要有一个角色为消费者提供全场景、全方式的支付收款服务，这样就产生了聚合支付。聚合支付服务商依托银行、第三方支付和清算组织的支付通道与清结算能力，利用自身的技术与服务将其整合，为客户提供支付通道、集合对账、技术对接、订单处理、数据统计和会员账户等服务。

为了规范互联网金融行业，加强监管，2017 年 3 月 31 日，在央行的指导下，中国支付清算协会组织各大第三方支付机构，按照"共建、共有、共享"原则共同发起筹建的，被称作"网络版银联"的非银行支付机构网络支付清算平台上线，未来支付机构只需开立一个银行账户即可办理客户备付金的所有收付业务。2018 年 3 月，网联下发 42 号文督促第三方支付机构接入网联渠道，明确 2018 年 6 月 30 日前所有第三方支付机构与银行的直连都将被切断,之后银行不会再单独直接为第三方支付机构提供代扣通道。

随着网联平台的加入,聚合支付模式的各方联系如图 5-25 所示,其中涉及资金结算的第三方支付需要取得支付牌照,而不涉及结算的聚合支付服务商则不需要支付牌照,纯技术的聚合支付是合规的;银联主要负责线下,是对银行之间进行业务清算,而网联则主要负责线上,在第三方支付机构和银行之间进行连接。

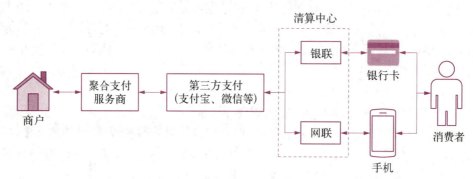

图 5-25 聚合支付模式

网联平台的上线为支付机构提供了统一、公共的资金清算服务,改变了支付机构与银行多头连接开展业务的情况,降低了行业成本。同时,网联的成立能避免用户备付金被挪用的风险,保障消费者的资金安全,也可以防止诈骗、洗钱、钓鱼等违法犯罪活动的发生,加强资金监管,营造规范良好的网络支付环境。

聚合支付的商户接入流程如下。

(1) 注册账户。首先,商户需要在选用的聚合支付服务商官网进行注册,这样就可以使用注册的账号进行支付管理以及选用其他增值功能。

(2) 企业认证。然后商户需要向聚合支付服务商提供企业的相关证明材料完成企业认证,材料包括营业执照和组织机构代码证等,通常需要以扫描件的形式上传。

(3) 渠道支付申请。由于聚合支付只负责调起相应的支付渠道接口,并不负责实际的交易流程以及资金流转,所以企业要申请开通所需的支付渠道。一般聚合支付服务商都会为企业提供了代申请服务,只要将相关材料提交给聚合支付服务商,并选择所需的支付渠道(支付宝和微信等),就可以让服务商代申请,相关材料包括:营业执照、组织机构代码证、税务登记证、开户许可证、法人身份证、APP 信息(按需)、ICP 备案(按需)。

(4) 填写渠道参数。各个渠道的支付权限申请成功后,各渠道会分别提供相应的支付渠道参数,将这些参数按照开发者文档分别配置在聚合支付中即可。

(5) 开发上线。最后,按照开发文档从聚合支付服务商官网下载客户端 SDK 或服务端 SDK,根据实际需要部署在不同的产品平台上,完成测试联调后即可上线。

本 章 小 结

移动支付是借助移动终端设备对所消费的商品或服务进行账务支付的一种服务方

式,它是移动商务发展的基础条件。其发展的起点是小额电子化产品的支付,并逐渐向大额、实物的方向发展。移动支付按支付方式主要包括扫码支付、NFC 支付和刷脸支付三类。移动支付的系统架构根据适用场合的不同分成远程支付和近场支付,其支撑技术可分为平台层、支撑层、交互层和传输层。典型的移动支付系统有基于 NFC 的银联云闪付系统、支付宝 APP 支付系统、基于条形码的支付宝线下当面付支付系统和支付宝刷脸支付系统等。移动支付安全维护方面主要包括加密技术、安全认证、消息认证、消息摘要、数字签名、双重数字签名、数字证书、数字信封、数字时间戳等。移动支付的风险主要集中在政策风险、技术风险、法律风险、信誉风险等,其中最大的风险为技术风险。聚合支付服务商提供的技术支持以及网联平台的上线,可以帮助中小商户更好地规避这些支付风险。

练习与思考题

1. 简述移动支付的含义,并描述一下移动 APP 的支付流程。
2. 有哪些常见的移动支付方式?请描述一下相应的支付流程。
3. 画出大致的移动支付系统框架,列出支持移动支付的技术。
4. 有哪些典型的移动支付系统?各有什么特点和相应的支付流程?
5. 移动支付的安全技术有哪些?存在哪些风险?
6. 为什么需要聚合支付?网联平台上线有什么作用?

第 6 章 云计算

学习要点

本章对云计算进行了较为详细的介绍,对现阶段云计算的服务模型和主流的云计算平台进行了深入阐述。云计算体系架构的良好运行,需要一系列的支撑技术来支持和实现,其中,虚拟化技术是实现云计算的基础和关键。云计算的出现,将给移动商务带来的深远的意义,意味着能够克服移动终端性能瓶颈、能够提供全新的 IT 资源部署模式、更加安全的数据存储模式以及商业智能级的经营决策模式。本章学习要点包括:云计算的服务模型;主流的云计算平台特点,包括阿里云平台、Google 的云计算平台、微软的 Azure 服务平台、亚马逊的弹性计算云平台;云计算的优点和问题;云计算的体系架构;云计算架构的支撑技术;云计算和移动商务的关系,云计算为移动商务带来的机遇和挑战。

知识结构

- 云计算概述
  - 云计算服务模型:IaaS,SaaS,PaaS
  - 云计算平台介绍:阿里云、Google 的云计算平台、微软的 Azure 服务平台、亚马逊的弹性计算云
  - 云计算的优点:经济实惠、方便易用、资源整合、更加安全、超强计算能力、绿色环保
  - 云计算存在的问题:数据安全问题、统一标准问题、隐私权及知识产权问题

- 云计算相关技术
  - 云计算体系架构:核心服务层、服务管理层、用户访问接口层
  - 云计算关键技术:虚拟化技术、海量数据存储与处理技术、资源管理与调度技术、QoS 保证机制、安全与隐私保护、数据中心节能技术

- 云计算与移动商务
  - 云计算带来的机遇:打破移动终端性能瓶颈、提供全新的 IT 资源部署模式、更加安全的数据存储模式、提供商业智能级的经营决策模式
  - 基于云计算的全新移动商务模式:基于"供应链云"的全程移动电子商务模式、基于"移动云"的移动电子商务模式

6.1 云计算概述

云计算这个概念从提出到今天,已经有十几年的历史了。在这十几年间,云计算取得了飞速的发展与翻天覆地的变化。现如今,云计算被视为计算机网络领域的一次革命,它的出现,使社会的工作方式和商业模式发生了巨大的改变。

追溯云计算的历史,可以追溯到1956年,Christopher Strachey 发表了一篇有关于虚拟化的论文,正式提出虚拟化的概念。虚拟化是今天云计算基础架构的核心,是云计算发展的基础。

2004年,Web2.0会议举行,Web2.0成为当时的热点,计算机网络发展进入了一个新的阶段。在这一阶段,让更多的用户方便快捷地使用网络服务成为互联网发展亟待解决的问题,与此同时,一些大型公司也开始致力于开发大型计算能力的技术,为用户提供了更加强大的计算处理服务。

2006年,Google首席执行官埃里克·施密特(Eric Schmidt)在搜索引擎大会(SES San Jose 2006)首次提出"云计算"(Cloud Computing)的概念。这是云计算发展史上第一次正式地提出这一概念,有着巨大的历史意义。

云计算基本理念是:一切皆是服务(Everything as a Service)。任何通过网络能够提供给用户的服务都可以成为云计算的应用形式,而用户在使用这些服务时采取"租用"的形式(Pay Per Use)进行付费。

从形式上看,云计算以数据中心的形式存在,而数据中心由大规模的计算机集群和管理这些机器、能够为用户提供特定计算服务的软件组成。在云中,所有的资源,包括构架、平台和软件都可以作为服务来提供。由于用户可以租用服务,省却了自己购买机器、平台、和开发软件的费用,因此,云计算有着节省成本、快速服务、提高管理效率等优势。

从技术层角度看,云计算是分布处理(Distributed Computing)、并行处理(Parallel Computing)和网格计算(Grid Computing)几种技术的进一步深入发展和综合的结果。同时,Intel、AMD等芯片公司在硬件虚拟化层面技术的成熟,以及VMware、KVM等在软件层面上虚拟化技术的发展,Web2.0的出现,数据中心虚拟管理技术的成熟,都是使云计算出现的必要因素。云计算的相关技术基础如图6-1所示。

目前,华为、阿里巴巴、Google、Microsoft、IBM等一些国际大公司都已建立了自己庞大的云计算中心,云计算已经成为很多企业俘获人气和获得利润最高的业务板块之一。

6.1.1 云计算的服务结构模型

计算资源所在的地方成为云端(也称为云资源中心),可用来使用云计算资源的用户设备称为云终端,两者通过计算机网络连接在一起。云终端和云端的连接方式

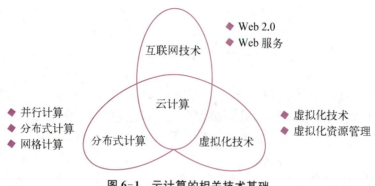

图 6-1 云计算的相关技术基础

可以理解为客户端/服务器模式,即 C/S 模式。客户端通过网络向云端发送请求消息,云端对用户的请求进行计算,并将结果进行返回。云计算的服务结构模型如图 6-2 所示。

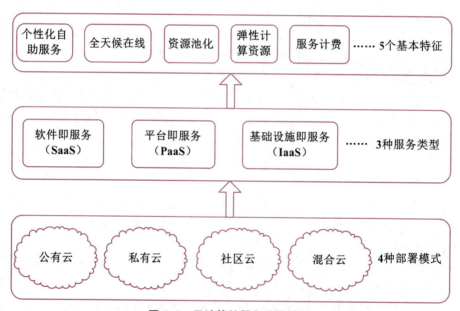

图 6-2 云计算的服务结构模型

云计算具有 5 个基本特征,3 种服务类型和 4 种部署模式。

从云计算诞生之日起,它就具备以下 5 个基本特征。

(1) 个性化自助服务。用户通过云终端设备接入云端即可获得自己所需的服务,并且可根据自己的需要进行服务的个性化定制或组合,这期间不需要或很少需要云服务提供商的参与。

(2) 全天候在线。稳定、可靠是云计算服务的重要特点之一,用户可随时随地通过云终端接入网络,来使用云计算资源。常见的云终端设备包括个人电脑、智能手机、PDA 等。

(3) 资源池化。资源池化是云计算得以成功应用的主要技术手段之一。通过资源池化,云计算中心能够将计算资源以多租户的形式共享给多个用户,并根据用户的需求动态分配各种物理或虚拟的计算资源。

(4) 弹性计算资源。云计算中心通过弹性计算资源技术,来应对用户的动态计算需求。在用户需要时为他分配足够的计算资源,而不需要的时候收回,再分配给其他需要的用户或者将计算资源释放,以最大化利用宝贵的计算资源。

(5) 服务计费。一般的情况下,云计算服务是需要收费的。不同云服务商的收费方式各有不同,可以是根据某类资源,如计算资源、存储资源等的使用量或使用时间长短来收费,也可以是按照使用次数来进行收费。但服务计费规则对于用户来讲必须是公开透明的。

从云计算的发展来看,目前云计算提供的服务类型主要有:SaaS、PaaS 和 IaaS 三种。

(1) SaaS(Software as a Service,软件即服务)。这种类型的云计算服务通过 Web 浏览器向用户提供软件应用。从用户的角度看,用户根据软件使用流量或时间来进行付费,无须购买软件,可以节省高昂的购买费用;对于 SaaS 提供商家来说,其软件维护和更新都可以集中的进行,无须面对各种不同的电脑设备和操作系统,变得更加简单方便,能够节省大量的运营和维护成本。诸多著名企业,如 SAP、微软、Oracle 等公司都建立了自己的 SaaS 云计算服务中心。

(2) PaaS(Platform as a Service,平台即服务)。PaaS 主要是针对的软件开发人员,是通过软件开发平台作为云计算服务提供给用户。PaaS 为软件开发人员提供软件平台层面的应用服务引擎,包括应用服务平台和应用服务开发接口,要求较强的横向扩展能力和高可用性能力,同时要求配置维护管理透明化。这类云计算服务的典型代表是阿里云。阿里云创立于 2009 年,是全球领先的云计算及人工智能科技公司。2013 年 9 月,余额宝全部核心系统迁移至阿里云。2015 年 1 月,12306 网站将车票查询业务部署在阿里云上,春运高峰分流了 75% 的流量。2018 年在杭州云栖大会上,阿里云宣布成立全球交付中心。

(3) IaaS(Infrastructure as a Service,基础设施即服务)。IaaS 是将基础设施作为一种服务提供给用户使用,包括处理器计算能力、存储空间、网络带宽和其他基本的计算资源。用户无须购买服务器、网络设备、存储设备,只需租用 IaaS 服务,即可部署和运行应用程序,包括用户的操作系统和各种应用软件。这些具体的基础设施的运行和维护由提供商进行,用户只需付费使用即可。IaaS 的典型有:百度云盘、亚马逊 EC2/S3/SQSSE 服务和 IBM 的蓝云服务等。

表 6-1 云计算的主要服务类型和相关平台的典型代表

主要服务模式	相关平台典型代表
SaaS(Software as a Service,软件即服务)	Salesforce CRM、RightNow CRM、SAP、Oracle
PaaS(Platform as a Service,平台即服务)	阿里云、Google App Engine
IaaS(Infrastructure as a Service,基础设施即服务)	百度云盘、Amazon EC2、IBM Blue Cloud

云计算发展至今，在部署方面已经发展成熟，形成了以下四种部署模式。

（1）公有云。公有云是云计算的主要形态，通常指第三方提供商为用户提供的云计算资源，一般可通过 Internet 使用，使用方式免费或价格低廉。外部用户通过互联网访问服务，并不拥有云计算资源。目前市面上绝大部分著名的云计算产品如阿里云、百度云、Amazon EC2 都是公有云。

（2）社区云。社区云是基于社区内的网络互连优势和技术易于整合等特点，通过对区域内各种计算能力进行统一服务形式的整合，结合社区内的用户需求共性，实现面向区域用户需求的云计算服务模式。由于用户数比公有云少，这种云计算模式往往比公有云贵，但其隐私度、安全性和政策遵从相对比公有云高。社区云是大的云计算的互联世界里非常富有活力的组成部分，我们可以把它生动地理解为"云朵"，但同时每一个云朵都具有自己鲜明的特征，比如区域特色，行业特点。深圳大学城云计算公共服务平台是国内是中国第一个依照社区云模式建立的云计算服务平台，于 2011 年投入运行，服务对象为大学城园区内的各高校、研究单位、服务机构以及教师、学生、各单位职工等。

（3）私有云。私有云是为一个组织单独构建的，该组织拥有基础设施，并可以控制在此基础设施上部署应用程序的方式，其核心属性是专有资源。私有云可由组织机构自己的 IT 机构，也可由云提供商进行构建，像华为、IBM、阿里巴巴等这样的云计算提供商可以安装、配置和运营基础设施，以支持一个公司企业内的私有云。建构一套可用的私有云，组织机构在初期需投入相当的费用来建构平台与其基础架构，这对资金有限的中小机构用户而言，会是很沉重的负担。

（4）混合云。混合云融合了公有云和私有云的优势，是近年来云计算的重要模式和发展方向。通常来讲，私有云主要是面向企业用户，出于安全考虑，企业更愿意将数据存放在私有云中，但是同时又希望可以获得公有云的计算资源，在这种情况下混合云被越来越多地采用，它将公有云和私有云进行混合和匹配，以获得最佳的效果，这种个性化的解决方案，达到了既省钱又安全的目的。

6.1.2 云计算平台介绍

云计算发展到现在，许多知名 IT 企业和电子商务企业都推出了自己的云计算服务，比较成熟和应用较为广泛的主要有：阿里云、Google 的云计算平台、微软的 Azure 服务平台、亚马逊的弹性计算云（Amazon EC2）、腾讯云、百度云、IBM 的 Blue Cloud 等。

（1）阿里云。阿里云创立于 2009 年，是全球领先的云计算及人工智能科技公司，致力于以在线公共服务的方式，提供安全、可靠的计算和数据处理能力，让计算和人工智能成为普惠科技。

飞天云操作系统是阿里云自主研发、服务全球的超大规模通用云计算操作系统，为全球 200 多个国家和地区的企业、政府、机构等提供服务。它将遍布全球的百万级服务器连成一台超级计算机，以在线公共服务的方式为社会提供计算能力。其整体架构如图 6-3 所示。

图 6-3　云计算的服务结构模型

飞天核心服务分为：计算、存储、数据库、网络。

飞天内核跑在每个数据中心里面，它负责统一管理数据中心内的通用服务器集群，调度集群的计算、存储资源，支撑分布式应用的部署和执行，并自动进行故障恢复和数据冗余。飞天内核对上层应用提供了详细的、无间断的监控数据和系统事件采集，能够回溯到发生问题的那一刻现场，帮助工程师找到问题的根源。

在基础公共模块之上，有两个最核心的服务，一个叫盘古，一个叫伏羲。盘古是存储管理服务，伏羲是资源调度服务，飞天内核之上应用的存储和资源的分配都由盘古和伏羲管理。

与基础公共模块对应，还有一个天基服务，该服务是飞天云系统的基础。天基是飞天的自动化运维服务，负责飞天各个子系统的部署、升级、扩容以及故障迁移。为了帮助开发者便捷地构建云上应用，飞天提供了丰富的连接、编排服务，将这些核心服务方便地连接和组织起来，包括：通知、队列、资源编排、分布式事务管理等等。

飞天接入层包括数据传输服务，数据库同步服务，CDN 内容分发以及混合云高速通道等服务。

飞天最顶层是阿里云打造的软件交易与交付第一平台——云市场。它如同云计算的"App Store"，用户可在阿里云官网一键开通"软件＋云计算资源"。云市场支持镜像、容器、编排、API、SaaS、服务、下载等类型的软件与服务接入。

目前，阿里云服务于制造、金融、政务、交通、医疗、电信、能源等众多领域的领军企业，包括中国联通、12306、中石化、中石油、飞利浦、华大基因等大型企业客户，以及微博、知乎、锤子科技等明星互联网公司。在天猫"双十一"全球狂欢节、12306 春运购票等极富挑战的应用场景中，阿里云保持着良好的运行纪录。

（2）Google 云计算平台。Google 是目前世界上最大的云计算服务使用者和提供商。自 2006 年谷歌建立自己的云计算中心以来，谷歌在互联网基础设施方面的投资已经超过 210 亿美元。2006 年时，谷歌大约有 45 万台服务器，2010 年增加到了 100 万台，而今天已经达到上千万台，并且还在不断增长中。

Google 的云计算平台是针对 Google 的核心商业模式而定制的。Google 的内部网络数据规模巨大，为了处理这些数据，Google 提出了一套基于分布式并行集群方式的基础架构，通过软件程序模块，监视系统的动态运行状况，侦测错误，并且将容错、负载均衡、自动恢复集成在系统中。Google 使用的基础架构包括 4 个相互独立又紧密结合在一起的系统，包括 Google 建立在集群之上的文件系统 Google File System，针对 Google 应用程序的特点提出的 Map/Reduce 编程模式，分布式的锁机制 Chubby 以及 Google 开发的模型简化的大规模分布式数据库 Big Table。基于这一系列的组件，Google 将其基础架构性合成为统一的云计算平台，主要提供平台 API 服务、大规模数据处理、应用程序平台以及一系列的网络应用服务。

（3）微软 Azure 服务平台。Windows Azure 的主要目标是为开发者提供一个平台，帮助开发可运行在云服务器、数据中心、Web 和 PC 上的应用程序。云计算的开发者能使用微软全球数据中心的储存、计算能力和网络基础服务。Azure 服务平台包括了以下主要组件：Windows Azure；Microsoft SQL 数据库服务，Microsoft .NET 服务；用于分享、储存和同步文件的 Live 服务；针对商业的 Microsoft SharePoint 和 Microsoft Dynamics CRM 服务。微软 Azure 服务平台的构成如图 6-4 所示。

① 最基本的 Windows Azure：提供一个基于 Windows 环境可运行应用和将数据存储在微软数据中心的服务器平台。

② Microsoft .NET Services：向基于云和本地的应用提供分布式的基础设施服务。

③ Microsoft SQL Services：向云提供基于 SQL Server 的数据库服务。

④ Live Services：通过 Live Framework 提供来自微软 Live 应用及其他应用的数据访问。

⑤ Microsoft SharePoint Service and Microsoft Dynamics CRM Service：用于在云

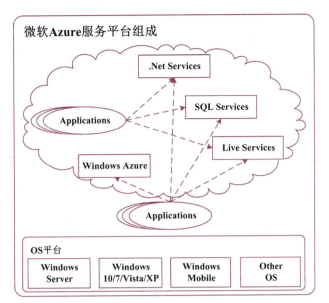

图 6-4 微软 Azure 服务平台构成图

端提供针对业务内容、协作和快速开发的服务,建立更强的客户关系。

(4) Amazon 弹性计算云。Amazon 向用户提供的云计算服务多种多样,存储空间、CPU 计算能力、带宽等都作为服务资源提供给用户使用,典型云计算服务包括:EC2、S3,其中 EC2(弹性计算云)和 S3(简单存储服务)主要为企业提供计算资源和存储服务。

从技术架构上来说,EC2 生成提供了一个真正完全虚拟化的计算环境,只要用户申请资源,EC2 就可以提供可以符合多种系统需求的计算环境以及相关资源,其从申请到 Amazon 启动服务实例的时间达到分钟级别,这意味着 Amazon 提供的 EC2 服务可以迅速满足用户的请求。其主要技术是在虚拟化层面,其提供的服务是利用虚拟化技术提供的基础设施服务资源,如存储、虚拟机等,并通过监控管理软件,实现细粒度分析用户的使用情况,无论是扩展规模还是减少规模,系统都可以迅速满足。

EC2 特点包括如下三点。

① 弹性。所谓弹性计算云,其首要的优势当然是可以提供弹性的计算能力。所谓弹性就是指在用户的需求增加或者减少时,可以迅速满足用户在计算规模上要求的变化。

② 灵活。EC2 提供的平台是底层资源,而用户在其上运行何种操作系统、何种应用的是很灵活的。通过配置内存、CPU 以及实例的各种参数,可以搭建出各种合适的平台环境。

③ 稳定。EC2 对于任何运行的实例都提供崩溃时快速替换的备用实例。实例运行的环境非常可靠,EC2 的服务协议承诺对所有 EC2 地区,包括美国东部、美国西部、欧盟(爱尔兰)、亚太(新加坡)等七个地区都保证 99.95% 的可用性。

6.1.3 云计算的优点和问题

云计算能够得到广泛的发展应用,与其产生的巨大优势和特点是分不开的。

6.1.3.1 云计算优点

云计算的优点主要体现在以下六个方面,如图6-5所示。

图6-5 云计算的优点

(1) 经济实惠。因为数据计算、数据维护、数据存储都在云端进行,所以对于租用云计算服务的企业和用户来讲,无须再花大量成本来建设和维护自己的数据中心,节约了一大笔高昂的设备购置费用,并且不用担心设备的淘汰和升级问题。以亚马逊为例,其云计算产品价格相当便宜,吸引了大批中小企业,甚至纽约时报、红帽等大型公司。百度云盘甚至为每个用户提供2TB的免费存储空间,仅靠广告费用及VIP服务费用来获得盈利。

(2) 方便易用。在云模式下,用户可以根据自己的需求和喜好来定制服务、应用和平台,而不必记住资源的具体位置,相关的资源存储在"云海"之中,用户在任何时间、任何地点都能以某种便捷、安全的方式获得云中的相关信息或服务。虽然云由大量的计算机组成,但对用户来说,他只看到一个统一的"服务"界面,就像使用本地计算机一样方便。

(3) 资源整合。传统的模式下,各个企业和政府的信息化建设都是自己开发程序、购买服务器和建设计算中心,而这些设备往往大部分时间都是闲置的,且数字资源难以共享。而云计算本身就是对大量IT资源的整合,构成庞大的资源池,资源统一灵活调配。在云模式下,通过租用云计算服务,全球资源可以高度整合,可以实现真正意义上的共享。不管是物理意义上的计算机资源还是数字信息资源,云计算对资源整合之后再重新配置,发挥了更大的经济效益和社会效益。

(4) 安全性更高。由于云计算服务商都是大型企业,有专业的团队来维护数据安全,比起以往中、小企业及个人用户自己维护数据安全,它大大增强了资源的安全性和可靠性。同时,云计算使用了数据多副本容错、计算节点同构技术,从而保障了服务的高可靠性,使用云计算比使用本地计算机更可靠。

(5) 超强计算能力。云计算服务商都具有相当大的规模,阿里云、Amazon、IBM、微软等公司的"云"均拥有几百万台服务器,而Google云已经拥有近千万台服务器。云计算的这种大规模使其具有超强的计算能力,而用户通过租用这些云计算服务,也就相当于拥有了超强计算能力的计算中心。

(6) 绿色环保。云计算的出现,使大量中小企业不再需要建设自身的信息中心,完成一定量的计算任务所需使用的服务器数量比以前大大减少,为实现低碳经济、节能减排发挥了很大的作用。并通过虚拟机技术和虚拟化资源管理技术,实现计算能力的自动伸缩扩展,对于无须使用的服务器,可以使其自动处于休眠状态,意味着减少热量产生,节约电能,降低污染。因此,云计算拥有低能耗、低污染、高性能、高效益的品质,在全球倡导低碳经济之时,云计算成了"绿色"IT 技术。

6.1.3.2 云计算的问题

云计算的迅猛发展,为企业和用户带来了极大的便利,同时也因为其自身的特点,产生了一系列的问题,譬如数据安全、单点故障、隐私权及知识产权等问题。

(1) 数据安全问题。云计算的一大优势就是数据集中处理,云中心在为用户提供服务的同时,资源高度集中的云中心也最容易成为黑客的攻击目标。如何做到云数据中心不受病毒侵袭,不遭黑客攻击,不受木马威胁,是目前各界普遍担忧的问题。尤其是金融机构和政府部门更为关注数据安全这一核心问题。

2018 年 3 月 17 日,媒体曝光 Facebook 数据中心上超 5 000 万用户信息在用户不知情的情况下,被政治数据公司"剑桥分析"获取并利用,向这些用户精准投放广告内容。

数据毁灭是一个偶发性问题,一般是由不可抗拒的自然因素所引起的。2011 年,日本福岛地震导致东京数家云计算中心数据丢失为灾备系统敲响了警钟,云计算中心如何防范和抵御灾难所带来的毁灭性打击,数据灾难备份方案是云计算中心必须慎重考虑的问题。

(2) 云计算标准问题。如今,全球许多 IT 巨头都推出了自己的云计算服务,但基本都是各自为政,无统一架构方案和统一服务标准,这使用户在云服务商之间切换的复杂性大大增加,也带来了切换成本。没有统一的标准,云服务项目之间的可替代性差,用户选择服务商的自由会受到限制。云计算时代的可替代性问题即标准问题是每个云服务商共同面对并需合力解决的课题。只有建立了共同的开放式云计算标准,云计算的用户才有可能实现在云服务商之间的零成本自由转移,信息资源的共享才有了实现的前提。

(3) 隐私权、知识产权问题。隐私问题主要来自两个方面,一是来自第三方譬如黑客攻击导致数据泄露;二是来自云服务提供方,由于数据封装及传输协议的开放性,"云"中的数据对于服务提供方的技术和管理人员来说可能是透明的。云计算的应用带来另一大法律问题是知识产权问题,譬如用户依法拥有被托管数据的知识产权,即他人无权修改、删除、管理这些内容,但云服务商可能会因为管理维护需要对这些数据进行加工、修改或者删除。

2013 年,我国发布了《信息安全技术、公共及商用服务信息系统个人信息保护指南》等相关标准,这对于云计算服务中的个人隐私权、知识产权等问题解决给出了较好的指导方案。

6.2 云计算相关技术

6.2.1 云计算体系架构

云计算可以按需提供弹性资源,是一系列服务的集合。结合当前云计算的应用与研究,其体系架构可分为核心服务、服务管理、用户访问接口 3 层,如图 6-6 所示。核心服务层将硬件基础设施、软件运行平台、应用程序抽象成服务,这些服务具有可靠性强、可用性高、规模可伸缩等特点,满足多样化的应用需求。服务管理层为核心服务提供支持,进一步确保核心服务的可靠性、可用性与安全性。用户访问接口层实现端到云的访问。

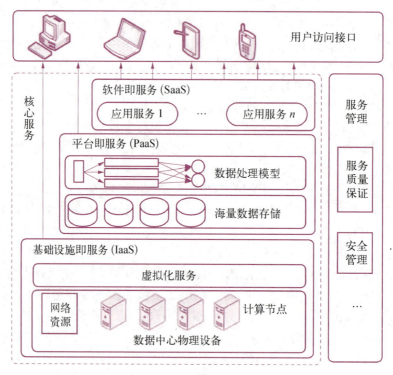

图 6-6　云计算体系架构图

6.2.1.1 核心服务层

云计算核心服务通常可以分为 3 个子层：基础设施即服务层(IaaS)、平台即服务层(PaaS)、软件即服务层(SaaS)。

IaaS 将硬件基础设施作为服务来提供,为用户按需提供 CPU 计算能力、存储空间和网络带宽等资源。在这一层面,地理上分散的物理机器通过网格、集群技术的服务封装,组成大规模的具有 SLA(SLA 服务水平协议, Service Level Agreement)保证的数据中心。在使用 IaaS 层服务的过程中,用户需要向 IaaS 层服务提供商提供基础设施的配置信息,运行于基础设施的程序代码以及相关的用户数据。为了优化硬件资源的分配,IaaS 层引入了虚拟化技术。虚拟化技术为云计算提供了云计算架构动态分配、管理计算资源的能力,使得原本静态的物理资源得以动态使用,统一了平台的基础设施接口,使得云计算平台可以提供对用户透明的计算资源。目前较著名的虚拟化工具有：Xen、KVM、VMware 等,通过这些工具,可以提供可靠性高、可定制性强、规模可扩展的 IaaS 层服务。

PaaS 是云计算应用程序运行环境,提供应用程序部署与管理服务。通过 PaaS 层的软件工具和开发语言,应用程序开发者只需上传程序代码和数据即可使用服务,而不必关注底层的网络、存储、操作系统的管理问题。由于目前互联网应用平台(如Facebook,Google,阿里巴巴等)的数据量日趋庞大,PaaS层应当充分考虑对海量数据的存储与处理能力,要求较强的横向扩展能力、高可用性能力和配置维护管理透明化,并具备有效的资源管理与调度策略提高处理效率。

SaaS是将原先只能安装在本地的软件转移到云端,是基于云计算基础平台所开发的应用程序。企业可以通过租用SaaS层服务解决企业信息化问题,如企业通过Gmail建立属于该企业的电子邮件服务。该服务托管于Google的数据中心,企业不必考虑服务器的管理、维护问题。对于普通用户来讲,SaaS层服务提供的云端软件采用使用付费的方式,将桌面应用程序迁移到互联网,会大大方便用户的使用,可实现应用程序的泛在访问,也使得软件用户之间交换数据更加方便,很可能会产生新型的软件交互模式。

表6-2对核心服务层的3个子层的特点进行了比较。

表6-2 云计算核心服务层3个子层的比较

服务内容	服务对象	使用方式	关键技术	系统实例
IaaS 提供基础设施服务	需要计算能力、存储空间、网络带宽的用户	使用者配置环境参数、上传数据、程序代码	虚拟化技术、数据中心资源监控管理技术等	百度云盘、Amazon EC2等
PaaS 提供应用程序部署与管理服务	程序开发、设计人员	使用者上传数据、程序代码	资源管理与调度技术、海量数据处理技术等	阿里云、Google App Engine、Microsoft Azure等
SaaS 提供基于互联网的应用程序服务	需要软件功能的用户	使用者上传数据	Web服务技术、互联网应用开发技术等	Google Apps、Salesforce CRM等

6.2.1.2 服务管理层

服务管理层对核心服务层的可用性、可靠性和安全性提供保障。服务管理包括服务质量(QoS,quality of service)保证和安全管理等。

云计算需要提供高可靠、高可用、低成本的个性化服务。然而云计算平台规模庞大且结构复杂,很难完全满足用户的QoS需求。为此,云计算服务提供商需要和用户进行协商,并制定服务水平协议(SLA,service level agreement),使得双方对服务质量的需求达成一致。当服务提供商提供的服务未能达到SLA的要求时,用户将得到补偿。

此外,云计算数据中心采用的资源集中式管理方式使得云计算平台存在单点失效问题。保存在数据中心的关键数据会因为突发事件(如地震、断电)、病毒入侵、黑客攻击而丢失或泄露。根据云计算服务特点,如何实现数据隔离、隐私保护、访问控制等功能是保证云计算得以广泛应用的关键。除了QoS保证、安全管理外,服务管理层还包括计费管理、资源监控优化、负载平衡等管理内容,这些管理措施对云计算的稳定运行同样起到重要作用。

6.2.1.3 用户访问接口层

用户访问接口实现了云计算服务的泛在访问,通常包括命令行、Web 服务、Web 门户等形式。命令行和 Web 服务的访问模式既可为终端设备提供应用程序开发接口,又便于多种服务的组合。Web 门户是访问接口的另一种模式。通过 Web 门户,云计算将用户的桌面应用迁移到互联网,从而使用户随时随地通过浏览器就可以访问数据和程序,提高工作效率。虽然用户通过访问接口可以使用便利的云计算服务,但是由于不同云计算服务商提供接口标准不同,导致用户数据不能在不同服务商之间迁移。为此,在 Intel、Sun 和 Cisco 等公司的倡导下,云计算互操作论坛(CCIF,Cloud Computing Inter-operability Forum)宣告成立,并致力于开发统一的云计算接口(UCI,Unified Cloud Interface),以实现"全球环境下,不同企业之间可利用云计算服务无缝协同工作"的目标。

6.2.2 云计算关键技术

云计算的目标是以低成本的方式提供高可靠、高可用、规模可伸缩的个性化服务。为了达到这个目标,需要数据中心管理、虚拟化、海量数据处理、资源管理与调度、QoS 保证、安全与隐私保护等若干关键技术加以支持。

6.2.2.1 虚拟化技术

虚拟化技术实现云计算基础设施服务的按需分配,是 IaaS、PaaS、SaaS 等所有云计算服务的支撑和基础。虚拟化是 IaaS 层的主要组成部分,也是云计算的最重要特点。虚拟化技术为云计算提供以下强大的优势。

(1)资源分享。通过虚拟机封装各用户的运行环境,有效实现多用户分享数据中心强大的硬件和软件资源。

(2)资源定制。用户利用虚拟化技术,配置私有的服务器,指定所需的 CPU 数目、内存容量、磁盘空间,实现资源的按需分配。

(3)细粒度资源管理。将物理服务器拆分成若干虚拟机,可以提高服务器的资源利用率,减少浪费,而且有助于服务器的负载均衡和节能。

(4)实现弹性、可靠的基础设施服务。当分配给用户的虚拟机不足以完成用户的计算任务时,可以通过虚拟机在线迁移技术,自动将参与用户任务的资源进行扩展;而当有部分虚拟机资源闲置时,又可通过关闭这些虚拟机,收回它们占用的资源,实现弹性的计算资源管理。

虚拟机技术又可分为虚拟机快速部署技术和虚拟机在线迁移技术。

传统的虚拟机部署分为 4 个阶段:创建虚拟机;安装操作系统与应用程序;配置主机属性;启动虚拟机。整个过程花费时间较长。虚拟机快速部署技术通常采用虚拟机模板技术来简化虚拟机的部署过程。虚拟机模板预装了操作系统和应用软件,并对虚拟机进行了缺省参数的配置,可以有效减少虚拟机的部署时间。

虚拟机在线迁移是指虚拟机在运行状态下从一台物理机移动到另一台物理机。虚拟机在线迁移技术对云计算平台有效管理具有重要意义。

(1)提高系统可靠性。一方面,当物理机需要维护时,可以将运行于该物理机的虚拟机转移到其他物理机。另一方面,可利用在线迁移技术完成虚拟机运行时备份,当主虚拟机发生异常时,可将服务无缝切换至备份虚拟机。

(2) 有利于负载均衡。当物理机器负载过重时,可以通过虚拟机迁移将任务分配至多台机器,达到负载均衡,优化数据中心性能。实际上单台服务器上的虚拟机快速部署技术实现的是单台服务器上的负载均衡。

(3) 有利于设计节能方案。通过集中零散的虚拟机,可使部分物理机完全空闲,以便关闭这些物理机(或使物理机休眠),达到节能目的。

此外,虚拟机的在线迁移对用户透明,云计算平台可以在不影响服务质量的情况下优化和管理数据中心。

6.2.2.2 海量数据存储与处理技术(以 Google 为例)

云计算服务采用大规模服务器集群的数据中心为用户提供超强性能和超大存储能力的服务,所处理的数据通常是以 TB 为计算单位。根据报告,2008 年 Google 每天所处理的数据就达到了 20 PB。因此,海量数据的存储和处理技术,是云计算服务的重要部分。

(1) 海量数据存储技术。云计算环境中的海量数据存储既要考虑存储系统的 I/O 性能,又要保证文件系统的可靠性与可用性。

根据 Google 应用的特点,Google 的研发团队专门设计了 GFS(Google File System)。基于以下假设: ① 系统架设在容易失效的硬件平台上; ② 需要存储大量 GB 级甚至 TB 级的大文件; ③ 文件读操作以大规模的流式读和小规模的随机读构成; ④ 文件具有一次写多次读的特点; ⑤ 系统需要有效处理并发的追加写操作; ⑥ 高持续 I/O 带宽比低传输延迟重要。

在 GFS 中,一个大文件被划分成若干固定大小(如 64MB)的数据块,并分布在计算节点的本地硬盘,为了保证数据可靠性,每一个数据块都保存有多个副本,所有文件和数据块副本的元数据由元数据管理节点管理。GFS 的优势在于: ① 由于文件的分块粒度大,GFS 可以存取 PB 级的超大文件; ② 通过文件的分布式存储,GFS 可并行读取文件,提供高 I/O 吞吐率; ③ GFS 可以简化数据块副本间的数据同步问题; ④ 文件块副本策略保证了文件可靠性。图 6-7 展示了 GFS 的执行流程。

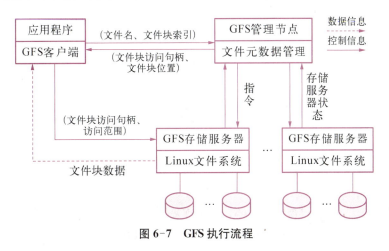

图 6-7 GFS 执行流程

Bigtable 是基于 GFS 开发的分布式存储系统,其功能与分布式数据库类似,用以存储结构化或半结构化数据,为 Google 应用(如搜索引擎、Google Earth 等)提供数据存储与查询服务。在数据管理方面,Bigtable 将一整张数据表拆分成许多存储于 GFS 的子表。在数据模型方面,Bigtable 以行名、列名、时间戳建立索引,表中的数据项由无结构的字节数组表示。这种灵活的数据模型保证 Bigtable 适用于多种不同应用环境。表 6-3 展示了如何在 Bigtable 中存储网页,其中 t1、t2、t3 为时间戳。

表 6-3 Bigtable 的存储方式

行关键字	时间戳	内容	锚点	格式
com.cbb.www	t1	\<html\>…	com.cbb	text/xml
com.ctx.www	t2	\<html\>…	com.ctx	text/html
com.tpbc.www	t3	\<html\>…	com.tpbc	text/plain
…	…	…	…	…

(2)数据处理技术。MapReduce 是 Google 提出的并行程序编程模型,运行于 GFS 之上,用于提供面向海量数据的分析处理能力。如图 6-8 所示,一个 MapReduce 作业由大量 Map 和 Reduce 任务组成,根据两类任务的特点,把数据处理过程划分成 Map 和 Reduce 两个阶段。在 Map 阶段,Map 任务读取输入文件块,并行分析处理,处理后的中间结果保存在 Map 任务执行节点;在 Reduce 阶段,Reduce 任务读取并合并多个 Map 任务的中间结果。MapReduce 可以简化大规模数据处理的难度:首先,MapReduce 中的数据同步发生在 Reduce 读取 Map 中间结果的阶段,这个过程由编程框架自动控制,从而简化数据同步问题;其次,由于 MapReduce 会监测任务执行状态,重新执行异常状态任务,所以程序员不需考虑任务失败问题;再次,Map 任务和 Reduce 任务都可以并发执行,通过增加计算节点数量便可加快处理速度;最后,在处理大规模数据时,Map/Reduce 任务的数目远多于计算节点的数目,有助于计算节点负载均衡。

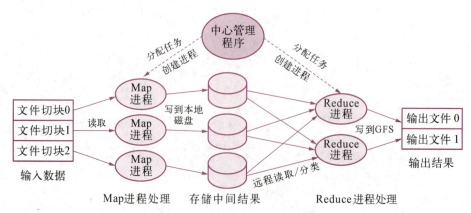

图 6-8 MapReduce 的执行过程

虽然 MapReduce 具有诸多优点，但仍具有局限性：① MapReduce 灵活性低，很多问题难以抽象成 Map 和 Reduce 操作；② MapReduce 在实现迭代算法时效率较低；③ MapReduce 在执行多数据集的交运算时效率不高。

6.2.2.3 资源管理与调度技术

海量数据处理平台的大规模性给资源管理与调度带来挑战，现有的相关技术有副本管理技术、任务容错机制等。

（1）副本管理技术。副本机制是 PaaS 层保证数据可靠性的基础，有效的副本策略可以降低数据丢失的风险，能优化作业完成时间。目前，Hadoop 采用了机架敏感的副本放置策略。该策略默认文件系统部署于传统网络拓扑的数据中心。以放置 3 个文件副本为例，由于同一机架的计算节点间网络带宽高，所以机架敏感的副本放置策略将 2 个文件副本置于同一机架，另一个置于不同机架。这样的策略既考虑了计算节点和机架失效的情况，也减少了因为数据一致性维护带来的网络传输开销。

（2）任务容错机制。任务容错机制可以在任务发生异常时自动从异常状态恢复。MapReduce 的容错机制在检测到异常任务时，会启动该任务的备份任务。备份任务和原任务同时进行，当其中一个任务顺利完成时，调度器立即结束另一个任务。Hadoop 的任务调度器采用备份任务调度策略。但是现有的 Hadoop 调度器检测异常任务的算法存在较大缺陷：如果一个任务的进度落后于同类型任务进度的 20%，Hadoop 则把该任务当作异常任务，然而，当集群异构时，任务之间的执行进度差异较大，因而在异构集群中很容易产生大量的备份任务。

6.2.2.4 QoS 保证机制

云计算不仅要为用户提供满足应用功能需求的资源和服务，同时还要提供优质的 QoS（如可用性、可靠性、可扩展、性能等），以保证应用顺利高效地执行。这是云计算得以被广泛采纳的基础。图 6-9 给出了云计算中 QoS 保证机制：首先，用户从自身应用的业务逻辑层面提出相应的 QoS 需求；为了能够在使用相应服务的过程中始终满足用户的需求，云计算服务提供商需要对 QoS 水平进行匹配并且与用户协商制定服务水平协议；最后，根据 SLA（SLA 服务水平协议，Service Level Agreement）内容进行资源分配以达到 QoS 保证的目的。

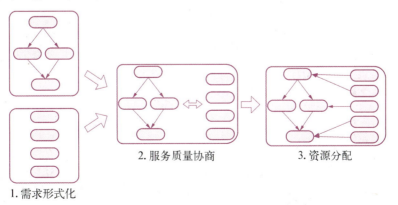

图 6-9　QoS 保证机制

(1) IaaS 层的 QoS 保证机制。为了能够在服务运行过程中有效保证其性能，IaaS 层用户需要针对 QoS 参数同云计算服务提供商签订相应的 SLA。根据应用类型不同可分为两类：确定性 SLA（deterministic SLA）以及可能性 SLA（probabilistic SLA）。其中确定性 SLA 主要针对关键性核心服务，这类服务通常需要十分严格的性能保证（如银行核心业务等），因此需要 100% 确保其相应的 QoS 需求。对于可能性 SLA，其通常采用可用性百分比表示（如保证硬件每月 99.95% 的时间正常运行），这类服务通常并不需要十分严格的 QoS 保证，主要适用于中小型商业模式及企业级应用。在签订完 SLA 后，若服务提供商未按照 SLA 进行 QoS 保障时，则对服务提供商启动惩罚机制（如赔款），以补偿对用户造成的损失。

在实际应用系统方面，近年来出现的通过 SLA 技术实现 IaaS 层 QoS 保证机制的商用云计算系统或平台，主要有 Amazon EC2，GoGrid，Rackspace 等，其 QoS 参数如表 6-4 所示。

表 6-4　IaaS 层的 QoS 参数定义

IaaS 的 QoS 参数	描述	云计算服务
服务器可用性	云计算提供的服务器、存储系统正常运行的保障	GoGrid、Rackspace、Amazon EC2
网络性能保障	数据包丢失率、网络延时、网络抖动的故障	GoGrid
负载均衡器可用性	处理时延、吞吐率、访问并发率的故障	GoGrid、Rackspace
支持响应时间	当服务发生异常时，云服务提供商提供排错支持服务的响应时间	GoGrid
惩罚机制保障	不能按照 SLA 合约进行 QoS 保障的惩罚机制	GoGrid、Rackspace、Amazon EC2

(2) PaaS/SaaS 层的 QoS 保证机制。在云计算环境中，PaaS 层主要负责提供云计算应用程序（服务）的运行环境及资源管理。SaaS 提供以服务为形式的应用程序。与 IaaS 层的 QoS 保证机制相似，PaaS 层和 SaaS 层的 QoS 保证也需要经历典型的 3 个阶段，典型的 QoS 参数如表 6-5 所示。

表 6-5　PaaS/SaaS 层的 QoS 参数定义

PaaS/SaaS 层的 QoS 参数	描述	云计算服务
服务请求差错率	单位时间内服务请求发生异常的概率	Google App Engine
网络连接的可用性	网络连接畅通且不被中断的可用性保障	GoGrid
服务稳定性	某个用户正常使用服务且服务不失效的稳定性保障	Microsoft Azure、Google Apps、Salesforce CRM
惩罚机制保障	不能按照 SLA 合约进行 QoS 保障的惩罚机制	Microsoft Azure、Google Apps、Salesforce CRM

6.2.2.5 安全与隐私保护

云计算面临的核心安全问题是用户不再对数据和环境拥有完全的控制权。为了解决该问题,云计算的部署模式被分为公有云、私有云和混合云。

公有云是以按需付费方式向公众提供的云计算服务(如 Amazon EC2,Salesforce CRM 等)。虽然公有云提供了便利的服务方式,但是由于用户数据保存在服务提供商,存在用户隐私泄露、数据安全得不到保证等问题。

私有云是一个企业或组织内部构建的云计算系统。部署私有云需要企业新建私有的数据中心或改造原有数据中心。由于服务提供商和用户同属于一个信任域,所以数据隐私可以得到保护。受其数据中心规模的限制,私有云在服务弹性方面与公有云相比较差。

混合云结合了公有云和私有云的特点:用户的关键数据存放在私有云,以保护数据隐私;当私有云工作负载过重时,可临时购买公有云资源,以保证服务质量。部署混合云需要公有云和私有云具有统一的接口标准,以保证服务无缝迁移。

此外,工业界对云计算的安全问题非常重视,并为云计算服务和平台开发了若干安全机制。其中 Sun 公司发布开源的云计算安全工具可为 Amazon EC2 提供安全保护。微软公司发布基于云计算平台 Azure 的安全方案,以解决虚拟化及底层硬件环境中的安全性问题。

6.2.2.6 数据中心节能技术

数据中心是云计算的核心,是 IaaS、PaaS、SaaS 等所有云计算服务的支撑和基础,其资源规模与可靠性对上层的云计算服务有着重要影响。Google、Facebook 等公司十分重视数据中心的建设。在 2009 年,Facebook 的数据中心拥有 30 000 个计算节点,截至 2010 年,计算节点数量更是达到 60 000 个;Google 公司平均每季度投入约 6 亿美元用于数据中心建设,其中仅 2010 年第 4 季度便投入了 25 亿美元。

由于云计算数据中心规模庞大,为了保证设备正常工作,需要消耗大量的电能。据估计,一个拥有 50 000 个计算节点的数据中心每年耗电量超过 1 亿千瓦时,电费达到 930 万美元。因此需要研究有效的绿色节能技术,以解决能耗开销问题。实施绿色节能技术,不仅可以降低数据中心的运行开销,而且能减少一氧化碳的排放,有助于环境保护。

当前,数据中心能耗问题得到工业界和学术界广泛关注。Google 的分析表明,云计算数据中心的能源开销主要来自计算机设备、不间断电源、供电单元、冷却装置、新风系统、增湿设备及附属设施(如照明、电动门等)。如图 6-10 所示,IT 设备和冷却装置的能耗比重较大。因此,需要首先针对 IT 设备能耗和制冷系统进行研究,以优化数据中心的能耗总量或在性能与能耗之间寻求最佳的折中。

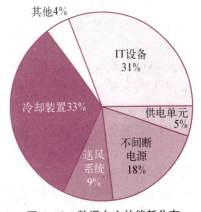

图 6-10 数据中心的能耗分布

6.3 云计算与移动商务

6.3.1 云计算带来的新机遇

云计算应用于移动商务领域将为众多移动商务企业的发展提供全新的技术基础和服务模式,尤其是中小企业将获得更廉价的资源、更广阔的发展机遇和更完善的服务。根据中国信息通信研究院的《云计算发展白皮书(2019年)》数据显示,2018年全球公有云市场规模达到了1 363亿美元,增速23.01%,预计到2022年将超过2 700亿美元,2018—2020年年复合增速将达到16.5%。由此可见,将"云计算"应用于电子商务和移动商务,提供更加高效的商务运作模式,已不仅仅是一种设想,而是一种趋势。云计算将给移动商务带来全面的历史发展机遇。

(1) 打破移动终端性能瓶颈。移动电子商务对终端的运算能力、信息传递和处理能力都有较高的要求,如果移动终端和移动通信网络无法可靠、安全地完成信息的传递和运算,那么移动电子商务就只是空谈。"云计算"恰恰解决了这些困扰,只要所有的移动终端都能顺利地接入"云",信息处理传递、安全等问题都将迎刃而解。运用"云计算"的强大计算、处理、传输能力,移动终端的性能瓶颈将被彻底打破。

(2) 提供全新的IT资源部署模式。"云计算"移动商务模式将涵盖信息技术服务、营销、管理等各个业务领域,提供移动商务交易和移动商务服务的综合性平台。"云计算"下的IaaS、PaaS、SaaS服务模式,让企业不再需要建设自身的信息中心,无须再投入巨大的资金和人力、物力来进行信息中心的开发和维护。这些工作都将交给云计算服务商来为企业量身定制,企业因此可以专注于自身的核心业务。此外,"云计算"让移动商务企业的核心数据也能得到更妥善、更完整、更安全的保存。

(3) 更加安全的数据存储模式。任何从事移动商务的中小企业都会为保证后台海量数据的安全煞费苦心。但由于自身专业技术团队力量的薄弱,仍会频繁出现服务器控制权被攻击端被窃取、数据被篡改等问题。而"云计算"模式下,其数据存储高度分散性、数据管理的高度集中性以及数据服务的高度虚拟化,将提供更加安全的数据服务。

与此同时,云计算服务还会自动对数据进行统一管理、分配资源、均衡负载、控制安全,并进行可靠的安全实时监测。在某台服务器出现故障时,管理监测软件利用克隆技术或在线数据迁移技术,将数据快速拷贝到别的服务器上,并启动新的服务器以提供服务,以保证服务的高可用性、完整性和安全性。

(4) 提供商业智能级的经营决策模式。所谓商业智能(BI)是指利用相关决策分析工具,将企业中现有的数据转换为知识,帮助企业做出明智的业务经营决策。目前,大多数电子商务包括移动商务企业在BI领域遇到的困难主要来自以下方面:首先,随着用户数量的增加,产生的海量数据要求有更加强大的数据存储和管理能力,更加需要强大的数据挖掘能力,才能帮助企业完成做出明智的商业决策;其次,随着需求的不断变化和应用的复杂化和多样化,对 BI 的实时性要求也越来越高。这就需要移动商务企业后台具有更加快速高效稳健的运行性能,同时还应该具有良好的扩展性;再次,高成本也是制约移动商务企业,尤其是中小移动商务企业发展 BI 的一个重要因素。

"云计算"所提供的大型数据中心,海量数据存储运算、分析、挖掘能力,为移动商务企业发展 BI 提供了良好的基础。而"租赁+服务"的资源分配和交付模式,也为中小移动商务企业发展 BI 提供了巨大的成本优势。

6.3.2 全新移动商务模式构建

现阶段,将"云计算"运用于移动商务环境,构建新型的商务模式,其主要思想还是基于移动外包服务的应用。利用移动外包服务所提供的"按需分配"的能力,移动商务企业可以在需要的时候快速获得相关资源和服务。不但免去了移动商务企业自身前期建设和后期维护等方面的烦恼,而且服务提供商也能利用"云"同时为众多用户提供服务,实现了更深层次的资源共享和技术外包服务。从目前云计算的应用发展趋势进行分析,基于"云计算"的移动电子商务模式构建将朝着以下几个方向发展。

6.3.2.1 基于"供应链云"的全程移动电子商务模式

利用分布在全球范围内的"云",可以构筑起一个庞大的"供应链云"系统,利用这个系统,我们可以实现以供应链管理为核心的全程移动商务模式。在这种模式下,利用"云计算"提供安全可靠的数据存储服务和运算处理,极大降低对客户移动终端设备的要求,轻松实现所有用户的数据共享和资源合理分配,并能在客户有需要时,及时提供几乎无限制的空间和服务。而这些优势,都将为全程移动商务实现资源整合、提供优质服务打下坚实的基础。其模型如图 6-11 所示。

在上述模型中,可将基于"云计算"的全程移动电子商务体系分为 3 层,分别为基础云平台层,基础云服务层,企业应用云层。各层的基本功能如下。

基础云平台层:主要由云计算服务提供商提供云计算的基础架构和平台建设,为电子商务企业提供使用"云计算"的基本环境和物理基础。对应于云计算的 IaaS 和 PaaS 服务。

基础云服务层:主要由应用开发商提供云计算的相关服务和公共应用接口,为电子商务企业提供所需的服务和软件。对应于云计算的 SaaS 服务和 PaaS 服务。

企业应用云层:这一层是企业开展全程移动商务的核心层,在这一层中,移动商务企业应用供应链管理的基本思想,开展企业核心业务流程的重组,构建移动供应链管理系统,而利用已有的云计算平台和服务,整合企业资源,改善企业流程,合理分配权限,利用广泛的"供应链云"实现全程移动商务的最终目标。

综上所述,从云计算平台供应商,到云计算应用开发商,再到云计算的使用者——移动商务企业,形成了一个全新的基于"云计算"的产业链。目前,诸如用友、金算盘、伟

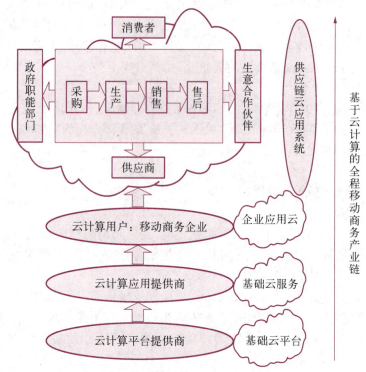

图 6-11　基于"云计算"的全程移动商务模型

库等大型服务商都已经开始打造全程移动商务的服务系统,基于"供应链云"的全程移动商务已经进入了实践应用的阶段。

6.3.2.2　基于"移动云"的移动电子商务模式

随着"移动云计算""三网整合"等的发展,移动电子商务模式也将发生深刻变革。由于有了庞大的分布式"云"系统,其信息处理能力、运算效率等都会得到大幅度的提高,而"云计算"为我们提供的"按需分配"的服务模式和 3G 为我们带来的全新移动终端,将彻底打破移动电子商务存在的瓶颈。有了"云计算",移动电子商务服务的安全得到了更好的保障,信息处理和数据传输也将变得更加简单。用户只要持有简单计算能力的移动终端,就可以随时随地接入为我们提供服务的"云",及时安全地获得移动商务平台的相关服务。其基本原理如图 6-12 所示。

基于"移动云"的移动电子商务模式,不但解决了移动终端性能瓶颈的问题,还极大地提高了数据分享的便捷性、任务执行的高效性。在这种模式下,对手机等移动终端没有复杂的硬件性能要求,只要具备简单的跨系统平台就可以顺利连接"云端",获取移动商务企业利用"移动云"所提供的信息和服务。

同时,移动商务企业自身也无须搭建复杂的移动电子商务平台,而只需要向云计算服务提供商申请租赁,就可以获取相应的"云服务",从而快速实现其业务功能。"移动云"快捷高效的存储、运算、处理、共享能力,为移动电子商务的发展提供了全新的发展空间。

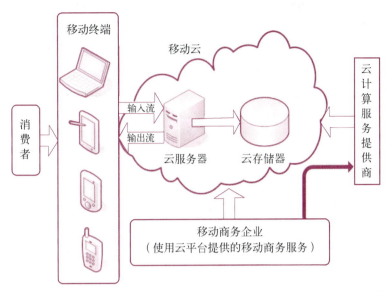

图 6-12　基于"移动云"的移动电子商务基本模型

本章小结

本章对云计算进行了较为详细的介绍。对现阶段云计算的服务模型,选择了主要的 IaaS、PaaS、SaaS 服务模型进行深入阐述。对主流的阿里云、Google 的云计算平台、微软的 Azure 服务平台、亚马逊的弹性计算云进行了介绍,并根据它们的特点进行了对比分析。云计算能够得到广泛的应用和推广,与其显著的优点是分不开的,其优点有:经济实惠、方便易用、资源整合、更加安全、超强计算能力、绿色环保。当然,任何新生事物都存在还不够成熟的地方,云计算也存在相关的问题,如数据安全问题、统一标准问题、隐私权及知识产权问题等。

本章还对云计算涉及的相关技术和框架进行了阐述。从宏观的角度来看,云计算体系架构包括三个层面:核心服务层、服务管理层、用户访问接口层。云计算体系架构的良好运行,需要一系列的支撑技术来支持和实现,其关键技术有:虚拟化技术、海量数据存储与处理技术、资源管理与调度技术、QoS 保证机制、安全与隐私保护、数据中心节能技术。

云计算的出现,将给移动商务带来的深远的意义,意味着能够克服移动终端性能瓶颈、能够提供全新的 IT 资源部署模式、更加安全的数据存储模式以及商业智能级的经营决策模式。在本章的最后,我们还讨论了基于云计算的全新移动商务模式,包括:基于"供应链云"的全程移动电子商务模式、基于"移动云"的移动电子商务模式。

练习与思考题

1. 云计算与网格计算的区别有哪些?
2. 如何区分云计算和云计算服务?

3. 云计算的服务模型有哪些?
4. 试论述云计算的优势。
5. 简述云计算的体系架构及其功能。
6. 云计算的关键技术中,虚拟机技术发挥了什么样的作用?
7. 云计算的出现,除了给移动商务带来新的机遇外,还会带来什么样的挑战?

第7章 人工智能

学习要点

本章主要详细介绍人工智能,对人工智能发展历程、现状、未来发展趋势进行较为详细描述。近些年,随着大数据、云计算、互联网、物联网等信息技术的发展,人工智能的研究加快。它的发展对我们的工作和生活方式都产生了深远影响。在移动电子商务领域,人工智能技术同样也得到了很好的应用,并取得了明显的效果。可以说,人工智能与移动电子商务之间存在着密切的联系,两者相互影响并共同进步。本章学习要点包括:人工智能概念以及发展历程;人工智能现状和影响、未来发展趋势;人工智能涉及的主要技术:机械学习、知识图谱、自然语言处理、人机交互、计算机视觉、生物特征识别、VR/AR;人工智能在移动电子商务中应用情况,以美团外卖、支付宝人脸支付、爱奇艺智能广告、滴滴出行等案例详细分析。

知识结构

人工智能概述 { 人工智能概念与发展历程 / 人工智能现状与影响 / 人工智能未来发展趋势

人工智能相关技术 { 机器学习、知识图谱、自然语言处理、人机交互、计算机视觉、生物特征识别、VR/AR

人工智能与移动商务 { 人工智能在移动电子商务中应用 / 常见应用案例:美团外卖、支付宝人脸支付、爱奇艺智能广告、滴滴出行

7.1 人工智能概述

在计算机出现之前人们就幻想着有一种机器可以实现人类的思维,可以帮助人们解决问题,甚至比人类有更高的智力。20世纪40年代计算机发明后,其应用领域从最初的科学数学计算演变到了现代的多点开花,人工智能是计算机科学的一个研究分支,是多年来计算机科学研究发展的结晶。全球产业界充分认识到人工智能技术引领新一

轮产业变革的重大意义，纷纷转型发展，抢滩布局人工智能创新生态。世界主要发达国家均把发展人工智能作为提升国家竞争力、维护国家安全的重大战略，力图在国际科技竞争中掌握主导权。错失一个机遇，就有可能错过整整一个时代。新一轮科技革命与产业变革已可见曙光，在这场关乎前途命运的大赛场上，我们必须抢抓机遇、奋起直追、力争超越。

7.1.1 人工智能概念与发展历程

1956年夏天，麦卡锡和明斯基等科学家在达特茅斯学院举行了一次会议，讨论如何用机器模拟人类智能。他们首先提出了人工智能的概念，标志着人工智能的诞生。

人工智能(Artificial Intelligence，AI)是计算机科学的一个分支。它是研究、开发用于模拟、延伸和扩展人的智能的理论、方法、技术及应用系统的一门新的技术科学。

"人工智能"这一概念被提出后的发展并不是一帆风顺，人工智能的发展历程在学术界看法并不统一，大致可以把人工智能发展历程划分为7个阶段。

(1) 人工智能的诞生：1943—1956年。在20世纪40年代和50年代，一群来自不同领域(数学、心理学、工程学、经济学和政治学)的科学家开始探索制造人工大脑的可能性。1956年，人工智能被确立为一门学科。

(2) 黄金年代：1956—1974年。达特茅斯之后的几年是一个伟大发现的时代，对许多人来说，在这个阶段开发的程序是惊人的。计算机可以解决代数问题，证明几何定理，学习和使用英语。当时，大多数人几乎不相信机器会如此"智能"。政府加大了对人工智能研究的资金支持，人工智能发展迎来了黄金时代。

(3) 第一次低谷期：1974—1980年。20世纪70年代，人工智能的研究者们未能对他们研究对象的难度做出正确的判断，人们开始增加任务的难度，提出了不合理的目标。在多次失败之后，人工智能开始遭遇批评，随之而来的是财务困难，人工智能的发展进入低谷。

(4) 应用发展期：1980—1987年。20世纪80年代，人工智能项目"专家系统"开始被世界各地的企业所采用，"知识处理"成为人工智能研究的主流，人工智能研究从理论到实际应用的时代开启。在同一个时代，日本政府积极投资人工智能，推动其第五代计算机工程，人工智能又一次成功。专家系统在医学、化学、地质等领域取得了成功，人工智能的发展进入了一个新的阶段。

(5) 第二次低谷期：1987—1993年。从20世纪80年代末到90年代初，人工智能遇到了一系列的财务问题。市场对人工智能硬件的需求突然下降。苹果和IBM生产的台式计算机的性能一直在提高，但专家系统维护费仍然很高。它们很难升级，很难使用，兼容性差，缺乏分布式功能，并且专家系统的实用性仅限于某些场景。

(6) 稳步发展期：1993—2011年。随着计算机性能的提高和互联网技术的发展，人工智能研究人员开发的算法开始成为大型系统的一部分。人工智能的许多伟大创新被认为是计算机科学工具箱中的一个工具。应用了AI技术的有数据挖掘，工业机器人，物流，语音识别，银行业软件，医疗诊断和Google搜索引擎等。人工智能帮助产业界解决了许多难题,这些解决方案发挥了重要作用。

(7) 蓬勃发展期:2011年至今。随着大数据、云计算、互联网、物联网等信息技术的发展,算法、算力(计算能力)和算料(数据)等"三算"方面取得了重要突破,许多先进的机器学习技术成功应用于经济社会中的许多问题,现在最先进的神经网络结构在某些领域已经能够达到甚至超过人类平均准确率。人工智能在图片识别、人机对弈、无人驾驶、智能语音等方面得到技术的突破,政府机构和产业界加大人工智能重视力度,促使人工智能进入蓬勃发展时期。

7.1.2 人工智能现状与影响

人工智能被提出以来发展历程并不顺利,但至今已经取得很多成果。在理论、技术和产业应用规模上突飞猛进,逐渐改变着我们的生活,使我们的生活更加便利。人工智能因其十分广阔的应用前景和重大的战略意义,近年来日益得到社会各界的高度关注。正因为关注度比较高,社会上对人工智能进行"炒作"。例如,人工智能的发展最终会全面超越人类,未来人工智能机器人会消灭人类或者会统治人类。这些舆论是错误的,不利于人工智能的发展。所以我们现在要正确认识人工智能发展的现状,制定正确方针才能有利于人工智能的发展。

中国科学院院士谭铁牛说:"当前,面向特定领域的专用人工智能技术取得突破性进展,甚至可以在单点突破、局部智能水平的单项测试中超越人类智能。"人类和人工智能进行了智力比赛,比如1997年"深蓝"战胜国际象棋世界冠军,2011年IBM超级计算机沃森在美国电视答题节目中战胜两位人类冠军,以及2016年和2017年阿尔法狗战胜人类围棋高手。人工智能的发展得到了证明,但是它总体还处于发展的初期,发展潜力还需要人类慢慢挖掘。

人工智能的发展还有很长的路要走。目前人工智能只在一个方面战胜了人类,但它不能通过综合各种问题来举一反三,解决许多复杂问题。即使在极为相似的情况下,企业也必须多次投入资源来训练新的模型,这意味着会产生新的成本。机器学习技术要求训练数据集不仅要包含人工注释信息,而且要大而全面。深入学习还要求模型能够学习数千条数据记录,以获得相对理想的分类能力;即使在某些情况下,为了达到与人类相同的精度,也需要学习数百万条数据。例如,如果您想让自动驾驶汽车学习如何在各种天气条件下驾驶,则需要在数据集中输入可能遇到的各种环境条件。因此,人工智能有其局限性,其发展还处于起步阶段。

虽然我国人工智能技术研究和工业应用起步较晚,但国家在政策和研究经费上支持人工智能,人工智能在我国发展迅速。我国加强了人工智能的研究,人工智能课题的数量和质量逐年提高。据统计,2007—2016年,中国在全球人工智能论文中占近20%,仅次于美国,在深度学习领域的论文和引文总数居世界第一。在应用方面,我国在语音识别、视觉识别、机器翻译、中文信息处理等技术方面处于世界领先地位。

人工智能创新创业活动越来越活跃,特别是在移动电子商务、医疗、通信、智能城市等领域。我国科技产业已加入人工智能研究开发,并取得了显著的成果。例如,超过

10亿的支付宝用户加入了"刷脸"的人脸识别功能;华为开发了人工智能芯片并应用于手机;2017年8月3日,腾讯公司正式发布了人工智能医学成像产品——腾讯搜索;2017年10月11日,阿里巴巴首席技术官张建锋宣布成立全球研究院——达摩院,加入世界人工智能竞争行列;2018年2月15日,百度阿波罗无人驾驶汽车在央视春晚的屏幕上高调亮相。

在人工智能方面,中国的总体水平与发达国家还存在较大差距。尽管我国在一些人工智能关键技术尤其是核心算法方面与发达国家水平相当,但我国人工智能整体发展水平与发达国家相比仍有较大差距,比如在高精尖零部件、技术工业、工业设计、大型智能系统、大规模应用系统以及基础平台等方面。专家们还指出,中国人工智能技术的发展也面临着体制机制、创新人才和基础设施方面的挑战。美国在人工智能生态系统方面更加完善和活跃,拥有大量的研发公司。在人工智能融资规模上,美国占世界主导地位,占60%以上。因此,我们应该打开人工智能发展的平台,提高人工智能人才培养的规模和质量,不断推动我国人工智能的发展。

7.1.3 人工智能产业发展趋势

人工智能技术不是一个刚刚提出的概念,它已经发展了几十年,其研究成果应用于生活的许多方面。人工智能仍处于发展的初始阶段,未来的发展空间是无限的,一切都将智能化。人工智能在未来能带来什么,人们一直充满好奇。根据近年来人工智能技术的发展,我们分析了未来几年人工智能的发展趋势。

7.1.3.1 趋势一:人工智能技术大规模投入商用

人工智能在零售、交通、自动化、制造业、农业等垂直行业具有巨大的发展潜力。人工智能将成为加速工业发展的主要因素,人工智能在垂直产业中的应用范围和深度将不断扩大,最终提高消费者的生活水平。

随着智能手机、可穿戴设备、软件基础设施等基础硬件设施的发展,人工智能在人们生活中得到了广泛的应用。目前,以自然语言处理技术为核心的应用占据了人工智能市场。随着技术的不断进步,它将在更多领域得到应用。在未来,人与机器、人与工具之间的交流可能完全基于自然语言。你不必学习如何使用工具,例如如何调整空调温度和如何打开视频会议系统,你只要说话它就能听得懂。

商业服务领域的综合应用为人工智能的大规模商业应用开辟了新的途径。在零售业中,沃尔玛公司与智能机器人公司进行合作,研发导购和自动跟随机器人对购物车进行升级。在我国零售业,苏宁也同样与机器人公司合作研发,主要用于店面接待和导购。在餐饮业中,机器人也被引入,以实现智能点菜和服务。日本软银公司研发的情感机器人也投入使用。或许人工智能机器人占领商场等公共场所会比占领我们的客厅要来得更早一些。

7.1.3.2 趋势二:从感知智能向认知智能转变

人工智能正朝着认知智能的方向发展,而不是计算智能和感知智能的分离,而是如何从计算、存储以及视觉、听觉和触觉中形成分析、思考、理解和判断,从而实现真正的智能。

认知智能与感知智能最大的区别在于,感知智能更多是识别,而认知智能就像一个人一样思考,能够理解数据、语言甚至现实世界。

现阶段我们对人工智能的认识还不够。以产业落地为例,很多人认为人工智能似乎无所不能,但实际上人工智能有明显的局限性。现实情况是,目前人工智能产业的应用主要是基于感知智能,就像人一样,我们能看到和听到的是感知智能,但我们不能理解它;认知智能解决的就是脑子的问题,让我们可以看得懂也听得懂。现阶段人工智能智力水平仍处于儿童阶段,沟通能力差,理解能力差,学习成本高。实现能力范围之外的事情几乎是不可能的。

随着机器深度学习能力的提高和大数据的积累,人工智能已经取代了人类专家顾问。在过去的几年里,人工智能技术的快速发展主要归功于三个要素的整合:更强大的神经网络、更便宜的芯片和大数据。神经网络是模拟人脑和机器深入学习的基础。对某一领域的深入学习,将使人工智能接近人类专家顾问的水平,并在未来取代人类专家顾问。

近几年来,感知智能发展迅速,但很难渗透到行业的关键业务环节。无论是为了提升工业智能,还是为了扩大人工智能企业的商业价值,2019 年都将是感知智能成长期和认知智能萌芽期共同发展的一年。目前,传统企业获取人工智能应用的常见途径是依靠第三方来实现所有业务需求。这存在两种问题:第三方对业务逻辑理解不足;客户很难根据自身不断变化的环境与需求实现算法迭代和人机智能实时协同,这都会导致 AI 产品在客户处"水土不服"时而发生。人工智能的发展还处于中、早期阶段,有待进一步探索。认知智能比感知智能更具挑战性,它将真正把人工智能转化为生产力。

7.1.3.3 趋势三:人工智能实用主义倾向显著,未来将成为一种可购买的智慧服务

一方面,现在"人工智能"在普通人眼里是一项炫酷技术,但大多数人对人工智能一无所知,只视作一种高科技,"它在地球上能做什么?它到底能用在哪里?它能为人类解决什么问题?"随着人工智能产业的快速发展,现有企业超过 2 000 家,大多在应用层。例如,百度将其人工智能业务升级为其发展的战略目标。在"夯实移动基础,决胜 AI 时代"的战略指导下,百度 AI 生态继续改善,AI 产品和商业化不断加速,并将人工智能应用于其所有产品和服务。阿里巴巴雄心勃勃地启动了 NASA 计划,也致力于将技术推向"普惠"。

另一方面,人工智能技术在不同行业的应用也加剧了人工智能的实用主义倾向。例如,特斯拉使用人工智能技术来改进自动驾驶技术。例如,地图导航软件是利用人工智能技术为用户规划出行路线的。人工智能在图像识别、围棋等领域已经超越人类。在行业中,获取法律信息、分析医疗 X 光片甚至通过人工智能撰写文章已经不再是罕见的事了。未来几年,人工智能的工业应用将迅速发展。人工智能服务将提供给所有人,如水、电、气,人工智能技术将被植入各行各业。

毕竟,人工智能是一个务实的东西。越来越多的医疗机构使用人工智能诊断疾病,越来越多的汽车制造商开始使用人工智能技术来开发无人驾驶汽车,越来越多的普通

人开始使用人工智能进行投资、保险等决策。这意味着人工智能已经走出了"炫目科技"的阶段,并将真正进入未来的实用阶段。

7.1.3.4 趋势四:人工智能技术将冲击劳动密集型产业,改变全球经济生态

人工智能在科学技术领域的发展方兴未艾,并逐渐进入到日常生活中。在人工智能给人类带来前所未有的便利的同时,由此引发的思考和争议也随之而来。例如,人工智能会带来大规模失业吗?

人工智能对社会生活有着巨大的影响,图片识别只能算雕虫小技。例如,自动驾驶技术即将给运输业带来革命性的变化。自动驾驶系统的可靠性将超过传统的驾驶员,因为系统不需要休息、睡眠,并拥有更好的驾驶体验。特斯拉自动驾驶仪技术已在美国投入使用,并处于世界前列。中国百度已经拥有自动驾驶开放平台,目前百度已获得智能网络联合汽车50多个路试牌照,在中国处于领先地位。

汽车驾驶技术还处于起步阶段,成熟后将给交通运输业带来颠覆性的变革。乘客输入自动驾驶系统上的地址,汽车将把乘客送到目的地。中国出租车司机260万人,美国出租车司机23.4万人。他们将面临失业的风险。在美国,有350万名运输司机和870万名运输相关人员。在中国,超过3 000万的业内人士,根据目前自动驾驶系统的速度,自动驾驶卡车将很快投入使用,而这些替代驾驶员将去哪里?会导致大规模失业吗?

新技术的出现可能导致对现有职业的需求量减少,但新技术也需要大量的人力资源投入研发和生产。以美国农业为例。1900年,美国农业劳动力占总劳动力的比重为38%。随着技术的发展,农业装备大规模投入使用,从事农业生产的劳动力得到释放,现在只有2%从事农业生产。然而,美国的农业生产大大增加。这些被释放的工人不是失业者,而是从事了教育、娱乐、餐饮等行业。美国经济经历了一次转型,以换取一个世纪的快速发展。

科技将带动劳动密集型产业,不会造成大规模失业,科技的发展将创造新的就业机会。数据显示,在一些美国公司成功推出智能设备后,公司的就业率并未下降,反而有所增加。此外,在人类长期从事的某些岗位上,如果用人工智能设备代替人类,有时机器并不能按预期高质量、高效率地完成工作,比如教育。毫无疑问,人工智能的发展将减少劳动密集型产业对人力资源的需求。然而,历史经验告诉我们,一些新兴产业的诞生和发展将吸收这些解放的劳动力。因此,人工智能的出现不会造成大规模的失业。

随着中国改革的深入,我国工业正从劳动密集型向技术密集型转变。人工智能的发展对劳动密集产业冲击避免不了。但是,对于东南亚等相对落后的国家,劳动密集型产业继续发展,受人工智能影响较小。全球经济结构正在调整。人工智能将改变世界,我们世界的改变将由我们来见证。

7.2 人工智能相关技术

人工智能发展至今,已经成为新一轮科技革命和产业变革的核心驱动力,正在对世

界经济、社会进步和人民生活产生极其深刻的影响。于世界经济而言,人工智能是引领未来的战略性技术,全球主要国家及地区都把发展人工智能作为提升国家竞争力、推动国家经济增长的重大战略;于社会进步而言,人工智能技术为社会治理提供了全新的技术和思路;于人民生活而言,人工智能为人类生活引入智能工具,为生活带来极大便利,让生活变得更加美好。2018年中国电子技术标准化研究院发布《人工智能标准化白皮书(2018版)》,指出人工智能发展关键技术包括:机器学习、知识图谱、自然语言处理、人机交互、计算机视觉、生物特征识别、AR/VR 7个关键技术。

7.2.1 机器学习

机器学习(Machine Learning)是一门涉及统计学、系统辨识、逼近理论、神经网络、优化理论、计算机科学、脑科学等诸多领域的交叉学科,让计算机模仿人类的学习行为,掌握新的技能,并把这项技能投入应用。换句话说,让计算机能从经验中学习。机器学习算法使用计算方法直接从数据中"学习"信息,而不依赖于预定方程模型。当可用于学习的样本数量增加时,这些算法可自适应提高性能,如图7-1所示。

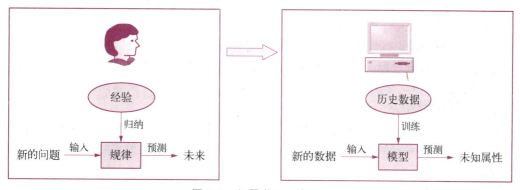

图 7-1 机器学习系统架构

根据学习方法可以将机器学习分为传统机器学习和深度学习。

传统机器学习从早期人工智能领域发展而来,现如今我们还未实现强人工智能,对于传统机器学习连弱人工智能还未实现。传统机器学习以统计学为理论基础,在自然语言处理、语音识别、图像识别、信息检索和生物信息等许多计算机领域获得了广泛应用。机器学习在图像识别已经取得很大进步,随着工具语言发展和算法库发展,目前编写代码相对过去已经减少许多,但还需导入算法库、定义分类器、图片处理等操作。

深度学习是建立深层结构模型的学习方法,典型的深度学习算法包括深度置信网络、卷积神经网络、受限玻尔兹曼机和循环神经网络等。机器学习已经取得很大进步,但相对于人类来说还不够智能。深度学习发展与神经网络有很大关系,早期人类使用神经网络来模拟大脑,在图片和语音识别取得一定效果,其原理就是一个就是分解与整合的过程。目前主流的开源算法框架有 TensorFlow、Caffe/Caffe2、CNTK、MXNet、Paddle-paddle、Torch/PyTorch、Theano 等。

7.2.2 知识图谱

知识图谱(Knowledge Graph)是一种基于图的数据结构,由节点和边组成。为真实世界的各个场景直观地建模。通过不同知识的关联性形成一个网状的知识结构,对机器来说就是图谱。

形成知识图谱的过程本质是在建立认知、认识世界、理解世界。每个人对世界的知识的掌握程度不一样,换句话说脑海中知识结构不同,本质是知识图谱不同。人类需要建立认知,去认识世界、掌握运用的能力,人类才能进步。相比传统数据存储和计算方式,知识图谱具有关系表达能力强、模仿人类分析、知识学习、高速反馈等优势。

7.2.3 自然语言处理

现在机器学习框架已经很强大,但是处理自然语言任务时存在着不足,例如处理经典的语句翻译时还不能精确到位,这就需要人工智能重要技术之一的自然语言处理(NLP-Natural Language Processing)来完善。自然语言处理主要应用于机器翻译、语义理解和问答系统等。

(1) 机器翻译。机器翻译技术是指利用计算机技术实现从一种自然语言到另外一种自然语言的翻译过程。其原理在系统中先转换成计算机可以识别的内容,然后通过神经网络多层计算、传递,得到翻译内容。这种翻译方式相比传统翻译方式更加流畅、准确、符合语法规范。

(2) 语义理解。语义理解技术是指利用计算机技术实现对文本篇章的理解,并且回答与篇章相关问题的过程。在人机交互中,语音识别是要解决的首要问题,也是人工智能的核心问题。

(3) 问答系统。问答系统分为开放域对话系统和特定域问答系统。它集成了知识表示、信息检索、自然语言处理等技术。通过对问题的分析,系统可以自动从各种数据资源中找到准确的答案。问答系统具体执行步骤,如图7-2所示。

7.2.4 人机交互

人机交互是人工智能领域的重要外围技术,主要研究人与计算机之间的信息交换。传统人机交互输入设备主要包括键盘、鼠标、传感器等输入设备,输出设备主要包括显示器、音响等。目前,人机交互已经增加了语音交互、情感交互、体感交互等技术。

(1) 语音交互。语音互动是一种有效的互动方式,它结合了语言学、心理学、工程学和计算机技术,利用自然语音与计算机交互,是人类的一项综合技术。语音交互作为人类最自然、最方便的通信和信息获取手段,比其他交互方式具有更大的优势,可以给人机交互带来根本性的变化。

(2) 情感交互。情感是一种高层次的信息传递,而情感互动则是一种互动状态。

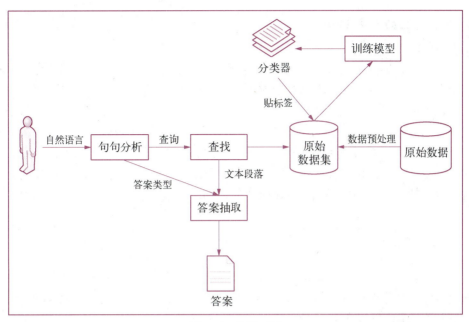

图 7-2　问答系统

传统的人机交互无法理解和适应人们的情绪，缺乏情感理解和表达能力，人机交互无法实现真正的和谐与自然。情感互动是赋予计算机观察、理解和产生各种情感的能力，最终使计算机与人类自然、亲切、生动地互动。

(3) 体感交互。体感交互是指个体通过肢体运动与周边数字设备或环境进行的自然交互。体感交互通常由一系列技术支持，如运动跟踪、手势识别、运动捕捉、面部表情识别等。体感技术主要分为三类：惯性传感、光学传感和光学联合传感。

7.2.5　计算机视觉

计算机视觉(Computer Vision，CV)利用计算机来模拟人类视觉系统的科学，使计算机能够提取、处理、理解和分析与人类相似的图像和图像序列。更准确地说，它使用摄像机和计算机代替人眼，使计算机具有与人类相似的分割、分类、识别、跟踪和决策功能。

一般来说，计算机视觉的定义应包括以下三个方面。

(1) 对图像中的目标对象进行清晰而有意义的描述；

(2) 从一个或多个数字图像计算三维世界的特征；

(3) 根据感知图像为目标对象和场景做出有用决策。

汽车驾驶、机器人、智能医疗等领域需要通过计算机视觉技术从视觉信号中提取和处理信息。近年来，随着深度学习的发展，预处理、特征提取和算法处理逐渐融合，形成了一种端到端的人工智能算法技术。根据所解决的问题，计算机视觉可分为五类：计算成像、图像理解、三维视觉、动态视觉和视频编解码。

7.2.6 生物特征识别

生物特征识别技术是将计算机与光学、声学、生物传感器、生物统计学等高科技手段相结合,利用固有的生理特征(如指纹、人脸、虹膜等)和行为特征(如笔迹、声音、步态等)进行识别。

从应用过程来看,生物特征识别通常分为注册和识别两个阶段。在注册阶段,通过指纹、人脸、话筒语音、数据预处理和特征提取等光学信息采集人体生物特征信息,并存储相应的特征。在识别过程中,利用识别器进行信息采集、数据预处理和特征提取,然后将提取的特征与存储的特征进行比较完成识别。

7.2.7 虚拟现实/增强现实

虚拟现实(Virtual Reality,VR)实际上是一个基于图形和计算机技术的仿真系统。它通过特殊的成像影响你的大脑,让你感觉沉浸在虚拟场景中。也就是说,你所看到的一切都是由计算机生成和伪造的。

增强现实(Augmented Reality,AR)。如果虚拟现实意味着看到的场景和人物都是假的,把你的意识放到虚拟世界中去,那么增强现实就是把虚拟信息带到现实世界中去。AR技术可以提供人类肉眼无法感知的信息,给人类带来方便,如距离测量。AR技术利用科学技术来补充人类的视觉,使人类的工作和生活更加方便。

7.3 人工智能与移动电子商务

7.3.1 人工智能在移动电子商务中的应用

近年来,移动电子商务取得了显著的成绩,2018年中国在线零售市场规模继续扩大,在线零售额超过9万亿元,其中7万亿元用于实物商品,网上零售额比上一年增长25.4%。人们在享受移动电子商务带来的便利的同时,也提出了越来越高的要求,人工智能技术的出现为移动电子商务的发展开辟了新的思路和模式。

随着科学技术的发展,人工智能技术越来越成熟,甚至被认为是继蒸汽机革命、电力革命和信息革命之后的第四次科技革命,极大地改变了人们的工作和生活方式。特别是在移动电子商务领域,人工智能技术逐渐发展成为一种强有力的工具,帮助电子商务的销售增长和运营优化。人工智能在移动电子商务中的应用主要体现在以下几个方面。

7.3.1.1 智能机器人

智能机器人涉及了机器学习、大数据、自然语言处理、语义分析和理解等多项人工智能技术。智能机器人被广泛应用于电商行业,在售前售后以及销售过程中都有它的存在。在线客服智能机器人搭建完成后就可投入使用,能保持全天全时段在线,解决人工客服在线时长有限这一问题;此外,由于人工客服工作量波动较大,在"双十一""618年中大促"等活动日咨询量剧增,客服工作量增大,在平时却不需要这么多的客服,智能机器人在咨询高峰期环节可以应对一部分咨询,通过常用问题快速回复,实现机器人和人工客服协同工作,减轻客服压力,提高工作效率。

移动电子商务需要面向微信、微博等社交平台。对于人工客户服务来说,很难整合所有的客户咨询渠道。智能机器人可以访问APP、网页等渠道,实现信息共享,避免资源分散和流失。后台也可以统一管理,有利于数据的集成和管理。同样,它也可以增强客户体验。

7.3.1.2 推荐引擎

推荐引擎是基于算法框架的一个完整的推荐系统。人工智能算法可以实现对海量数据集的深入学习,分析消费者行为,预测哪些产品可能吸引消费者,从而为消费者推荐产品,有效地降低了消费者的选择成本。

7.3.1.3 图片搜索

电子商务平台商品展示与消费者需求描述的关系是通过搜索得到的。然而,基于文本的搜索有时很难引导用户找到他们想要的商品。通过计算机视觉和深度学习技术,消费者只需将商品图片上传到移动电子商务平台,可以很容易地搜索他们正在寻找的产品。人工智能可以理解商品的款式、规格、颜色、品牌等特征。最后,它可以为消费者提供相同类型的商品销售入口。

7.3.1.4 库存智能预测

多渠道库存规划与管理是电子商务中面临的最大挑战。当库存低的时候,在补货上浪费的时间会对商家的收入产生很大的影响。但过多的库存增加了企业风险和资金。因此,准确预测库存并不容易。此时,可以使用人工智能和深度学习算法对订单周转率进行预测。通过该模型可以识别出订单周转率的关键因素,并计算出它们对周转率和库存的影响。此外,学习系统的优点是它可以随着时间的推移变得更加智能,这使得库存预测更加准确。

7.3.1.5 智能分拣

智能机器人分拣不仅灵活高效,而且适用性强。机器人对现场的要求相对较低,可根据现场情况增减数量。与人工分拣相比,在分拣数量相同的情况下,智能分拣更及时、更准确,减少了分拣环节,减少了货物装卸次数,货物损坏概率更低。

7.3.1.6 趋势预测

用户查看的图片隐藏了大量的用户信息,可以利用深度学习算法做出预测,如某一类别颜色、规格、材质、款式等的流行趋势,为移动电子商务平台选择供应商、进货数量、价格谈判提供依据。

7.3.1.7 商品定价

在传统模型中,商品的价格需要依靠数据和自身的经验来确定。然而,在竞争日益激烈的市场环境中,随着市场的变化,商品价格也会适时调整。这种长期持续的价格调整是一个巨大的挑战,即使对于只有小规模库存的在线零售商也是如此。人工智能能够很好地解决。通过先进的深度学习算法,人工智能技术可以不断地评估市场动态,解决商品定价问题。

事实上,无论是移动电子商务、教育还是农业,任何行业都不会脱离人工智能的影响。它为任何企业提供的智能方法无疑使这些企业能够更好地满足客户的需求。近年来,移动电子商务不仅是一项领先的技术趋势,也被证明是一种日益流行的现代购物方式。人工智能为移动电子商务带来了新的趋势,使购物成为现代购物者更舒适愉快的体验。

7.3.2 人工智能在移动电子商务中的应用案例

7.3.2.1 美团外卖

第三方互联网数据组织互联网数据中心(Data Center of China Internet,DCCI)于2019年发布了外卖行业报告《网络外卖服务市场发展研究报告》。数据显示,美团外卖、饿了么和饿了么星选的市场份额分别为64.1%、25%和8.7%。美团外卖稳坐外卖第一把交椅,服务覆盖1 300多个城市,为20多万商家提供服务,日高峰订单超过1 800万,美团外卖送货员每天活跃用户超过50万。基于海量数据和人工智能算法,保证平均配送时间28分钟。这也是目前世界上规模最大、复杂度最高的多人、多点实时智能配送调度系统。美团配送的定位是:做成最大的即时配送平台。相比传统物流,即时配送包括以下几个优势。

(1) 速度快。从商家的发布外卖,用户的收货,它平均可以在28分钟内完成,最慢大约一个小时。速度快,是美团外卖最重要的特点,也能使整个服务要求和服务质量得到极大的提高。

(2) 能够直接联系用户和商户。以前外卖派送从商家接单到送到用户手中,需要经过仓储调度、运输、人员配送等很多环节,有的公司由不同公司配送或者由加盟商配送。现在直接把用户和商家联系起来,直接对目标人群提供服务。

(3) 能够承担多种配送场景,不仅仅可以送外卖,还可以送超市物品、运生鲜、跑腿等等,基本上所有的同城快件,都可以纳入其配送服务范围。

其实一份外卖的配送并不简单,配送是一个非常复杂的业务,主要体现在以下三点。

(1) 任务复杂,需要做很多决策,如果不能做出最佳选择,将浪费很多时间。

(2) 操作烦琐,需要接单、取货、配送、看地图、打电话等操作。

(3) 骑手在骑行过程中操作手机非常危险。对于有50万骑手的平台,我们必须考虑骑手在整个驾驶过程中的安全。

针对配送难这一问题,美团外卖组建AI技术团队,联合科大讯飞研发"美团外卖智能语音助手",美团外卖智能语音助手分为硬件和软件两大部分。软件部分则是结合商家、骑手、用户、环境等大数据以及语音识别、基于机器学习的场景精准预测等人工智能技术的语音交互系统。硬件部分是结合骑行环境定制的蓝牙耳机,具有防风降噪、充足续航、防水等特性。

当外卖骑手佩戴定制耳机后,可以通过自然的语音交互方式完成接受派单、到店上报、取餐上报、语音拨打电话、送达上报等操作,实现整个过程使用简单语音命令就能完成配送任务。除此之外,依托美团配送 AI 大脑,系统还会进行一系列的智能提醒与引导,包括骑行超速提醒、天气提醒、到达客户附近时的打电话提醒、订单查询与自动播报、配送任务规划等,实现全方位护航,保障骑手安全。

美团外卖智能语音助手首创"零唤醒"的语音交互设计。和常规方案不同的是,"零唤醒"交互基于配送全维度大数据和多项核心 AI 技术,可以实现场景自动识别,不需要经过复杂的人机反复交互就能智能唤醒,使用者只需要"傻瓜式"回复"是与否"就能完成操作,系统更聪明,流程更简单。

7.3.2.2　支付宝刷脸支付

在经过经验积累和技术升级之后,2018 年支付宝宣布刷脸支付已经具备了商业化的能力,向超市、医院、餐厅等商业场景提供刷脸支付的解决方案。随着 AI、图像处理等技术的成熟,人脸支付将成为常用支付方式。

支付宝的人脸识别技术中各个环节全部基于深度学习,通过人脸检测、关键点定位、特征提取和特征比对等技术手段,建立人脸特征模板,利用已建成的人脸特征模板与被测者的面像进行特征分析,根据分析的结果来给出一个相似值。通过这个值即可确定是否为同一人。

支付宝人脸识别操作流程:人脸照片由用户上传到支付宝系统,经过系统分析认证,然后"绑定"自己的支付宝账户。每次支付只要在下单购买后,让支付系统扫描用户脸部并确认身份,即可完成支付,如图 7-3 所示。

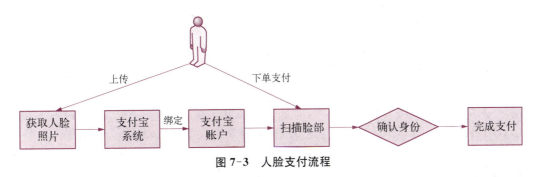

图 7-3　人脸支付流程

支付宝自助收银机和刷脸支付在超市、餐厅、药店等试点上线,消费者不需要拿出手机进行扫码付款,整个支付过程仅仅需要几秒钟,正规过程也不需要输入任何密码,也不需要掏出手机或者使用任何的 APP,就可以完成支付。有效缓解了高峰时段结账排队现象,收银结算效率提升了 50% 以上;在大部分门店里消费者选择这种新方式结账的超过 20%;在北上广深等一线城市,原本一个收银员负责一个结账通道,现在可以负责 2 个以上的自助收银机,一年一台机器可节省大量成本。

目前,人脸识别技术已广泛应用于"互联网+政务"领域。很多城市的用户通过支付宝刷脸完成了认证。可以方便地进行网上个人税务查询、公积金查询、养老金资格认证、电子证书等公共服务。

"刷脸"验证和"刷脸"支付在给人们生活带来便利的同时,也提升了支付安全性。例如,支付密码可以修改、泄露和忘记,但是脸、指纹是独有、不能修改的,所以相对来说也更为安全。

支付宝人脸识别技术与市面上众多采用 2D 人脸识别技术的应用不同,支付宝的"刷脸支付"采用的是 3D 人脸识别技术,在进行人脸识别前,会通过软硬件结合的方式进行活体检测,来判断采集到的人脸是否是照片、视频或者 3D 人脸模型,目前支付宝人脸识别的准确率为 99.99%,能更有效地避免各种人脸伪造带来的身份冒用情况。

目前,刷脸支付商业化仍处于初期阶段,新事物的成长尚需时间,但相比密码、指纹、NFC 等移动支付手段,"刷脸支付"再一次省去了手机介质,进一步给消费者提供了便捷,这或许将促进支付行业再一次变革。

虽然人脸识别的应用场景很多,但人脸支付还没有大规模投入商业应用。困难在于支付环节应用安全性要求更高,线下场景更为复杂,公共环境和公共设备的挑战更大。很多新技术的使用都会遇到诸多问题,而人脸支付的使用场景不局限于大型商户,更多的是碎片化的收银场景,伴随着人脸支付技术的提升、安全问题的改良,未来人脸支付即将得到更多地普及。

7.3.2.3　爱奇艺智能广告

随着营销产业的不断发展,传统的营销模式渐显不足,在用户时间碎片化的前提下,广告效果不理想、目标用户不清晰等问题被不断放大,同时病毒式的投放方式以及单一的内容形式也必然会让用户产生审美疲劳,降低对广告的体验和兴趣。人工智能针对上述问题,通过技术与营销环节相结合,在提供更加充实的用户特征以及创意内容的同时,对投放的策略和形式进行优化,下面以爱奇艺视频为例介绍人工智能广告运用。

(1) 识别用户,个性化推荐广告。随着网速提升、移动设备普及,人们花在互联网的时间与日递增,广告业出现了过多的技术手段和营销模式,导致无效广告逐年增加。在这种情况下,通过人工智能和大数据的结合,可以有效地对海量数据信息进行细分和分类,从而能够准确地分析用户画像,形成不同类型的目标群体。在广告过程中,爱奇艺针对目标群体,完成数千条个性化广告,大大提高了营销效果,节约了广告成本。

目前,大多数广告主偏好大流量的信息流广告形式,而衡量信息流最重要的一个标准是精准度。如何才能从海量的用户池中精准抓取自己的目标人群,AI 技术是最好的实现手段,而且算法每提高一个点,转化率就会提升一个点。

(2) 识别用户与内容,双重推荐。当下,消费者的需求正在日益多样化、小众化。随着 AI 技术的逐步提高,AI 广告进入第二阶段,已不再满足于识别用户,而是能够更加智能地识别广告出现的信息环境和媒介实现,实现双重深度识别,最终帮助品牌开展个性化和场景化营销,达到精准营销的效果。为此,爱奇艺创新了很多广告形式,比如 AI 前情提要、AI 话题帖、AI 中插广告、AI 赛事集锦等,受到了年轻人和品牌们的欢迎。

目前,消费者的需求越来越多样化。随着人工智能技术的逐步完善,人工智能广告已进入第二阶段,不再满足于识别用户,而是能够更智能地识别广告的信息环境,实现深度识别和多层次识别。帮助品牌个性化和场景化营销,达到精准营销的效果。为此,爱奇艺创新了许多广告形式,如人工智能主题海报、人工智能插补广告、人工智能竞赛征集等,受到年轻人和品牌商的欢迎。

在人工智能技术的帮助下,将视频分解成不同的镜头和图片,进行标记,从而准确识别出用户的真实需求。例如,在视频中出现餐饮画面时智能插入啤酒广告,在出现结婚画面时智能插入戒指广告。这种人工智能广告将品牌信息与情节内容恰当地结合起来,创造出一种美观、有趣的营销模式,它可以引起用户共鸣,而不是厌恶。目前,人工智能能够智能识别明星、情节、行为、动作、情感、线条等类型的大型场景,通过场景自动匹配广告内容,实现营销效果和用户体验的双重提升。

在爱奇艺,人工智能已经普及到在线视频每一个环节,识别用户和视频内容,为广告主提供品效协同的视频营销解决方案,从而实现广告高转化。

(3) 识别品牌、消费者、IP,深度互动。随着广告商越来越强调广告的有效性,广告创新的方向是与内容和场景进行更多的互动。为此,爱奇艺运用人工智能技术,创造更多创新的广告产品,实现品牌与消费者的深度互动,包括人工智能广告素材创作、人工智能弹幕互动、人工智能话题帖互动、人工智能观看礼品包互动等,让消费者参与品牌认识。

人工智能进入第三阶段,品牌不再是单一的传播方向,而是要实现与消费者的深度互动。通过人工智能生成话题,触发用户交互讨论,然后通过抽奖、优惠券等福利活动,在交互过程中加深用户对品牌和商誉的印象,使品牌信息和产品特征在不知不觉中被知晓,并被受众接受,以实现营销效率的大幅度提升。同时,未来的人工智能技术必将实现手机、网站、应用程序、地铁屏幕、建筑屏幕、电影屏幕等的跨屏交互,使营销更加精准。

此外,爱奇艺继续探索更多基于 IP 的营销实践,并创造出各种创新的营销方法。例如,自 2019 年以来,爱奇艺进一步开放了 IP 线上线下营销的全过程,将娱乐营销从内容提升到体验,实现了品牌、用户和 IP 之间的深度互动。

爱奇艺一直致力于打造最佳的广告营销解决方案,通过人工智能连接内容、用户和广告商,构建创新驱动的多场景互动营销模式。随着人工智能广告越来越精确和智能化,未来必将解放市场分析、创意、效果评价、广告优化等产业链的生产力,帮助品牌以最低的成本获得最佳的营销效果。

除了帮助广告和营销行业,爱奇艺运用人工智能进行内容制作、用户洞察和内容分发。爱奇艺通过人工智能技术不断提升娱乐业的效率,对娱乐业产生了变革性的影响。

在移动时代,通过信息分发的方式,爱奇艺真正做到了内容就是广告,广告就是内容。然而,营销越准确,也对广告商提出了更高的要求。广告商不仅需要了解他们的产品和需求,还需要了解消费者的需求。对于广告商来说,要想把握人工智能广告的销售渠道,就必须深入了解人工智能广告的营销模式,敢于尝试,管理好预算分配,规划人工智能广告的最佳产品组合,从而达到精准的多维度营销目标。

随着无效流量比例的增加和口碑内容成本的上升,广告营销行业对有效广告的需求也在增加。如何创新和开发真正个性化的内容营销方法,是未来该领域突破的关键。因此,对人工智能的需求将在整个广告和营销行业中增加。

7.3.2.4 滴滴出行

滴滴从无人接受到一步步打开市场，成为行业龙头，期间经历了艰难的探索，最终解决了资源配置问题，盘活了市场，同时解决了人们的出行痛点，改变了出行方式，经过几年的发展，成为中国第二大互联网交易平台。

其成功的根本原因在于它成功地抓住了司机和乘客需求的痛点，还得益于智能手机的普及、移动支付的广泛兴起以及 4G 网络的全面铺设。

2015 年 5 月，滴滴成立"机器学习研究院"，促使滴滴出行平台拥有超大规模数据能力，以便为用户设计最合理的出行方案。基于对道路和人的更深理解，滴滴将能够提供更加精确的地图和交通路况信息、更准确地估计不同情况下所需的通行时间、根据用户的偏好为其量身定制最优的出行路线以及可以对用户推送相关度更高的信息。人工智能将影响每一位用户的出行体验。以人工智能在滴滴的六个方面运用为例，介绍了 AI 对用户出行体验带来的改变。

（1）上车地点推荐。滴滴出行大脑具备预测能力，通过发单和历史轨迹预测上车地点，能有效帮助提升用户体验。当乘客发出订单，系统需要知道上车点和目的地，滴滴上线的"猜您想去"功能，使得用户无须再填目的地，而推荐上车地点功能，可减少与司机沟通具体接驾时间。系统会根据历史订单和乘客行驶轨迹预测会在哪里上车，用户确定上车地点后，司机会直接到该点接乘客。

（2）城市车辆布局调整。如果全城拥有一个智能交通大脑，可对未来的出行需求进行预测，作为区域车辆调整的依据，减少城市车辆布局不平衡带来的资源浪费。滴滴出行对 15 分钟后供需预测的准确度达到了 85%，平台会调度司机满足未来需求，使得未来该区域供需不平衡的概率下降。比如，预测某个区域 15 分钟后出现供给需求，就会把运力往这个区域调度，使得未来该区域供需不平衡的概率下降。利用人工智能技术实现基于供需预测进行运力调度，该技术将至少带来五大社会意义，包括缓解区域之间供需不平衡的局面；提前布局运力；提高成交率；改善乘客出行体验以及提升司机收入。

（3）路线规划。滴滴为用户作路线规划时，人工智能也在发挥重要作用。从一个地点到目的地需要多长时间，需要预估未来的路况。滴滴出行将机器学习应用到解决"订单高效匹配"和"司机运力调度"的问题中。传统方法一般通过路况和每段路的平均速度计算出时间，然后加上可能的等待时间，得到整体所需时间，而滴滴则是利用机器学习来计算时间，大幅提升了用户体验。根据这一技术，目前滴滴出行平台上已经可以实时更新价格评估、所剩余的距离、到达终点的时间。

（4）拼车出行。拼车是提高交通效率的大杀器，怎么满足出行需求又不增加道路车辆，拼车是唯一办法，当发出拼车订单时，不仅要计算路径匹配程度，还要预测同路线是否有其他乘客能拼成功。公开数据显示，滴滴利用算法技术，在过去每天有超过 200 万人次通过拼车出行，大量减少了道路上的车辆，为社会创造了价值，而这些复杂的拼车运算，都是在以秒计算的很短时间内完成。

（5）优质服务。利用人工智能算法模型来计算不同服务水平的司机对用户产生的长期影响。在服务信用体系中，司机将拥有个人专属的服务信用档案和服务分值，为乘客提供优质服务的车主可获得更高的服务分,从而获得更多的订单和收入。目前服务分已与滴滴的智能派单系统结合,在距离、车型等条件类似的情况下,系统将优先派单给服务分较高的车主,帮助服务优良的车主获得高的收入。服务信用体系就是利用人工智能建立算法模型来实现。据悉,该信用体系上线后,用户投诉率和订单取消率都显著下降。

(6) 商业推广。乘客完成行程后分享红包,并可在朋友圈分享折扣券,这个折扣券的数字也是通过大数据和人工智能来计算和预测。

本 章 小 结

本章主要介绍人工智能,人工智能从概念提出至今可分为 7 个阶段。虽然人工智能已经经历几十年的发展,但还处于发展的初级阶段,人工智能因其十分广阔的应用前景和重大的战略意义,近年来日益得到社会各界的高度关注。未来几年,由感知智能向认知智能的转变将大规模投入商用,并朝着实用主义发展,将会改变世界经济生态。本章还分析了人工智能核心技术,包括:机器学习、知识图谱、自然语言处理、人机交互、计算机视觉、生物特征识别、AR/VR 七个关键技术。

在移动电子商务领域,人工智能技术得到了很好的应用,并取得了明显的效果。可以说,人工智能与电子商务之间存在着密切的联系,两者相互影响并共同进步。人工智能在电商领域的应用主要体现在智能客服机器人、推荐引擎、图片搜索、库存智能预测、智能分拣、趋势预测、商品定价等方面。本章通过美团外卖、支付宝人脸支付、爱奇艺智能广告、滴滴出行案例介绍人工智能在移动电子商务中运用。

当前,人工智能已经进入发展快车道,它对移动电子商务中的交易、客户维系、客户满意度等方面正在产生越来越大的影响。随着时间的推移,移动电子商务领域在人工智能技术的不断作用下,会有更广阔的发展前景。我们有理由相信,人工智能技术必将成为移动电子商务变革的重要助推力。

练习与思考题

1. 人工智能发展分为哪几个阶段?
2. 人工智能有哪些分支和研究方向?
3. 人工智能、机器学习、深度学习之间的关系是什么?
4. 人工智能发展对移动电子商务发展有什么影响?
5. 举例说明人工智能在移动电子商务的应用。

下篇 应用篇

- 第 8 章 移动信息服务
- 第 9 章 移动娱乐
- 第 10 章 移动旅游服务
- 第 11 章 企业移动商务应用
- 第 12 章 Android 移动应用开发案例

第 8 章　移动信息服务

学习要点

移动信息服务为移动商务提供了强有力的支持，为用户提供信息交流、商家及时促销、商家与用户互动提供了技术上的支撑。移动搜索、移动定位方面的移动信息服务更为我们提供了更多的便利，也使商家能更好地推广产品，提供满意度更高的产品服务。本章将重点探讨上述各种移动信息服务的主要应用、应用特点、不足及其发展趋势。

知识结构

即时通信服务
- 即时通信服务：多人使用网络即时的传递文字信息、档案、语音与视频交流
- 即时通信的特点：通信内容多样、节省沟通成本、加强网络之间的信息沟通
- 即时通信的不足：安全问题
- 即时通信趋势：服务更人性化、社会效能更突出、对移动设备的依赖性增强

推荐引擎服务
- 推荐引擎服务：主动向用户推荐其感兴趣或者需要的对象的搜索引擎
- 推荐引擎的特点：不是被动查找，而是主动推送
- 推荐引擎的不足：特征提取问题、数据稀疏问题、冷启动问题、数据孤岛问题
- 推荐引擎趋势：混合推荐、基于上下文信息的推荐引擎、利用社交网络进行推荐

移动搜索
- 移动搜索：针对移动用户特点提供的个性化搜索方式
- 移动搜索特点：搜索方便、过滤分检、与定位紧密结合、技术含量高
- 移动搜索的不足：成本较高、资源有限、技术制约
- 移动搜索分类：搜索内容、搜索方式、搜索范围
- 移动搜索趋势：SoLoMo 化、语音化、碎片化

移动定位
- 移动定位：通过移动网络和定位系统结合在一起的一种增值服务
- 移动定位价值链：通信运营商、内容提供商、终端制造商等
- 移动定位应用：休闲娱乐、生活服务、社交网络等
- 移动定位发展趋势："一站式"生活解决方案、与社交网络及团购促销结合

8.1 即时通信服务

8.1.1 即时通信服务简介

即时通信(Instant messaging，IM)是一个终端连接一个即时通信网络的服务，允许两人或多人使用网络即时的传递文字讯息、档案、语音与视频交流。即时通信按使用用途分为企业即时通信和网站即时通信，根据装载的对象又可分为手机即时通信和PC即时通信，手机即时通信的代表是短信，PC即时通信的代表是网站、视频。

8.1.1.1 起源和发展

最早的即时通信软件是由三名年轻的以色列狂热计算机用户维斯格、瓦迪和高德芬格于1996年7月创建的。当时已经有数百万人通过连接互联网来使用万维网，但是这些用户之间并没有产生联系。为了解决这个问题，他们研发创建了一种新技术，这种技术可以让正在使用互联网的用户能够在互联网上在线定位，并轻松创建点对点通信渠道。他们称承载这种新技术的产品为ICQ，意为"I Seek You"（我找你），并于1996年11月发布。ICQ是互联网上最早的即时通信软件。它的主要功能有：① 用户与用户间在线联系；② 创建个人的网络空间，用户在自己的空间内发布信息，好友可在空间内与用户互动；③ 若聊天对象处于离线状态，用户可以留言，聊天对象上线后即可浏览。

国外的即时通信研究相对比国内来说起步较早，技术也更加成熟，对于用户的定位较为清晰明确，功能界面也较为简洁，没有过于复杂的娱乐游戏功能。比较著名的即时通信软件有ICQ、AOL（American Online，美国在线）的AIM、雅虎的Yahoo Messenger、微软的MSN、谷歌的Gtalk、Skype等。并且部分即时通信软件间已完成了互联互通功能，例如在2004年末，AOL与路透社签署的一份合作协议中规定两家公司的即时通信软件应能够互相通信并且相互开放，所以在一定程度上实现了路透社与ICQ和AIM等用户的互联互通，这也是即时通信软件的发展历史上第一次实现互联互通。

国内QQ、微信、钉钉等工具的出现，更进一步推动了即时通信的应用

8.1.1.2 即时通信的影响

随着手机的日益普及，从1998年开始，移动、联通、电信三大运营商大范围拓展短信业务；2000年，中国手机短信息量突破10亿条；2001年，达到189亿条；2004年，数字飞涨到900亿条。于是短信理所应当地成为第五种传播工具，"信生活"的提法也因此诞生；于是从1998年至2012年，十四年的时间里，不管你愿意与否，短信已逐渐走入我们的生活，成为生活的一部分，我们的生活也因短信而改变着。而微信的广泛使用，打破了这一格局，人们使用长消息即时通信甚至语音交流极为频繁，且不用再支付昂贵的费用。

随着技术的进步和用户需求的变化,即时通信的用户群由时尚人群向企业、行业用户扩展。即时通信作为一种实用、方便、廉价的通信手段,越来越多地成为企业、行业人士日常工作不可或缺的工具;同时,即时通信应用范围也由通用服务向企业领域扩展。即时通信已经介入到企业办公、银证、交通、教育、社保、移动电子商务等领域,成为企业、行业应用密不可分的一部分。

8.1.1.3 即时通信的业务流程

即时通信软件多是基于 TCP/IP 和 UDP 进行通信的,TCP/IP 和 UDP 都是建立在更低层的 IP 协议上的两种通信传输协议。前者是以数据流的形式,将传输数据经分割、打包后,通过两台机器之间建立起的虚电路,进行连续的、双向的、严格保证数据正确性的文件传输协议。而后者是以数据报的形式,对拆分后的数据的先后到达顺序不做要求的文件传输协议。

微信就是使用 UDP 协议进行发送和接收消息的,微信用户更新好友列表的业务流程如图 8-1 所示。

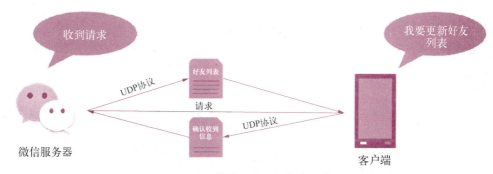

图 8-1 微信用户更新好友列表

8.1.2 即时通信服务的特点和不足

8.1.2.1 即时通信服务的特点

(1) 通信内容多样。用户之间通过即时通信服务进行聊天,聊天内容往往包含多种形式的信息,如文字、图片、链接、视频等。

(2) 节省沟通成本。相比面对面沟通节省了时间和精力,相比短信、电话沟通节省了经济成本,是当下效率最高的沟通方式之一。

(3) 加强网络之间的信息沟通。网页信息可以紧密联系目标用户,通过即时通信及时将网页信息发送给单个用户或者用户群,迅速吸引用户对网页的关注,从而增加网页的点击率和回访率。

8.1.2.2 目前即时通信服务存在的问题

目前即时通信服务存在的问题中最重要的是安全问题。即时通信的便利、实时等优点使其在全世界迅速普及,但其网络安全问题也一直影响着每个使用者。所以在未来的发展中,如何增强保密性和提高安全系数是首先应解决的问题。

以微信为例,它存在的安全问题主要有以下几种。

(1)"微信红包"隐患。钓鱼链接常常伪装为微信红包,当用户打开微信红包后,不法分子就可通过钓鱼链接窃取用户的手机信息,甚至可以得到用户微信绑定的银行卡信息。

(2)"微信支付"隐患。微信的支付环境不够安全。在银行卡绑定到微信账号之后,用户只需输入密码就可实现支付功能,犯罪分子可以通过破解微信账号的方法窃取支付密码,给用户造成财产损失。

(3)"微信聊天"隐患。虚假链接是微信聊天过程中最常见的骗局之一。例如,好友发来相册链接,邀请自己去查看,但是点击后会弹出 QQ 登录的页面,当用户按照指示登录 QQ 之后,微信账号就会被强制发送其他欺诈信息给好友,由此非法分子可以轻而易举地获取用户账号信息。

8.1.3 主要应用及国内外现状

即时通信软件主要应用在三个方面:个人即时通信、企业即时通信和商务即时通信(如图 8-2)。个人即时通信软件为个人用户提供聊天、娱乐、交友等功能。此类软件,以网站为辅、软件为主,免费使用为辅、增值收费为主。企业即时通信软件的适用情况分为:一种是以企业内部办公为主,建立员工交流平台,减少运营成本,促进企业办公效率;另一种是以即时通信为基础,整合相关应用。商务即时通信的主要功用,是实现了寻找客户资源或便于商务联系,以低成本实现商务交流或工作交流。此类以中小企业、个人实现买卖为主,外企方便跨地域工作交流为主。

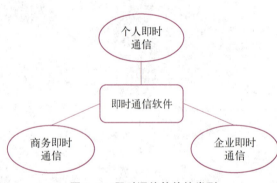

图 8-2 即时通信软件的类型

近年国内最流行的即时通信软件非微信莫属。根据 2018 年微信数据报告,微信的月活跃用户数量已经达到 10.8 亿,其中 55 岁以上用户的月活跃数量为 0.63 亿。每天有 450 亿次信息通过微信发出。每天有 4 亿多次音视频呼叫成功,其中视频通话用户比三年前增长了 5.7 倍,通信录朋友人均比三年前多了 1.1 倍。微信已经是名副其实的国民第一应用,每天打开微信已经是绝大多数中国智能手机用户的日常,父母辈也渐渐地开始学习使用微信,见面加微信已经是必不可少的社交方式。

如果说微信是占领了中国市场和上千万的海外华人市场,那么 Whats App 和 Facebook 就是占领了微信没有覆盖到的国外市场。微信主要是华人在用,但是 Whats App 和 Facebook 的用户来自全球 168 个国家,Whats App 的活跃用户高达 15 亿,Facebook 活跃用户达 13 亿。相比起来,微信的用户数量还是略逊一筹。

8.1.4 主要发展趋势

(1) 服务更加人性化。随着网络的发展,人们的网络生活变得越来越丰富,需求也就更多。即时通信服务在未来会更加贴合人们的生活,满足更多需求,互动性会大大增强。未来的虚拟网络世界只是在形式上有区别于现实生活,其功能基本可以满足现实生活的主要特点,比如寻医问诊、购物消费等。

(2) 社会效能更加突出。微信、QQ等即时通信软件加强了人与人之间的交流和资源分享,即时通信软件作为信息传播的中介,担任着传播正确价值观、传播社会正能量和传统文化的责任,同时要监督并管控非法信息和社会负能量的传播。

(3) 对移动设备的依赖性增强。随着各种手机软件的发展,移动设备在人们的生活中的地位越来越高,逐渐成为人们生活的必备品。同时,移动设备更是即时通信软件得以发展的土壤。在未来,即时通信服务将内嵌于移动设备内,实现两者的共同发展。

8.2 推荐引擎服务

8.2.1 推荐引擎服务简介

推荐引擎是一种可以主动发现用户当前或潜在需求,并主动推送信息给用户的信息网络。具体来说,推荐引擎综合利用用户的行为、属性,对象的属性、内容、分类,以及用户之间的社交关系等等,挖掘用户的喜好和需求,主动向用户推荐其感兴趣或者需要的对象。

8.2.1.1 起源和发展过程

1995年3月,卡耐基梅隆大学的Robert Armstrong等人在美国人工智能协会上提出了个性化导航系统Web Watcher。斯坦福大学的Marko Balabanovic等人在同一会议上推出了个性化推荐系统LIRA。五个月后麻省理工学院的Henry Lieberman在国际人工智能联合大会(IJCAI)上提出了个性化导航智能体Litizia。

2001年,IBM公司在其电子商务平台Websphere中增加了个性化功能,以便商家开发个性化电子商务网站。

2007年,Taboola在以色列成立,利用其专业推荐引擎服务于全球顶尖的内容商与出版商,如《今日美国》《赫芬顿邮报》《时代》《天气频道》和Business Insider等网站。并在2015年获得百度的数百万美元的战略投资。

8.2.1.2 推荐引擎服务的影响

人们正逐渐从信息匮乏的时代走入信息过载的时代。信息过载就意味着用户目的性不强,典型场景是:你打开网易云音乐,很多歌曲,你不知道想听什么。在推荐引擎未出现之前,解决这两个问题采取的方法主要有三种:类目管理、搜索和热门展示。类目管理不适用于物品多的情况,搜索需要用户准确描述需求,热门展示的缺点是加剧长尾效应,并且命中率低。而推荐引擎根据用户历史行为挖掘用户需求,与搜索引擎互补。

8.2.1.3 推荐引擎服务的技术实现

目前的推荐引擎主要分为基于内容的推荐和基于协同过滤的推荐。

(1) 基于内容的推荐。首先,从用户的历史行为信息(用户的基本信息、购买记录、查看的物品、对物品的评价等)中寻找用户感兴趣的物品;然后,提取物品的特征信息,发现用户的兴趣属性,建立用户画像;最后,搜索和用户需求相似度较高的物品,形成推荐列表。

(2) 基于协同过滤的推荐。它主要借鉴了聚类分析的思想,利用用户间或物品之间的相似度做出推荐。基于协同过滤的推荐分为三种:基于用户的协同过滤、基于项目的协同过滤和基于模型的协同过滤,其中基于模型的协同过滤是目前最主流的协同过滤类型。

8.2.2 推荐引擎服务的特点和不足

8.2.2.1 推荐引擎服务的特点

推荐引擎不是被动查找,而是主动推送;不是独立媒体,而是媒体网络;不是检索机制,而是主动学习。推荐引擎利用基于内容、基于用户行为、基于社交关系网络等多种方法,为用户推荐其喜欢的商品或内容。

8.2.2.2 推荐引擎服务的不足

(1) 特征提取问题。推荐引擎中,推荐对象多种多样。例如,新闻、音乐、商品、视频等。如何提取推荐对象的特征,是推荐引擎研究中亟待解决和完善的问题。除此之外,如何在不同的推荐引擎中提取不同用户的特征,也是一个值得思考的问题。

(2) 数据稀疏性问题。数据的稀疏性是指推荐系统中部分项目的评价信息非常少,同时,系统中的用户和项目数目又非常多。例如,淘宝的数据稀疏度估算在百万分之一。数据的稀疏性不仅降低了推荐的准确度,而且提高了推荐模型过拟合的可能性,影响推荐引擎的推荐效果。

(3) 冷启动问题。冷启动问题是指对于新的系统、新加入系统的物品或者用户而言,由于缺乏历史数据,系统很难做出推荐。冷启动问题是目前推荐引擎存在的最大问题之一。对于冷启动问题,当前存在一些缓解方案,但该问题的性质决定了我们无法从根本上解决它。

(4) 数据孤岛问题。现实生活的推荐引擎所存储的用户行为,往往仅限于该系统内部使用。例如,人们往往参与多个大型的网络系统或电商平台,但是各个平台对用户进行推荐时所用到的历史数据仅仅来源于本系统内部,这就形成了数据孤岛问题。如何打破数据孤岛问题,利用多方面的数据进行联合挖掘分析,成为推荐引擎的又一问题。

8.2.3 主要应用及现状

推荐引擎技术已经应用在生活的方方面面。随着电子商务规模的不断扩大，商品个数和种类快速增长，顾客需要花费大量的时间才能找到自己想买的商品。这种浏览大量无关的信息和产品过程无疑会使淹没在信息过载问题中的消费者不断流失。为了解决这些问题，个性化推荐引擎应运而生，它可以为客户推荐商品，自动完成个性化选择商品的过程，满足客户的个性化需求，如淘宝的"猜你喜欢"，见图 8-3。

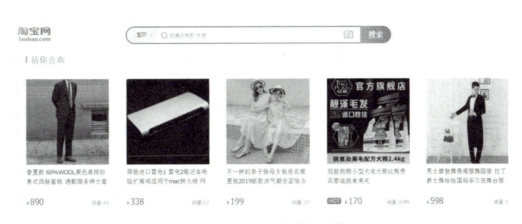

图 8-3　淘宝网的"猜你喜欢"

众所周知，今日头条是一个个性化的新闻推荐引擎，在短短两年多的时间内拥有了 2.2 亿用户，每天有超过 2 000 万用户在今日头条上阅读自己感兴趣的文章。今日头条的标语（Slogan）——"你关心的，才是头条"很清楚地告诉了我们，它的文章推荐机制是个性化推荐机制，最大化保证推送的精准度，尽量保证对的文章推荐给对的人。今日头条的推荐机制是混合型的，如图 8-4 所示，其中包括：（1）基于文章关键词的推荐。对于每篇文章，提取关键词，作为描述文章内容的一种特征，然后与用户历史行为进行匹配推荐。（2）基于社交关系的推荐。根据站外好友的阅读喜好向用户推荐文章。（3）基于地理位置的推荐。对于已知地理位置的用户，推荐与之地理位置相关的文章。

8.2.4 主要发展趋势

个性化推荐系统具有良好的发展和应用前景。目前，

图 8-4　今日头条的首页推荐

几乎所有的大型电子商务系统,如亚马逊、亿贝等不同程度地使用了各种形式的推荐系统。国内方面,知名购物网站淘宝、天猫、京东等都率先选择了本土最先进的百分点推荐引擎系统构建个性化推荐服务系统。在日趋激烈的竞争环境下,个性化推荐系统能有效增加客户黏性,提高电子商务系统的服务能力。成功的推荐系统会带来巨大的效益。此外,各种提供个性化服务的 Web 站点也需要推荐系统的大力支持,国内推荐系统领航者百分点科技就 Web 站点个性化内容推荐方面也做出了贡献,在信息爆炸的今天,实施个性化阅读势在必行。

8.2.4.1 混合推荐

推荐技术至今已经历了 10 余年,在这期间众多的算法被提出并在业界应用。人们发现单一的推荐算法各有优劣,其中某些算法可互补,如果能够通过系统性的方法组合各种推荐算法,可以产生 1+1＞2 的效果。在 2009 年结束的奈飞(Netflix)百万美元推荐竞赛中,获得冠军的就是基于加权的混合推荐模型。

8.2.4.2 基于上下文信息的推荐引擎

之前论述的推荐引擎算法主要集中研究了如何联系用户兴趣和物品,将最符合用户兴趣的物品推荐给用户,但这些算法都忽略了一点,就是用户所处的上下文。这些上下文包括用户访问推荐引擎的时间、地点、心情等,对于好的推荐引擎是非常重要的。例如,一个卖衣服的推荐引擎在冬天和夏天应该给用户推荐不同种类的服装。推荐引擎不能因为用户在夏天喜欢过某件 T 恤,就在冬天也给该用户推荐类似的 T 恤。所以,准确了解用户的上下文信息,并将该信息应用于推荐算法是设计推荐引擎时的关键步骤。

8.2.4.3 利用社交网络进行推荐

基于社交网络的推荐可以很好地模拟现实社会。在现实社会中,很多时候我们都是通过朋友获得推荐。美国著名的第三方调查机构尼尔森调查了影响用户相信某个推荐的因素。调查结果显示,90%的用户相信朋友对他们的推荐,70%的用户相信网上其他用户对广告商品的评论。从该调查可以看到,好友的推荐对于增加用户对推荐结果的信任度非常重要。

8.3 移动搜索服务

8.3.1 移动搜索服务简介

8.3.1.1 移动搜索服务的起源和发展概况

随着互联网的快速发展,人们的工作、生活对互联网的依赖性也越来越强,网上海量信息飞速增长,催生了互联网搜索业务的诞生,推动了搜索引擎技术的成熟。移动互联网作为移动数据业务的主要业务正在快速成长,移动搜索技术也应运而生。

移动搜索业务起步比较晚,2002 年 8 月在英国出现"手机搜索乐曲名"服务算是移动搜索的雏形,但不是真正意义上的移动搜索。直到2004年5月,英国三家主要的移动运营商Orange、Vodafone以及O2推出的被称为AQA(Any Question Answered)的基于短信的搜索服务才算是移动搜索的正式开始。移动搜索的出现,真正打破了地域、网络和硬件的局限性,满足了用户随时随地的搜索服务需求。

2005年我国手机搜索引擎迈出了坚实的一步——年初国内市场还是一片空白,到了年末,手机搜索市场已经形成产业化的雏形,市场规模达到0.97亿元。根据用户量以及市场价值来看,手机搜索无疑是4G前以及4G后最具发展潜力的新兴市场。

2012年4月20日BIA/Kelsey最新的研究报告预计,2015年移动本地搜索的数量首次超过桌面本地搜索。

8.3.1.2 移动搜索服务的影响

移动搜索业务的最大优势在于打破了位置约束,让用户能通过随身携带的手机即时获取所需的信息。其次,由于移动终端的便携性,用户可以随时随地搜索自己需要的信息,这决定了搜索内容和搜索过程具有更强的人性化色彩,同时移动终端一般都是由唯一的用户使用,移动搜索就可以结合移动用户的搜索记录、搜索习惯等个人偏好进行分析筛选,为用户提供最为符合个人需求的搜索功能。移动搜索业务能将各种移动增值业务进行有效整合,引导用户消费,提高用户黏性,对提高移动运营商的业务收入和推动电信运营商向综合信息服务提供商转型具有重要的意义。

8.3.1.3 移动搜索服务技术实现

(1)移动搜索原理与计算机搜索的比较。从实际应用的角度看,手机搜索和计算机搜索基本原理相似,但手机搜索并不是网络搜索的简单的翻版,其不同之处体现在以下两个方面。

首先,计算机搜索强调的是"海量",搜索结果多多益善;而手机受屏幕较小的限制,因此需要对多余的图片、超级链接、Flash等内容进行过滤,为用户提供最精确的、最有价值的内容。

其次,由于移动终端的便携性,用户可以随时随地搜索自己需要的信息,这决定了搜索内容和搜索过程具有更强的人性化色彩,同时移动终端一般都是由唯一的用户使用,移动搜索就可以结合移动用户的搜索记录、搜索习惯等个人偏好进行分析筛选,为用户提供最为符合个人需求的搜索功能。

(2)下面仅对WAP方式搜索流程做一分析。不同的搜索方式处理流程会略有不同,但差别不大。WAP方式的移动搜索输入方式一般为关键字,对用户需要的信息进行搜索的工作流程包括两部分。

第一部分是搜索器从WAP或WEB站点抓取网页,直至索引器建立索引数据库的过程,如图8-5所示。

第二部分是用户接口收到关键字,检索器根据索引库查询信息的过程,如图8-6所示。

(3)典型的移动搜索业务系统结构图,如图8-7所示。

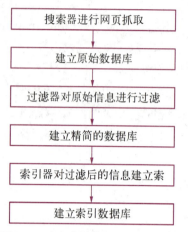

图 8-5 建立索引数据库的工作流程

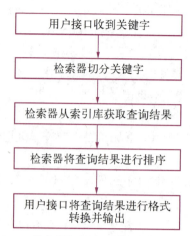

图 8-6 检索器根据索引库查询信息的过程

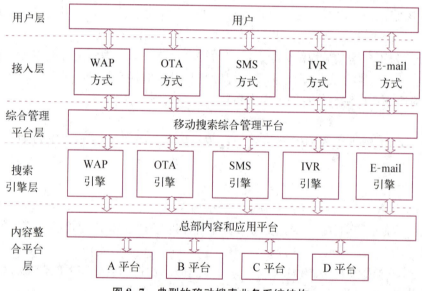

图 8-7 典型的移动搜索业务系统结构

8.3.1.4 用户对搜索结果的期望

（1）结果的个性化。个性化强调的是结果因人而异，不同的用户，即使同样的搜索条件可能结果并不一样。这主要是根据很多条件去做判断，比如用户对搜索结果的属性进行了选择，娱乐、即时新闻、博客等等。

（2）结果的个体化。搜索引擎，是我的搜索引擎，不是公众的搜索引擎。用户在使用搜索服务时，可能这段时间在关注某一类信息，但是每天都要打开浏览器去搜索就很花费时间，用户需要有一个东西可以代替自己亲自去搜，另外还可以承担像代理机器人一样的工作，比如用户上传一些关键词，它就会记住，一发现有新的新闻或消息，就会自动搜索，编辑成彩信方式发到手机上。搜索引擎是主动为用户服务的，不是被动的，个体化就是强调主动为用户服务这一点。给用户一种"我的搜索引擎"的概念。

(3) 结果的圈子化。圈子化,是基于文本的搜索引擎想达到的一个终极目标,即搜索的时候第一条就能出现用户想要的内容。不同用户搜索时,要找的方向不一样,如果用户有一个圈子,这个圈子里面大家在关注什么东西,这是有一定的规律的。这个圈子为用户的搜索请求提供上下文属性支持,有了这些属性,就可以大大提高对用户搜索意图的理解的准确性,进而提供最好的结果给用户。

8.3.2 移动搜索服务的特点和不足

8.3.2.1 移动搜索的特点

移动搜索是根据移动用户的需求特点提供个性化、地域化、智能化的信息搜索方式,主要具有以下四个特点。

(1) 移动搜索的自由度较大,不受电脑线缆的限制,可以随时随地进行信息查询。

(2) 移动搜索数据库采用地方分建的形式,更为有效地规避了互联网搜索信息冗余的不足,更加精准地为用户提供简约、实效的信息。

(3) 移动搜索可以根据用户终端位置显示,通过与定位服务的紧密结合,一方面为用户提供更有针对性的产品,另一方面帮助企业采用"窄而告知"的形式宣传产品,极大地节约了广告费用。

(4) 移动搜索引擎的技术含量高于一般的互联网搜索引擎,例如引擎的算法、数据库的建立、手机终端的匹配、运营商的壁垒、本地化的团队运营,还有搜索品牌的影响力。

8.3.2.2 移动搜索的不足

移动搜索的不足之处主要表现为以下三个方面。

(1) 搜索成本较高。手机检索信息不单要包括基本短信信息费,还要被要求增值服务费,通道费,流量费,有的甚至是高价的,这在某种程度上减少了用手机进行移动搜索的尝试。

(2) 信息资源局限。与互联网相比,移动搜索的资源极度匮乏。可以用来搜索的满足用户个性化需求的信息并不多。信息资源的局限性将阻碍移动搜索的进一步发展。

(3) 技术发展的制约性。主要体现在移动终端设备屏幕的狭小和无线网络宽带的束缚。用户在使用移动搜索时,终端屏幕小不能获取更多的资源,网速慢等待的时间长。

8.3.3 主要应用及国内外现状

8.3.3.1 移动搜索的分类

移动搜索有不同的分类方式,可以按搜索内容、搜索方式、搜索范围等方面进行划分。

(1) 按照搜索内容划分。根据内容形式不同可以分为:网页搜索、图片搜索、音乐搜索、地图搜索、位置搜索、视频搜索、实名搜索、本地搜索、WAP网址搜索、AQA应答搜索等。

根据内容的垂直分布又可以分为：游戏搜索、购物搜索、铃声搜索、新闻搜索、小说搜索、黄页搜索、贴吧搜索等。

（2）按照搜索方式划分。主要可分为以下五种：

① WAP 方式：通过 WAP 浏览器将查询请求发送到搜索引擎平台，在 WAP 站点及互联网上获取用户所需要的搜索信息。

② OTA 方式：在移动终端 OTA 卡内置无线搜索业务菜单，根据卡上的搜索菜单，输入关键字，获取用户所需要的搜索信息。

③ SMS 方式：用户只需在手机中编辑关键词，发送到移动搜索服务提供商，以获得搜索结果。

④ IVR 方式：用户通过语音输入关键字，搜索引擎通过智能语言识别系统对用户的语音进行识别和解析并搜索，以自动应答或其他方式显示结果。

⑤ E-mail 方式：用户通过发送查询信息到电子邮箱从而获得搜索结果。

（3）按搜索范围划分。主要分为以下三种：

① 站内搜索：搜索范围仅限于移动运营商业务平台内的内容。

② 站外搜索：搜索范围包括独立的 WAP 网站内容和互联网内容。

③ 本地搜索：结合用户所在位置进行的搜索。

8.3.3.2　应用现状

目前国内外的移动搜索形式极其相似，主要分为两种：综合搜索和垂直搜索。2018 年移动端搜索引擎市场份额排名前三名为：百度、神马、搜狗，其中百度市场份额占比约 78%。

近几年，垂直搜索引擎的市场也呈现出勃勃生机之象，不断有新面孔涌现，如携程、猎聘。携程的原型是一个预订飞机票的搜索引擎，它为人们提供了查询飞机票信息的服务，而百度、谷歌等传统的搜索引擎是无法快速准确地完成这些需求的。猎聘网是一家专门做招聘应聘的网站，用户有求职者和招聘者两方，招聘者在网站上发布招人信息，求职者可根据个人条件与要求在网站上投递简历或与招聘方联系沟通。猎聘网收集招聘方发布的招聘信息，求职者可输入关键字进行查找，很大程度上提高了求职者的查找效率。

8.3.4　主要发展趋势

随着技术的不断发展，苹果、HTC、小米等手机都以其特有的优势，在市场中大放异彩。随着移动网络和移动设备的发展，带动了一系列的产业链，其中影响最大的就是移动搜索。据不完全统计，目前在互联网上的搜索流量中有五分之一是来自移动搜索的。而且这一数据正在以惊人的速度增长。立足现状来分析移动搜索发展包括的三个主要方向。

8.3.4.1　智能化

智能搜索引擎可以通过自然语言与用户交互，最大限度地了解用户的需求，它给用户提供了一个真正智能化的、个性化的信息过滤和推送服务。智能检索一方面是表现在搜索引擎技术的智能化，研究重点放在自然语言处理技术和人工智能技术的研究上；另一表现是体现在搜索引擎面向检索者的智能化，它致力于通过分析检索者的检索和浏览行为来学习检索者的需求，利用搜索引擎现有的服务有选择地为检索者提供个性化的服务。通过这两方面的结合来提高搜索引擎的检索效果。雅虎、Google、百度等都在致力于将搜索引擎发展得更加智能化、个性化。如 Google 在搜索时对个人偏好予以重视，用全新的搜索理念，让搜索无处不在，用户点击次数多的搜索结果将在下次搜索靠前显示，用户也可以直接将某条或者多条搜索结果靠前排名。这样基于搜索和用户数据库的应用模式，使得搜索的多样化、个性化成为可能，这也是移动搜索引擎今后发展的趋势之一。

移动搜索智能化应用如图 8-8 所示。

图 8-8　移动搜索智能化

8.3.4.2　多媒体化

随着互联网的强势发展，网上庞大的数据和人们获取所需信息能力之间的矛盾日益突出。人们对于娱乐方面的搜索要求日益提高，在网络上看电影、听歌已经成为一种习惯。现在已经有多种此类的搜索引擎，比如百度和 Google 都推出了视频、音乐和图片搜索服务。而未来的发展应该是提供一个视频片段、音频片段或者一张图片的一部分，搜索引擎可以在网上找到相应的资源。这也是搜索引擎新的发展方向。

移动搜索多媒体化应用如图 8-9 所示。

8.3.4.3　多语种检索

人们对于信息的需求日益增长，不再满足于国内的互联网信息，跨语言检索技术因此而生。跨语言检索即可用一种提问语言检索出用另一种语言书写的信息，也就是一

图 8-9　移动搜索的多媒体化　　　　　图 8-10　多语种翻译

种跨越语言界限进行检索的问题。在多语种检索和翻译方面，Google 已经推出了多语言版本，并且推出了它们之间的翻译服务，即 Google 翻译。其翻译的准确性是目前免费翻译工具中非常杰出的。未来的搜索引擎将在多语种检索和翻译技术有较大的突破。

移动搜索多语种检索应用如图 8-10 所示。

8.4　移动定位服务

8.4.1　移动定位服务简介

8.4.1.1　起源和发展过程

1994 年，美国学者 Schilit 首先提出了位置服务的三大目标：你在哪里（空间信息）、你和谁在一起（社会信息）、附近有什么资源（信息查询）。这也成了 LBS（Location Based Service，基于位置服务）最基础的内容。

2004 年，Reichenbacher 将用户使用 LBS 的服务归纳为四类：定位（个人位置定位）、导航（路径导航）、查询（查询某个人或某个对象）、识别（识别某个人或对象）、事件检查（当出现特殊情况下向相关机构发送带求救或查询的个人位置信息）。

2002 年，Ahonen & Barrett 出版了一本书，叫作《UTMS 服务》(Universal Mobile Telecommunications System，通用移动通信系统，是 3G 技术中的一种，采用 W-CDMA 作为底层协议，并且达到了欧洲和日本对于 3G 无线广播的要求)，里面首次对位置服务进行了讨论。

2002年3月,Jimmy LaMance、Jani Jarvinen、Javier DeSalas在GPS world上发表了一篇文章,首次对AGPS(辅助型GPS)进行了详细的介绍。

而第一款支持AGPS的手机叫作Benefon Esc,也是在2002年初上市的,该手机支持双GSM,同时带一个GPS接收器,可以实现高精度定位、个人导航、移动地图、找朋友等功能,并可以通过无线方式下载地图。另外,Benefon同时提供一个专业版的AGPS终端:Benefon Track,主要为专业人员提供导航定位和通信服务,并且在该终端上首次设置了一个急救按钮,只要按这个按钮,就可以将持有者的位置信息通过短信发送到一个预先设定的电话号码,并可以自动呼叫该电话。这也成为了以后LBS产品的一个基本功能。

8.4.1.2 移动定位服务的影响

在移动互联网大发展的趋势下,各类应用在蓬勃发展,特别是嵌入了位置服务(LBS)功能的应用后,更实现了爆发式增长,微信、微博、移动阅读、移动游戏等应用,为百姓生活提供着极大的便利。

得益于移动定位服务发展的行业有很多,但不得不提的是外卖行业。数年前,人们点外卖的方式无非就是去实体店里点或是电话预约。而如今,外卖APP已经出现在大部分人的手机里,外卖已经成为一个成熟的产业链,外卖业也俨然成为一个朝阳产业。移动位置服务成为移动互联网应用的重要突破口。移动定位服务早已在不知不觉中影响着我们的生活。

8.4.2 LBS价值链及计算

8.4.2.1 LBS价值链

LBS是一种采用无线定位、地理信息分析和移动物联网技术向用户提供与其位置相关的信息服务。LBS的价值链如图8-11所示。

图8-11 LBS价值链

(1)通信运营商:在LBS价值链中扮演着重要角色,移动用户使用的任何终端都必须利用运营商提供的通信功能才能得到服务内容。因此,LBS内容提供商应该先和通信运营商签订相关的合作协议,才能通过网络部署应用;定位技术支持商的各种定位方案,也必须通过运营商的测试才有可能被选用。

(2)内容提供商:是指具备电信增值业务经营资格的移动互联网内容服务商,在LBS价值链中处于核心地位。LBS是一项非常复杂的系统性工程,需要定位技术支持商、LBS 中间件服务商、地理信息技术开发商和地理数据商等多方面的协同,而 LBS 内容提供商只是整个系统的策划者、组织者、开发者和管理者。

(3) 终端设备制造商:LBS 是一种移动数据增值业务,与语音数据业务相比,对终端设备的要求比较高,如要求支持彩屏、较大的存储容量、较长的待机时间等等。终端制造商必须根据市场动态不断进行创新,生产更符合 LBS 服务需求的产品,才能在 LBS 价值链中立于不败之地。

8.4.2.2 网格计算

LBS 面向大众用户,如果只靠单个站点,无论建立多么庞大的服务器,其计算能力和信息都是有限的,而且系统过于庞大,会影响效率,管理也不方便。解决方案是在互联网上根据需要建立主题 LBS 站点,然后把这些站点分散到主题站点资源集成起来,形成超级计算能力的系统。这种集成可以用格网模型描述,每个站点负责特定区域的空间信息服务。当移动用户跨区域移动时,例如从站点 1 负责的区域移动到站点 3 负责的区域,用户可以继续获取与当前地理位置相关的空间信息服务,而不必重新申请,如图 8-12 所示。

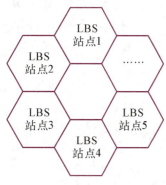

图 8-12　LBS 服务器端格网计算模型

8.4.3　LBS 空间数据库的内容与管理方法

在 LBS 系统中用户请求和用户当前位置通过空间数据引擎上载到数据层空间数据库,然后利用空间数据库对数据进行存储、管理和处理后,将结果通过网关返回给用户。在这个过程中,LBS 空间数据库表现出了巨大的作用,是整个过程的核心。

8.4.3.1　LBS 空间数据的内容

LBS 空间数据库是一个综合的数据集,包括空间要素的几何信息、要素的基本属性、要素的增强属性、交通导航信息等。它着重表达道路及其属性信息,以及 LBS 应用所需的其他相关信息,如地址系统信息、地图显示背景信息、用户所关注的公共机构及服务信息等。LBS 系统根据用户的需求,通过信息提取、数据抽取与清理等方法来调取城市空间信息数据库的数据为用户服务。

根据国家标准《导航地理数据模型与交换格式》,通过对数据的处理,LBS 空间数据的地理要素可以分为以下 13 类。

- ➢ 道路与渡口要素数据
- ➢ 行政区划要素数据
- ➢ 命名区域要素数据
- ➢ 土地覆盖与利用要素数据
- ➢ 构造物要素数据
- ➢ 铁路要素数据
- ➢ 水系要素数据
- ➢ 道路附属设施要素数据
- ➢ 服务要素数据
- ➢ 公共交通要素数据
- ➢ 链要素数据
- ➢ 通用要素数据
- ➢ 用户自定义要素数据

8.4.3.2 LBS 空间数据的存储与管理

Oracle Spatial 能对 LBS 空间数据进行管理和存储,是关系数据库管理方式中的一种。这种方式是在传统关系数据库管理系统之上扩展使之能够同时管理矢量图形数据和属性数据;其效率较高,又具有数据的安全性、一致性、完整性、并发控制以及数据损坏后的恢复方面等基本功能,支持海量数据管理。

8.4.3.3 LBS 空间数据上传 Oracle Spatial 方法

LBS 空间数据通过空间数据引擎上传到 Oracle 空间数据库。空间数据引擎是指提供存储、查询、检索空间地理数据,以及对空间地理数据进行空间关系运算和空间分析的程序功能集合,是一种处于应用程序和数据库管理系统之间的中间件技术,在用户和空间数据库之间提供一个开放接口,类似于 ODBC 或 ADO。

空间数据库引擎的工作原理为:数据通过空间数据引擎上载到数据层空间数据库(如 Oracle Spatial)中,利用空间数据库对数据进行存储、管理和处理,并将结果通过网关返回给用户。返回的信息根据业务的需要,信息可以是当前位置的地名、城市地标、道路名称等位置信息;也可以是当前位置的周边信息,如医院、宾馆、公交车站等。

8.4.4 移动定位服务现有发展及主要应用类型

8.4.4.1 移动定位服务现有发展现状

互联网技术以及 3S 技术的发展为现代各行各业带来了极大的便利,LBS 技术服务于各行各业,移动定位技术得到了快速的发展,很多国家和地区、科研单位以及高校均投入大量的人力、物力、财力进行了研究,并且取得了可观的成效。比如在车辆导航、游客指导、紧急救援或者搜救等方面都发挥了极其重要的作用。目前而言,移动定位技术基本上以无线网络作为基础,以导航系统作为支撑,形成了无线网络定位、定位设备定位以及两者结合形成的定位技术,但是由于各种因素的制约,定位的精度和效率受到某种程度的影响;虽然 GPS、北斗等定位技术可以使精度大大提高,但是一方面由于成本比较高,另一方面,如果处在不能正常接收卫星信号的区域,其定位的能力在某种程度上也大打折扣。因此,对传统的定位方式精度的提高主要工作是定位设备硬件设备的提高和定位算法的改进。

8.4.4.2 移动定位应用分类

(1) LBS 应用类型如表 8-1 所示。

表 8-1　LBS 的主要应用类型

分类标准	应用类型	范　　例
根据用户的使用行为	主动查询型	公众信息的查询
	被动接受型	新闻、广告等信息的推送
根据用户的运动状态	移动到移动	找人、追踪等
	移动到静止	临近的公共场所、野外勘探等
	静止到移动	车辆监控定位、急救派遣

(续表)

分类标准	应用类型	范例
根据系统的服务内容	公众信息	距离用户最近的餐饮、超市等
	个人信息查询	距离用户最近的友人、企业等
	娱乐预约	电影、演唱会等预约订票
	交通导航	公交路线查询、车辆导航
	监控追踪	车辆、重要任务等监控追踪
	紧急救援	110、119、120等紧急救援
	消息推送	新闻、广告

(2) 移动定位主流应用介绍。目前 LBS 提供的服务主要集中在休闲娱乐与生活服务两个方面。美团、口碑等多都是这一类服务的代表，作为消费者，我们可以从中得到积分等形式的奖励；作为商家，这类服务可以很好地为商户或品牌进行各种形式的营销与推广，美团娱乐界面如图 8-13 所示。

图 8-13　美团的娱乐界面

另一类 LBS 服务是专注于生活领域，以"周边搜索"这一工具为代表，例如贝壳找房、58 同城等网站，基于定位服务，用户可以在 APP 中寻找相应的信息，如图 8-14 所示。

第三种主流的 LBS 服务则是与社交 SNS 的结合，即地点交友，不同的用户因为在同一时间处于同一地理位置就可以促成联系，比如微信和 QQ 中都包含的寻找附近的朋友和联系人、陌生人等，如图 8-15 所示。

图 8-14　以周边搜索定位为模式的 LBS

图 8-15　以地点交友为模式的 LBS

第四种主流的 LBS 服务是专注于交通的,为人们的出行提供便利,如车来了和滴滴出行。车来了的主要功能是获取离用户所在位置最近的公交站,并显示经停该站台的公交车预计到达时间。滴滴出行的功能主要包括:(1)出租车服务。获取用户所在位置,向该位置附近的出租车发出打车信号;(2)快车服务。此服务与出租车服务大体相似,只是收到信号的对象为快车司机;(3)代驾服务。为用户提供代驾服务。

图 8-16 以地点交通为模式的 LBS

8.4.5 移动定位服务发展趋势

8.4.5.1 未来 LBS 的核心发展领域:基于位置的"一站式"生活解决方案

Foursquare 的盛行让一个词为人熟知,那就是 LBS。但许多人以为 Check-In("签到")模式就是 LBS,其实"签到"只是 LBS 应用的很小一部分,而手机地图、手机导航才是 LBS 里杀手级的应用。

移动用户往往是行进中、在碎片时间寻找周边的生活信息,希望一站式得到所有相关的信息,用户只要通过 GPRS 定位自己的位置,就可以很方便地了解并使用各种生活服务,因此综合性的移动生活门户是移动互联网发展的必然趋势。目前,"LBS+生活服务"这个极具发展潜力的商业模式,已经得到了业界的初步认同,但瓶颈仍未突破,其局限也被业界同行清楚认知。

8.4.5.2 掘金模式发展趋势:LBS+SNS+团购

现代化城市越发扩张,新地名涌现,促销等商业信息爆炸,许多都市人出门逛街时不得不依赖手机的移动互联网功能。商家看中了这一点,通过具有定位功能的移动设备,将与位置相关的各类信息服务,如辨识方位、找路、找店、找优惠券等提供给用户。

LBS 和 SNS 及团购的结合,对商家来说是一个品牌传播的平台,对网友是有益的口碑信息资源,可谓左右逢源、如鱼得水,这是一种"主动关注"的模式。如果用一句话来形容这种模式,那就是既有激励网友消费的机制,也有交友、交流等类似于微博的功能。

本 章 小 结

本章从内容和应用两个方面介绍移动信息服务。主要介绍了即时通信服务、推荐引擎服务、移动搜索服务和移动定位服务四类当前较为热门的移动信息服务内容。对每类具体的应用,也分别从发展背景、发展过程、服务特性、主要应用和未来发展趋势等方面进行了介绍。

练习与思考题

1. 分析自己作为消费者经常在使用哪些具体的信息服务,它们的名字是什么,为什么使用这些服务?
2. 传统的搜索引擎和推荐引擎之间的联系和区别。
3. 移动搜索的主要应用在哪些方面?未来在哪些实际应用方面具有潜力?
4. 分析移动定位的发展有哪些限制因素。

第 9 章 移动娱乐

学习要点

- 了解移动娱乐类型
- 了解移动游戏的产业链构成
- 了解移动音频的发展过程及商业模式
- 了解短视频的发展过程及商业模式

知识结构

移动娱乐概述：移动娱乐分类——内容类和应用类

移动游戏
- 移动游戏概述：移动游戏定义、特点、类型
- 移动游戏产业链构成：移动产业中的各要素
- 移动游戏发展趋势：市场前景广阔、手机终端平台的不统一、大量盗版的单机游戏、手机电池容量限制

移动音频
- 移动音频概述
- 移动音频的商业模式和发展瓶颈

短视频
- 短视频概述
- 短视频的商业模式和发展瓶颈

9.1 移动娱乐概述

移动娱乐的内容非常丰富，主要可以分为两大类，如图 9-1 所示。

9.1.1 内容类的移动娱乐

通过获取内容达到娱乐的目的，包含了移动阅读、移动音乐、移动电视等，如图 9-2 所示。

（1）移动阅读。移动阅读是指用户通过各类移动终端，如手机、平板电脑等，连接互联网在线或下载各类电子书或者进行阅读。

（2）移动音乐。移动音乐是移动娱乐的重要类型之一，早期的移动音乐以应用于

图 9-1 移动娱乐

图 9-2 内容类移动娱乐

彩铃及铃音的 MIDI 音乐及和弦音乐为主。随着技术进步,MP3、MP4、MP5 等音乐成为当前移动音乐服务的主流,包含了音乐收听、音乐下载等多项服务。

(3) 移动电视。2004 年,移动电视第一次出现在人们的视线中,在各大媒体、IT 厂商、无线运营商及电视节目供应商的推动下,移动电视成为一种时尚潮流。

当前主流的移动电视包含两种形式:一种以公交电视为主,应用于公共交通工具中,通过移动电视网、宽带互联网、移动通信网络构建数字媒体运营平台,向用户提供电视节目;另一种为以具有操作系统和视频功能的智能手机为终端设备,收看电视内容的一项技术活应用,属于流媒体服务的一种。

9.1.2 应用类移动娱乐

通过应用的具体功能达到娱乐目的,包含移动游戏、移动 SNS、移动 IM 等,如图 9-3 所示。

图 9-3 应用类移动娱乐

(1) 移动游戏。移动游戏是指用户使用手机等移动终端,通过移动互联网获取的适用于手机等移动通信终端的单机游戏和网络游戏。

(2) 移动 SNS。SNS,全称 Social Networking Service,即社会性网络服务,意为帮助人们建立社会性网络的互联网应用服务。另一种常用的解释为 Social Network Site,即"社交网站"或"社交网"。移动 SNS 即将移动通信技术、移动终端与 SNS 服务相融合而成,当前主流的移动 SNS 应用有 Facebook,Google+,人人网等。

(3) 移动 IM。移动 IM 为移动即时通信工具,主流的移动 IM 产品包含移动 QQ、微信、飞信、移动 MSN、FaceTime 等。移动 IM 作为原有基于 PC 的 IM 用户的自然延伸,满足它在移动的场景下沟通的需求。

9.2 移动游戏

9.2.1 移动游戏概述

9.2.1.1 移动游戏的定义

移动游戏是移动终端与游戏产品的结合,包含移动单机游戏和移动网络游戏两种。

（1）移动单机游戏，指不需要连接互联网，下载后在移动终端可以离线运行的游戏。一般是单个用户使用，有些游戏也支持通过蓝牙等方式进行联机对战。

（2）移动网络游戏，指基于移动互联网的，多个用户可以同时参与的手机游戏，含网页游戏及客户端游戏。

9.2.1.2 移动游戏的特点

移动游戏具有以下四个特点。

（1）便携性。移动设备便于随身携带，用户可以随时随地进行游戏，不受时间空间的限制。

（2）可定位性。用户可以通过定位服务，得知自己所在的位置，以及其他用户的位置，自由组合联合对战，这为游戏的设计和开展带来了全新的体验。

（3）群众性。移动游戏是一种娱乐性较强，群众喜欢的移动服务，具有广大的群众基础及明显的群众性特征。

（4）商业价值明显。从伽马数据发布的《2018年度移动游戏报告》中分析得出，在2018年，中国移动游戏市场的总收入达1 339.6亿元，同比增长15.4%，用户规模达6.05亿，同比增长9.2%。

9.2.1.3 移动游戏的分类

移动游戏可按表现形式和内容进行分类。

（1）按游戏表现形式分类。移动游戏根据其内容的表现形式可以分为文字游戏、图形游戏。

① 文字类游戏。文字类游戏是指以文字交换为游戏形式的游戏。具体说是通过玩家按照游戏发送到手机的文字提示，回复相应的信息进行的游戏，主要分为两种，短信游戏和WAP浏览器游戏。

短信游戏是玩家与游戏服务商之间通过短信文字来交流，达到进行游戏目的的一种文字游戏。由于全过程都是通过文字来表示，这类游戏的娱乐性较差。但是这类游戏对游戏终端的要求不高，几乎适合于任何手机。

WAP是手机拨号上网服务，WAP浏览器游戏就类似于我们用电脑上网，并通过浏览器网页进行简单的游戏一样。进行方式与短信游戏类似，玩家可以根据WAP浏览器浏览到网页提示，通过选择不同的选项进行游戏。与短信游戏一样，游戏全过程通过文字表达，娱乐性较差。

② 图形类游戏。图形类游戏更接近我们传统的"电视游戏"，与传统的游戏一样，图形类游戏通过动画的形式来发展情节进行游戏。精美的游戏画面让玩家有了更直观的感受，娱乐性较强，因此广受玩家们的欢迎。

当前国内的图形类游戏主要包含以下嵌入式游戏、Java游戏、Brew游戏。

a. 嵌入式游戏。嵌入式游戏是一种将游戏程序预先安装于手机终端的芯片中的游戏。由于游戏数据都预先存储于手机芯片中，因此这种游戏无法进行任何修改。例如早期手机中预置的俄罗斯方块、贪吃蛇、连连看就是嵌入式游戏的经典例子，如图9-4。当前，随着技术的发展，嵌入式游戏在技术上得到了提升，但是依然不能修改以及删除游戏。

b. Java游戏。Java的平台开放性及易于动态下载性使游戏开发者能够轻松地为

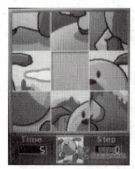

图 9-4　早期"嵌入式"游戏

图 9-5　Java 游戏

移动设备开发 Java 游戏(图 9-5)。服务商利用 Java 丰富的开发接口可以开发功能更复杂、用户操作更方便的游戏应用。Java 游戏必须采用支持 Java 的移动设备。

c. Brew 游戏。Brew (Binary Runtime Environment for Wireless)是无线二进制运行环境的简称,是美国高通公司于 2001 年推出的基于 CDMA 网络"无线互联网发射平台"上增值业务开发运行的基本平台。相对 Java,BREW 是一个更底层的技术。对比 Java 游戏,Brew 游戏对手机终端的要求不高(图 9-6),覆盖面比较广,成本较低,目前联通多数的手机都能支持 Brew 游戏。

图 9-6　Brew 游戏

(2) 按游戏内容分类。主要有以下不同类别。

RPG 角色扮演类游戏,如由 ETgame 开发的《仙剑奇侠传·忘情篇》。

FTG 格斗类游戏,如由北纬通信开发的《街霸 2011》。

冒险类游戏,如《安卡失落的宝藏》《角斗士》等。

体验竞技类游戏,如《美式橄榄球》《世界足球》等。

棋牌类游戏，如《五子棋蓝牙对战》《斗地主》等。
益智休闲类游戏，如《植物大战僵尸》《连连看》等。
模拟类游戏，如《旧金山大亨》《实况足球》等。
策略类游戏，如《三国杀》《塔防大战》等。
飞行类游戏，如《帝国战机》《浴火银河》等。
射击类游戏，如《反恐精英》《穿越火线》等。
养成类游戏，如《求爱大作战》《牧场大亨》等。
赛车类游戏，如《考拉赛车》《跑跑卡丁车》等。
动作类游戏，如《刺客信条》《魂斗罗》等。

9.2.2 移动游戏产业链构成

移动游戏产业属于创意产业，创意转化为产品，满足用户需求才能创造财富。移动游戏产业链包括六类参与者：移动设备制造商、移动游戏开发商、移动游戏独立运营商、移动游戏平台运营商、移动网络运营商和用户，如图9-7所示。

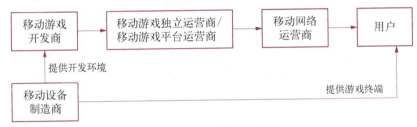

图9-7 手机游戏产业链

（1）移动设备制造商。目前的终端可以分为三大类，掌上游戏机、智能手机、平板电脑。智能手机及平板电脑的操作系统主流是两大类，即苹果的iOS和谷歌的Android。

（2）移动游戏开发商。移动游戏开发商主要负责手机游戏的开发，进入技术门槛较低，对手机游戏开发感兴趣的程序员均可进入这一环节。

开发商主要分成三类：一是早期从事手机有限研发制作一直延续至今的，如华娱无线；二是从事PC游戏的厂商，分出一部分力量，从事移动游戏研发，如腾讯、盛大、玩趣等；三是新平台兴起后，直接从事新平台游戏开发的，如触控科技。

（3）移动游戏独立运营商。游戏独立运营商主要是指自主设计开发游戏产品，组织策划营销吸引用户使用产品并付费，从而盈利。整个过程中，游戏独立运营商负责产品的设计、研发、升级、营销等所有运营管理工作。代表公司有掌上明珠、拉阔等。

（4）移动游戏平台运营商。移动游戏平台运营商是产业链中不可缺少的一环，和游戏开发商合作运营游戏产品，代表性的公司有当乐网、腾讯、中国移动等，如图9-8所示。移动游戏平台运营商负责游戏的营销推广，拥有大量的用户群。随着产业的发展，移动游戏独立运营商与移动游戏平台运营商之间的界限逐渐模糊，从事游戏运营的平台运营商业逐渐涉入游戏研发行列。

图 9-8　移动游戏平台运营商

9.2.3　移动游戏发展存在的瓶颈

当前,移动游戏发展主要存在以下瓶颈。

(1) 手机终端平台的不统一。目前,手机游戏并没有一个统一的业界标准,游戏开发商推出的游戏只能在特定的平台上运行,如 iOS 游戏无法在 Android 平台上运行。手机平台的不统一,也使游戏在各种机型中的并存以及联机尚有很大阻力。终端的标准化程度低、业务互通性差,极大地增加了网游运营商开发和运营成本,这将阻碍了手机网游的发展。

(2) 游戏人才严重不足。要在游戏内容制造领域跟上日韩和欧美,我国企业需要大量人才,但目前我国缺少游戏设计人才,能在移动网络平台上开发游戏的人才更显匮缺。手机游戏服务商们面临着艰难的人才挑战。

(3) 手机电池容量的限制。很多音画精美的游戏非常耗电,电量大多只能维持一天,怎样提高电池容量是玩家的新要求。针对手机网游的发展,目前许多手机终端制造商都紧锣密鼓地提高终端储存及处理能力,发展智能手机,但往往疏忽了手机电池的升级。大型手机网络游戏不但对手机存储能力及空间的要求大,而且也要求电池的电力也要足够强大,而目前手机电池的发展远远落后于手机本身技术的发展,手机电池的续航能力也是一大软肋,所以从硬件支持来说,手机电源问题也成为手机制造商面临的紧迫问题。

9.3 移动音频

9.3.1 移动音频概述

9.3.1.1 移动音频的定义

移动音频,是指利用智能手机、平板电脑、车载音响、可穿戴设备等移动终端作为载体,通过在线下载等方式,提供语音收听等服务,内容包括传统电台、音乐电台、相声评书、综艺娱乐、百科知识、小说、影视原音、广播剧、教育培训、新闻资讯等音频内容的业务总称。在移动互联网下,则诞生了更丰富、更强大的音频媒体。

9.3.1.2 移动音频的特点

(1) 伴随性。移动音频可以在多种场景下伴随用户,随时随地提供信息内容。移动设备在人们生活中扮演着必需品的角色,人们的生活已经离不开手机了。所以人们对于移动音频的要求不再是闲暇时的放松,而是随时随地的享受。耳朵经济也将替代眼球经济成为新的主流。移动音频的应用场景非常丰富,在吃饭、运动、读书、开车甚至是睡觉前,用户都可以打开网络电台收听节目。

(2) 集成性。当前的网络电台的内容主要有两种,分别是聚合内容和原创内容,各个网络电台的竞争也一直围绕内容展开。随着用户收听喜好的积累,网络电台通过大数据技术对其进行个性化分析,提供定制化的音频服务。

(3) 忠诚度。用户往往会同时下载数个音频APP,也同时会在各大视频网站进行在线浏览,但对于单一视频网站的付费意愿并不高。这个问题的直接原因是视频媒体本身没有形成鲜明的独特性和内容优势,同业者除了个别独家版权外,大多时候提供的是相同的内容。

9.3.1.3 移动音频的分类

移动音频市场主要包括移动电台、有声阅读和音频直播三部分。经过多年发展,移动电台、有声阅读市场趋近于饱和,发展较为稳定,而音频直播正展露出蓬勃之势。移动电台是以娱乐类音频内容为主的模式,早期主要是音频的分发渠道,如今呈现平台化,更多参与和延伸到上游内容制作以及下游场景分发中。有声阅读是以出版类长音频内容为主的版权模式,早期主要表现为上游环节的有声内容生产,包括出版物、网络小说等内容的有声制作,现阶段部分内容制作方也自建了分发渠道。音频直播于2016年登场,2017年逐渐形成了以互动类音频内容为主的打赏模式,早期阶段集中于PC端,后逐渐向移动端转移,成为移动娱乐的一部分。

9.3.2 移动音频的商业模式

2010年,中国第一个移动音频豆瓣FM平台横空出世,引来一大批互联网从业者

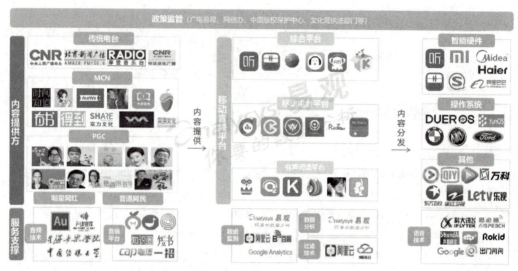

图 9-9　移动音频的产业链

的关注,随之各移动音频平台相继上线,行业市场开始了高速发展。据 2018 年 Q1 移动音频 APP 渗透排名显示,智能手机移动音频类 APP Top 5 依次为喜马拉雅 FM、懒人听书 FM、蜻蜓 FM、企鹅 FM 和爱读掌阅。荔枝排名第 7,得到 APP 排名第 8,考拉 FM 排名第 10。易观智库发布的《中国移动电台市场专题研究报告 2016》称,国内已有数百家移动音频平台,产业活跃,用户数量迅猛增长,总规模已达数亿元。以用户规模、市场占有量、用户活跃度、融资等指标衡量,喜马拉雅 FM 的综合实力处于首位。根据喜马拉雅 FM 官方发布的数据,到 2018 年,其平台激活用户量已达 4.5 亿人,估值超过百亿元,已具有较为齐备的商业化方式和业务模式。

移动音频 APP 的商业模式有很多种,但就现在而言,商业模式都是高度相似的。就喜马拉雅而言,其主要盈利途径有以下三种。

(1) 广告收入。在移动音频平台的总营收中占比最大的莫过于广告收入,这也是移动音频平台最便捷、最成熟的盈利模式之一。与传统的广播广告相比,移动音频广告具有得天独厚的两大优势:伴随性和独占性。因此,广告收入稳步增长,成为其主要的收入来源。比如喜马拉雅 FM 的广告收入就占其总营收的 70%～80%。

(2) 提供付费增值服务。付费增值服务是指音频本身收费,是国内移动音频平台经常采用的方式。喜马拉雅 FM 在 2016 年创立了"付费精品"专区,迄今为止,此专区内有马东、吴晓波等数千位知识明星的专栏节目,并且这些节目取得了不俗的业绩。值得一提的是喜马拉雅 FM 在 2016 年发起"123 知识狂欢节"活动中,仅 12 月 3 日当天就实现了 5 000 多万元的销售额,可见其火爆程度。

(3) 粉丝经济。粉丝群体是主播和平台持续发展的基础,也是其整个产业链条的下游环节。喜马拉雅 FM 就是一个典型的例子,它采取了一系列以粉丝经济为基础的商业化运作模式。平台通过举办各种活动帮助主播圈粉,如微信、微博等线上媒体的宣传以及粉丝见面会等线下活动,利用多个渠道加强粉丝与主播之间的互动。迄今为止,喜马拉雅 FM 已有超过 500 万位主播,由此形成的粉丝经济的潜力不可估量。

9.3.3 移动音频的发展存在的瓶颈

根据易观发布的《2018 中国移动音频行业发展盘点》,2018 年,移动音频行业取得了巨大的发展,用户规模连续 12 个月稳步增长,全年涨幅 50.3%。

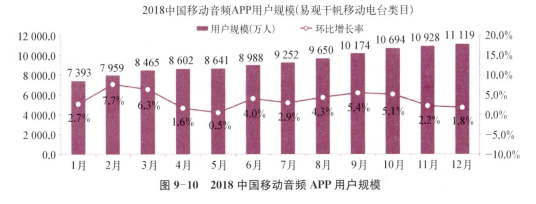

图 9-10　2018 中国移动音频 APP 用户规模

一个行业的快速发展势必带来众多问题,移动音频行业也不例外。如今移动音频软件中最严重,最值得关注的问题主要有两个,一是版权问题,二是内容过滤问题。

移动音频平台的侵权行为一般分为两种:第一种是直接的盗播行为,也就是说在没有得到版权的情况下上传发布音频资源,第二种是用户在没有获得版权的情况下将自己演绎的作品上传至平台。如果第一种情况长时间存在,用户可以轻松地在互联网中找到可替代的资源,就不会对移动音频平台上的付费资源进行付费,从而损害原创者和平台的利益。第二种行为产生的主要原因是平台没有做好监督审核的工作,是一种失职的表现,平台也会因此受到一定的惩罚。长此以往,以上两种行为必将对移动音频行业的发展造成无法挽回的巨大伤害。

如果移动音频平台想要加强对内容版权的保护,杜绝侵权现象,应当从最容易产生侵权行为的环节入手,从根源上建立完整的保护机制。在音频生产和传播的各个环节中,平台可以采用一些互联网技术手段对音频进行监测和跟踪。

很多移动音频平台在发展之初,为了填充内容吸引流量,对内容发布方发布的内容采取了一种高度宽容、开放的态度,基本上任何一个注册用户都可以自由上传自己制作的音频作品。这就造成了平台上音频内容质量的良莠不齐,甚至有一些低俗暴力的内容也被传播,危害了青少年的健康成长以及平台的健康发展。这种做法在短时间内或许会对吸引流量有一些作用,但它一定不是长久之计。一个平台如果想要长远的发展,必须建立一个良好的过滤机制对音频内容进行审核和过滤。这个过滤机制应当是一个中立的审核机制,既可以将不符合当下精神文明建设的要求或制作粗劣的作品排除在外,保证音频内容的高质量,也可以对符合发布条件的作品敞开大门,保证音频的发布数量。

9.4 短视频

9.4.1 短视频概述

9.4.1.1 短视频的定义

短视频是指在各种新媒体平台上播放的、适合在移动状态和短时休闲状态下观看的、高频推送的视频内容,几秒到几分钟不等。内容融合了技能分享、幽默搞怪、时尚潮流、社会热点、街头采访、公益教育、广告创意、商业定制等主题。由于内容较短,可以单独成片,也可以成为系列栏目。

9.4.1.2 短视频的特点

(1)创作门槛低。短视频的创作对内容编排专业性、拍摄技巧和设备的要求较低,基本上人人都可以参与到制作之中。

(2)社交属性。基于强互动性和丰富的内容承载量,短视频成为图文社交后的一种新的社交方式。

(3)碎片化。视频长度较短,一般在10秒钟以内(图9-11),用户可以在碎片化时间内观看、分享、传播视频。

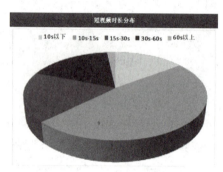

图9-11 短视频时长分布

9.4.1.3 短视频的分类

短视频平台可分为三类:满足个人制作短视频需求的工具类、满足发现新鲜事物需求的资讯类和满足用户社交需求的社区类。

(1)工具类短视频应用有小咖秀、小影等。此类应用目前在国内的发展空间极其有限,探索海外市场是较好的战略路线。以小影为例,它提供手机录制、逐帧剪辑、电影滤镜、字幕配音等功能,让非专业用户也能在手机上剪辑出专业的短视频作品。借助Facebook等社交媒体支持视频内容便捷分享的红利,小影迅速地获取了大量海外用户,目前小影并行三种变现方式:增值功能和服务变现、广告变现、内容 & 达人变现等。

(2)资讯类短视频应用通常依托社交或资讯平台并为其提供短视频播放功能,如与微博绑定的秒拍、今日头条旗下的西瓜视频等。依托大流量平台,用户会被动地高频使用到这类内嵌的短视频支持功能。

(3)社区类短视频平台以快手、抖音、美拍等为代表,见9-12。此类短视频平台社交氛围浓厚,用户黏度较高。其中,快手作为典型代表之一,目前总注册用户逾7亿,日活用户超过1亿,UGC(用户自行生产内容)每日生产短视频超1 000万条。

图 9-12　流行的短视频平台

9.4.1.4　发展历史与现状

美国是最先涉足移动短视频社交应用领域的国家。主打视频分享的 Viddy 是 2011 年 4 月 11 日正式发布的移动短视频社交应用产品,为用户提供了及时摄取、快速编辑、同步分享等功能,试图做到视频交互的精细化和小巧化。后来因没能找到自身准确定位、用户数增长停滞等因素,被全球最大视频网站 YouTube 的大内容提供商 Fullscreen 收购。

2013 年 1 月 24 日,Twitter 正式推出视频分享应用 Vine iOS 版本,用户可以拍摄 6 秒长的视频短片,并且无缝地嵌入到 Twitter 消息中。Vine iOS 版本的最大亮点在于它可以把几条连续拍摄的视频片段自动拼接成一个完整的视频,即时拍摄,即时转发,从而为网友建立了用影像进行即时对话的平台。半年后,风靡全球的图片社交工具 Instagram,也推出了视频分享功能,拍摄长度达 15 秒。作为全球重要的社交网络之一,Instagram 用户数量高达数亿人。得益于其庞大的用户基础,Instagram 的短视频应用迅速崛起。加拿大短视频拍摄分享应用 Keek、日本即时通信应用 Line 的"微片"功能也相继推出。

最近两年,短视频行业可谓是发展得极其火热,观看短视频更是普遍的全民娱乐活动,作为当下正新兴的热门行业,未来短视频还有很长的路要走。

快手的前身,叫"GIF 快手",诞生于 2011 年 3 月,最初是一款用来制作、分享 GIF 图片的手机应用。2012 年 11 月,快手从纯粹的工具应用转型为短视频社区,用于用户记录和分享生产、生活的平台。后来随着智能手机的普及和移动流量成本的下降,快手在 2015 年以后迎来市场。抖音短视频是一款音乐创意短视频社交软件,由今日头条孵化,该软件于 2016 年 9 月上线,是一个专注年轻人音乐短视频社区平台。用户可以通过这款软件选择歌曲,拍摄音乐短视频,形成自己的作品,平台也会根据用户的爱好来更新用户喜爱的视频。除此之外,西瓜视频、火山小视频、微视等短视频 APP 在国内市场也占有一席之地。部分具有代表性的短视频如表 9-12 所示。

表 9-12 部分具有代表性的短视频

APP 名称	宣传标语	官 网 地 址	Logo
抖音	记录美好生活	https://www.douyin.com/	
快手	记录世界,记录你	https://www.kuaishou.com/	
西瓜视频	给你新鲜好看	https://www.ixigua.com/	
火山小视频	更多朋友,更大世界	https://www.huoshanzhibo.com/	
好看视频	分享美好,看见世界	https://haokan.baidu.com/	
微视	发现更有趣	https://weishi.qq.com/	

9.4.2 短视频的商业模式

9.4.2.1 贴片广告盈利模式

贴片广告是用户在视频中最常见到的广告模式之一,一般出现在视频的开头,其主要传播内容为品牌广告,具有时间短、目的性强、易于传播等特点。此模式很少应用于短视频中,主要原因有:短视频本身的时长太短,用户没有耐心观看一个贴片广告;视频关注度较低,不值得植入广告。

9.4.2.2 原生广告盈利模式

原生广告是目前短视频中最常出现的广告模式。短视频博主将广告的产品特性与短视频轻松娱乐的内容相结合,也就是说短视频的内容本质上就是广告,只是用一种更隐晦、更婉转的方式表现出来。随着短视频的内容朝着垂直化、多元化方向发展,未来将在贴近生活的各个领域延伸出更多专业的短视频内容。广告可以随着细分领域的短视频,精准地投放给目标客户。短视频投放原生广告的另一大优势就是可以快速根据用户的需求、喜好、对产品的反应等做出相应调整,这一点也充分体现了短视频的易于创作性。随着短视频的不断发展,各个精分领域的原生广告也正在迅速崛起,如美妆、母婴、美食等领域的广告。

9.4.2.3 用户付费盈利模式

用户付费模式一直是网络视频发布者和发布平台理想的盈利模式,旨在将盈利思路从追求"流量变现"转变为"内容变现",利用平台内容的价值来提升长期盈利的能力,帮助网络视频发布者和发布平台长期发展,但其普及过程却一直举步维艰。如果发布者想要吸引用户直接向视频内容付费,那么他的短视频必须具备以下几个要素:(1)内容足够优质,足够成为精品。要让用户为内容付费,最基本的就是内容上要过硬。尤其是专业性的垂直内容,要真正满足用户需求,这是短视频争取用户付费的核心;(2)多种多样的商业变现形式。用户对喜欢的博主和视频内容进行付费时,形式可以有很多种,比如可以通过打赏、赠送礼品等方式表达支持。通过培养"网红博主"和"网红内容",发展粉丝经济,促成商业变现。目前短视频领域在用户付费模式上已出现先行者,2017 年 1 月,以介绍人文历史为主要内容的短视频 APP"看鉴"推出付费会员服务,精心打造付费视频专辑。在上线一个月内,该平台已累积了近万用户。但在短视频领域,此模式还正处于刚起步的状态,会不会成为未来热门的盈利模式还有待观察。

9.4.3 短视频的发展存在的瓶颈

我国短视频发展可以大致分为三个阶段。

第一阶段是 2013—2015 年,短视频刚刚起步,开山鼻祖有秒拍、小咖秀和美拍,短视频平台逐渐进入公众视野,短视频这一传播形态开始被用户接受。

第二阶段是 2015—2017 年,资本的青睐使以快手为代表的短视频应用一时大火,各大互联网巨头都想分一块短视频市场的蛋糕,于是开始围绕短视频领域展开激烈的争令,电视、报纸等传统媒体也加入这场大潮。

第三阶段是 2017 年至今,短视频垂直细分模式全面开启。

由于短视频行业在 2017 年爆火,短视频的用户数量和使用黏性都获得一定的增长。根据易观千帆的监测数据显示,国内短视频综合平台用户人均单日启动次数和人均单日使用时长均呈现上升趋势,而短视频聚合平台的人均启动次数和使用时长也有平稳增长。伴随着行业的快速发展,更多的平台和创作者入局,短视频的覆盖范围急速扩张,影响力越来越大。

以抖音、快手为代表的移动短视频未来前景如何?相关产品开发者显示了矛盾心态,一方面,对未来充满希望,认为移动短视频将会迎来"爆发式发展";另一方面,目前的移动短视频在内容生产、特色发展和盈利模式上都存在着亟待解决的问题。

(1) 尚未建立健康合理的内容生产系统。抖音、快手等平台大力支持用户自行生产内容(UGC),UGC 也的确占据了平台大部分内容的生产。这种情况所产生的问题之一就是内容品质参差不齐,很多视频的内容亟待提升。近几年,低劣视频内容荼毒青少年的新闻屡见不鲜,甚至一部分成人也受到低劣内容的影响走向歧途。长此以往,必然引起社会的动荡。此时我们必须思考何种内容适合移动短视频,这一问题也尚处在探索时期。显然,在未来发展中,谁先建立良性而适当的内容生态体系,为市场提供丰富的消费内容,谁可能就掌握了未来移动短视频发展的核心竞争力。

(2) 定位不明确,内容同质化现象严重。短视频行业目前存在一定的局限性,内容同质化越来越严重。当某一主题的短视频在网上流传起来,相应的模仿者便从各个方向一拥而上,用户可能在短短一天的时间里看到几十个甚至上百个模仿视频。除此之外,还有很多风格相似的视频发布者,当用户搜索"大胃王"这个关键词时,返回结果有上万个视频发布者账号。所以有不少消费者已进入审美疲惫期,对很多平台的内容已经失去了新鲜感。在随时可能被用户淘汰的情况下,不少短视频平台方、内容生产方陷入瓶颈期。

(3) 盈利模式不成熟。我们从现有的短视频平台的运作模式来看,其并没有十分成熟的盈利来源,当前最看重的还是流量水平,类似于自媒体平台常用的广告赞助和电商变现已经是不可复制的,只能是有限的几个大 V 才具有这样的商业价值。不少创作者的盈利主要还是来自平台极其少量的补贴。除了专门的账号运营者,普通创作者们对市场产生的影响也是十分有限的。

本 章 小 结

本章介绍了移动娱乐相关的内容,重点介绍了移动游戏、移动音频、短视频等三类当前较为热门的移动娱乐内容。对每类具体的应用,也分别介绍了其内涵、发展情况等内容。

练习与思考题

1. 移动娱乐有几种类型?各有什么典型应用?对其中一个应用谈谈你的使用感受。
2. 移动游戏的含义及类型?
3. 移动音频的特点是什么?你认为它未来会怎样发展?

第10章 移动旅游服务

学习要点

本章首先介绍了移动旅游服务的驱动因素、平台架构及其特征,并重点阐述了4种移动旅游服务,分别为政府旅游基础信息服务、景区导游服务、跨境游服务和旅游经验交流与分享。通过本章学习,读者需要了解政府旅游基础信息服务的背景、现状与完善措施,自助导游APP在景区旅游服务中的应用,跨境游的安全问题及常用的APP,旅客对于旅游经验交流与分享的需求以及常用的旅游攻略类APP。

知识结构

- 移动旅游服务简介:驱动因素、平台架构、主要特征
- 政府旅游基础信息服务
  - 政府旅游基础信息服务概述:背景分析、信息服务提供情况
  - 政府旅游信息网站
    - 基本政府官方旅游网站地址汇总
    - 特色政府旅游信息网站介绍
  - 政府旅游基础信息服务的完善
    - 推进智慧旅游信息的建设
    - 完善与旅客互动的平台
    - 加大市场监管力度
    - 增加综合服务信息的提供
- 景区导游服务
  - 景区导游服务现状分析
  - 电子导游与人工导游相比的优势
    - 保护环境
    - 方便外国游客
    - 避免游客之间的干扰
    - 避免导游服务的质量不稳定性
  - 自助导游APP
    - 自助导游APP在旅游业中的应用
    - 基本自助导游APP下载地址
    - 特色自助导游APP介绍
    - 特色自助导游APP对比分析
- 跨境游服务
  - 跨境旅游现状分析
  - 跨境旅游安全问题
  - APP在跨境旅游中的应用
    - 常用APP下载地址汇总
    - 特色APP介绍
- 旅游经验交流与分享
  - 旅客需求分析
  - 旅游攻略类APP
    - 概述
    - 下载地址
    - 特色旅游攻略类APP介绍

10.1 移动旅游服务简介

移动电子商务是一项发展潜力巨大的新兴电子化产业,其应用范围越来越广泛,将移动电子商务与旅游业有效地融合,发展前景更为广阔,不仅能为旅游企业和旅游管理者降低成本、提高管理效率,还能为旅游者提供个性化、便捷、周到的服务。移动旅游服务即指将移动商务应用于旅游业,由移动旅游服务商依托移动通信网络,向使用手机、笔记本电脑、平板电脑等移动通信终端和设备的客户提供各种旅游业务的服务。作为新的旅游服务模式,移动旅游服务存在巨大的市场需求。

10.1.1 移动旅游服务发展的驱动因素

10.1.1.1 旅游趋势

据我国文化和旅游部于2019年5月发布的《中华人民共和国文化和旅游部2018年文化和旅游发展统计公报》的最新统计,2018年国内旅游人数55.39亿人次,比上年同期增长10.8%;入境旅游人数14 120万人次,比上年同期增长1.2%;出境旅游人数14 972万人次,比上年同期增长14.7%;全年实现旅游总收入5.97万亿元,同比增长10.5%。旅游逐渐成为人们生活中不可或缺的部分,而且出游决策的临时性和随意性不断增强,越来越多的人出行前并无详细的计划,临时收拾行李便去往一个地点旅行,从而使得旅游服务的随机性、变更性、移动性需求也相应增加。

10.1.1.2 商业需求

随着生活节奏的加快,流动性的不断增加,越来越多的人会在更多时间处于移动状态,移动旅游服务的诞生,能帮助旅客在移动状态下,充分利用时间,提高工作效率。旅游景区能对景区内的游客发送信息,告知其最佳观赏地点、娱乐活动、餐厅地点等。同时,游客也可随时反映景区服务的不足之处,使景区不断完善管理。

10.1.1.3 技术支撑

(1) 移动通信技术。随着移动通信系统带宽和能力的提升,移动网络的速率也飞速提升,5G时代的帷幕已经拉开。5G不再由某项业务能力或者某个典型技术特征所定义,它不仅是更高速率、更大带宽、更强能力的技术,而且是一个多业务多技术融合的网络,更是面向业务应用和用户体验的智能网络,最终打造以用户为中心的信息生态系统。5G正在为"智能旅游"概念的出现提供无线基础设施,它可以吸引更多的游客前往目的地,并为他们提供更多身临其境的体验。

(2) 移动无线互联网。随着无线接入技术的进一步发展以及移动操作系统和移动浏览器的开发,移动无线互联网的网络应用越来越广泛,并且越来越多的人使用移动无线互联网,人们可以随时随地通过手机、笔记本电脑等移动设备来浏览网页、查看或发送邮件等。

(3) 移动通信终端。移动用户可以通过移动通信终端接触移动通信系统,使用所有移动通信服务业务。移动通信终端产品如今越来越多,个人移动通信终端设备主要包括手机、平板电脑(Personal Digital Assistant,PDA)、笔记本电脑等。特别是手机,现在基本上成为人们必备的日常工具,智能手机的广泛普及,为人们的生活带来了极大便利。

(4) 二维码技术。通过手机二维码技术可以实现移动商务和移动营销的所有功能,包括信息服务、导航服务、身份识别、快捷输入、电子交易等,正逐步成为生活中不可缺少的部分。而在旅游生活中,旅游也进入了二维码时代。各大景区纷纷推出二维码门票、二维码地图,旅游者通过手机扫描二维码电子门票获取优惠信息,同时也可以通过扫描景区提供的二维码地图对景区的线路、照片、特色、游玩心得等有深入的了解。除此之外,二维码认证也使旅游者获取服务的方式更加自由,不再仅仅局限于复杂、烦琐的键入式操作,更加便捷地得到需要的信息。

10.1.2 移动旅游服务的平台架构

移动旅游服务平台是旅游企业利用移动互联网技术开展对外交流和进行交易的重要渠道,因此构建一个合适的移动旅游服务平台,就是利用移动电子商务的基础性工作。旅游企业对旅游者的电子商务模式(B2C)是最基本的旅游服务模式,因此基于B2C模式构建的移动旅游服务平台也将有最广泛的应用。B2C移动旅游服务平台的主要的参与者有旅游企业、旅游者、移动运营商、移动旅游服务平台运营商等,如图10-1所示。

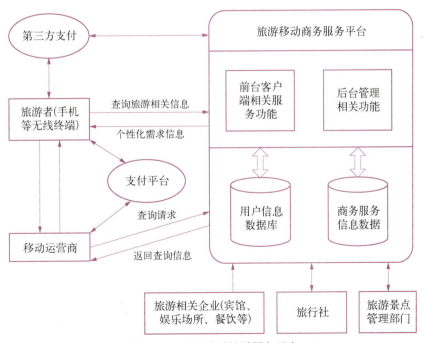

图 10-1　B2C 移动旅游服务平台

在这个移动旅游服务平台中,用户可以通过无线移动终端(手机、平板电脑等)、短信服务和网络三种方式通过平台进行交流。三种方式各具特点,基本上包含了有不同服务需求的消费群体。

该平台可以分为两大功能模块,即前台服务功能模块和后台管理功能模块。前台服务功能模块主要为用户提供注册和登录、天气、票务和交通信息、景区景点的模拟参观以及其他能够利用移动终端开展的服务。后台管理功能模块主要是供移动旅游服务平台进行系统的管理和维护,同时对一些数据统计及管理,以便及时对服务平台进行改进。

10.1.3 移动旅游服务的主要特征

10.1.3.1 针对性

移动终端设备与终端用户是一一对应的,因此移动旅游服务能充分体现每个不同用户的个性特点,从而更好地满足用户的个性化需求。

10.1.3.2 时效性

人们的时空观念随着电子商务的出现有了极大的改变,而移动商务又进一步强化了新的时空观念。旅游者可以利用碎片时间随时收取信息,人们不仅能在家里、工作地点获得旅游服务信息,在上下班的路上或在旅行途中都可随时获取实时旅游资讯。

10.1.3.3 便利性

与台式计算机相比,移动设备的使用客户可随时随地连接互联网等,客户可切身感受到无线环境所带来的方便快捷,更加享受旅行所带来的快乐与舒心,拥有一个惬意的旅行体验。

10.1.3.4 可定位性

手持移动终端和持有主体的对应性,赋予了移动商务主体具有移动使用中的定位性。这一特性对移动旅游服务的突破具有重大意义,如应用移动定位,旅游公司可以随时知道自己每一辆车、船的确切位置,从而方便调度管理,提高工作效率。对景区而言,则可利用短信息提示旅游区的注意事项和处理发生的紧急事件等。

10.2 政府旅游基础信息服务

10.2.1 政府旅游基础信息服务概述

10.2.1.1 政府进行旅游信息资源建设与开展服务的背景分析

如今,旅游逐渐成为人们日常生活的一部分,伴随着移动通信技术的不断发展,迅速普及的移动互联网也已广泛渗透到旅游业的各个领域,旅游业在新时期呈现出智能化、网络化、无线化等新特征,智慧旅游的建设与发展不断推进。2015年,国务院在《国务院关于积极推进"互联网+"行动的指导意见》中明确指出,要充分发挥我国互联网的规模优势和应用优势,推动旅游与互联网融合发展的广度和深度,加大旅游公共信息的互联网采集和运用,推动旅游公共信息数据向社会开放。建设好国家智慧旅游公共服务平台,完善统一受理、分级处理的旅游投诉处置机制,健全旅游公共产品和设施、旅游投诉和旅游救援等公共信息网络查询服务。运用互联网,建立旅游诚信信息交流平台,加强对旅游企业信用的监管。运用互联网开展文明旅游引导,定期发布游客不文明旅游行为记录。积极运用互联网开展旅游应急救援。因此,在这个网络信息化的大环境下,政府充分利用互联网优势,依托政府网站、政府微博、微信公众号等渠道大力开展旅游基础信息服务,及时发布旅游资讯,加强对旅游业的监管,同时也能起到很好的旅游目的地推广宣传作用。旅行者可以通过移动终端设备(手机、平板电脑等)随时随地浏览政府网站、微博、微信公众号来获取最新的旅游资讯。政府旅游信息服务平台示例如图10-2所示。

图 10-2　政府旅游信息服务平台

10.2.1.2　政府旅游基础信息提供情况

政府主要围绕旅客在旅行过程中所涉及的"吃、住、行、游、购、娱"等方面来建设旅游信息资源与开展信息服务,在大力开发旅游信息资源的同时,也不断地完善旅游信息服务建设,为旅客提供更加全面的旅游信息。从景点选择到旅游线路、从交通工具到酒店入住等各个方面的信息都提供到位,充分体现了服务型政府的执政理念。目前,政府所展开的旅游信息服务主要有以下几个方面。

(1)常规服务,即指吃、住、行、游、购、娱等方面信息服务。大部分政府旅游信息服务平台都有提供该项服务。主要包括景点查询、酒店查询、旅行社查询、天气查询、出境旅游、旅游门票、机票预定、线路预定、酒店预定、美食预定、列车时刻、航班时刻、出游提示、特价、娱乐、摄影、自驾、自助、旅游线路、超市、电子地图、名优特产等服务信息。

（2）电子政务，即指政府利用网络平台开展的与旅游业相关的行政审批服务。例如中国旅游网提供了签证服务，包括旅游签证、商务签证以及探访签证；大连旅游电子政务网提供了导游员资格考试、出境旅游领队证、办理导游证（IC 卡）等在线服务，以及常见问题、在线咨询、在线投诉服务。

（3）个性化服务，政府针对旅客的不同情况和需求，开展了一些较有个性化的旅游信息服务。如北京旅游网提供了特色主题游，包括古都文化游、长城游、休闲度假游、红色旅游、文创艺术游、体育游、科教游、中医养生游，旅客可以根据自身需求，选择所需的主题游服务。

（4）互动服务，大多数政府旅游信息服务平台都设有与旅客互动的信息服务，其互动形式主要有电话热线、旅客论坛、在线问答咨询等。

10.2.2 政府旅游信息网站

在众多旅游网站中，由旅游目的地管理机构和地方政府开发运营的官方旅游网站，不仅是各级政府旅游行业管理和服务的重要平台，而且由于其信息的权威性和客观性，在旅游目的地营销信息沟通中发挥着举足轻重的作用，也能帮助推动地方经济文化建设，地方服务型政府的构建以及满足公众休闲娱乐需求等。

10.2.2.1 基本政府官方旅游网站地址汇总

基本政府官方旅游网站地址汇总，如表 10-1 所示。

表 10-1　基本政府官方旅游网站地址汇总

政府旅游信息网名称	官　网　地　址
中国旅游网	http：//www.cntour.cn/
中国旅游信息网	http：//www.cthy.com/
北京旅游网	http：//visitbeijing.com.cn/
新华网旅游	http：//www.news.cn/travel/
江苏旅游网	http：//www.jstour.com/
广东省旅游网	http：//www.gdslyw.com/
海南旅游网	https：//www.explorehainan.com/zh/index/index.shtml
国家智慧旅游公共服务平台	http：//www.12301.cn/
中国旅游新闻网	http：//www.ctnews.com.cn/index.html
中国航空旅游网	http：//news.cnair.com/
中国城市旅游网	http：//www.zgcsly.com/
中国西藏旅游网	https：//www.tibetcn.com/
天津旅游资讯网	http：//www.tjtour.cn/

10.2.2.2 特色政府旅游信息网站介绍

(1) 中国旅游网。中国旅游网目前中国最大的旅游门户网站，开设了包括中国所有省(区、市)的景点、地图、攻略、住宿、交通、美食、娱乐、购物、参团等多个专业频道，对中国各地的旅游资讯进行翔实的报道。中国旅游网主要包含三大功能，分别是旅行预订、旅行分享、电子政务，具体功能如图10-3所示。

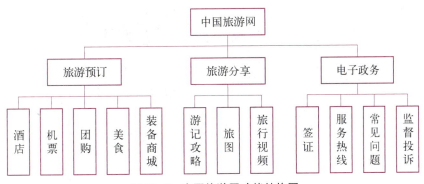

图10-3 中国旅游网功能结构图

(2) 海南旅游网。海南旅游网是海南省旅游发展委员会官方旅游资讯网站，提供了权威的海南旅游度假资讯，重点呈现海南的特色文化、民俗、美食等内容。海南旅游网的特色之一是提供了较多的个性化服务，网站开设了许多主题旅游，如乡村旅游、海洋旅游、康体度假、文体旅游、森林旅游、产业旅游、购物旅游等，根据旅客不同的行程安排，设有一日游、二日游、三日游、七日游的行程路线安排推荐，为旅客提供了游玩指南以及旅游小贴士，旅客可以轻松地获取最佳旅行方案。除此之外，网站首页提供了各地天气情况查询服务，旅客可以随意切换城市，查询所需了解的城市天气情况。图10-4为海南旅游网部分信息栏目展示。

10.2.3 政府旅游基础信息服务的完善

10.2.3.1 推进智慧旅游信息的建设

"智慧旅游"为构建完善旅游基础信息服务平台提供了良好的契机，政府应该加大对智慧旅游的建设、开发、投资力度，运用现代化技术，给旅游提供更加全面的旅游信息，如建设VR/AR体验服务，为旅客提供更多的身临其境的体验，让旅客能够更加全面的了解景区特点，从而方便旅客进行景点游玩选择，同时也能起到很好的旅游目的地宣传作用。

10.2.3.2 完善与旅客互动的平台

目前政府各大旅游信息服务平台与旅客互动的形式主要是邮箱留言、在线咨询、在线调查，互动形式较为单一，互动的实际效果也并不是很理想。政府应该创新互动形式，更加满足旅客的互动需求，比如发布问卷调查来进行民意咨询，旅客可以通过手机等移动终端设备随时填写问卷，从而方便旅客反馈旅行问题，提高旅客的参与积极性，同时也对旅游目的地的建设起到一定的信息参考作用。

图 10-4　海南旅游网部分信息栏目

10.2.3.3　加大市场监管力度

旅游活动的异地性和旅游企业的趋利性决定了旅游市场的信息会出现严重的不对称。企业可能为了企业形象与企业利益,提供给旅客的信息可能并不是完全真实,往往是为了美化企业形象,甚至发布虚假的信息来欺骗旅客,不利于当地旅游业可持续发展。地方旅游行政部门应该充分发挥市场监督的作用,同时加强与相关部门的合作,如工商管理、税务管理、卫生管理、交通管理等部门,及时发布企业的经营情况、违规情况的数据,便于旅游者旅游决策。

10.2.3.4　增加综合信息服务平台

旅途安全对于自助旅游者来讲至关重要,尤其是特殊旅游目的地更应该提供相关的旅游风险及救助信息,政府作为旅游信息的权威发布机构应该承担起建设综合服务信息的责任,及时发布医疗卫生机构、金融机构、天气预报、停车场、加油站、通信服务、景点流量、交通流量等社会基本服务信息及目的地易发生的风险种类、风险防范措施及注意事项、风险应对措施、救助机构等信息,为旅游者的出行提供方便及安全保障。

10.3　景区导游服务

10.3.1　景区导游服务现状分析

导游即引导游览,其作用是使游客充分感受旅游景点的景观形象,并在此过程中解决游客旅游过程中出现的问题。传统的人工导游存在着诸多弊端和风险,如导游个人素质影响讲解质量;人工导游可能存在诸多的道德风险;受人工导游人力资源的制约,在旅游旺季往往供不应求,特别是外语导游资源更是稀缺。目前,随着互联网和智能手机的普及,大数据时代下的智慧旅游逐渐成为热点话题,依托GPS以及移动互联网技术的发展,智能导游应运而生。许多景区都为旅客提供了电子导游讲解机,可以很好地解决导游资源供应不足和外语导游资源稀缺等诸多问题。此外,随着智慧旅游时代到来,自助导游APP的应用日益广泛,自助导游APP能够根据所定位的用户位置,自动提供景点讲解,同时还可提供AR扫描讲解、景点问答等功能,涵盖背景知识、风土人情等,更加确保了导游服务质量,有效降低人工导游的噪声污染,提供更优质的导游讲解服务。但是,我国的智能导游服务还处在发展阶段,许多地方有待完善,仍然无法完全取代传统人工导游,人工导游在讲解方式的针对性和灵活性方面具有优势,可以针对不同文化层次、审美情趣的游客选择不同的导游词,并根据旅游当日的客观情况,如天气、季节、游客情绪等选择导游方式。因此,现在我国的旅游景点导游系统主要由人工手段和电子手段共同组成。

10.3.2 电子导游的优势

10.3.2.1 保护环境

目前,环境保护问题已成为旅游业的关注重点,随着我国热门景点的旅游人次越来越多,噪声污染成了旅游景点管理的新问题,降低景点、博物馆高分贝的噪声成为景点管理的新要求。作为无噪声无污染的高科技环保产品,电子导游机关注保护文物古迹、自然风景和人文名胜,并且对人体没有任何影响,让游客真正融入大自然,满足安全旅游、环保旅游、文明旅游、轻松旅游的新趋势。电子导游已成为当今旅游的时尚新趋势,不仅提高了旅游的质量,提高了国家对外旅游的整体形象,更保证了旅游发展与环境保护的和谐。

10.3.2.2 方便外国游客

电子导游机在欧美等发达国家的旅游景点已普遍使用,游客人手一个,可以选择汉语、英语、法语、日语等多种语言。当游客进入任一景点时,导游器会自动从头开始为游客解说该景点的文史等资讯,同时还伴有背景音乐,是旅游景点服务达到世界水平一个重要标志。

在我国的旅游市场,长期以来,游客在景区旅游时,可看的景点多,可了解的资讯却很少,属于低层次的观感旅游阶段。而对于外国游客来说,由于语言的障碍往往游览下来所知其少。使用高科技的电子导游产品,则可以很好地解决以上问题。另外,由于目前小语种导游紧缺,多语种的电子导游可以弥补这一缺口。

10.3.2.3 避免游客之间的干扰

目前我国的国家博物馆、展览馆大大小小几千家,最大的通病就是在节假日馆内导游先后进馆介绍,导游的讲解高音喇叭到处是噪声一片,相互干扰、达不到好的讲解效果,游客不知道听到的是什么,要想解决这个问题只有用电子导游。利用电子导游可以解决游客暴增、讲解人员人数紧张的实际问题,全面提升讲解质量,满足广大游客的需求。游客只要在买门票时租借一个小巧便携的讲解器带在身边或者下载自助导游APP,就可在参观所有景点时收听到全方位的电子讲解。

10.3.2.4 避免导游服务的质量不稳定性

对于景点来说,电子导游与人工导游相比,能避免由于导游个人因素带来的服务质量的不稳定性,为游客提供更加全面客观的服务。通过自动电子导游器也可大大提高游客对景点的认知程度,并能通过他们的传播加快提高景点的知名度,从而增加游客的流量,加快景点旅游业的发展。另外在一些散客较多的景点,配备电子导游,在一定程度上则能解决散客游览缺少导游的问题。

10.3.2.5 满足游客的个性化需求

一方面,电子导游可以通过不同版本的录音,满足不同年龄、不同层次的游客的需要,比如北京故宫里的自动导游讲解器就有"标准版""王刚故事版"和"鞠萍姐姐版",深受广大游客的欢迎。因为要真正实现为每一位游客进行讲解服务,只有机器才能做到,而安静、文明的旅游环境要求"无声导游",这也是机器才可以做到的。同时,"因人施讲"也得以实现,比如一到故宫,爸爸妈妈可以选择"王刚故事版"的解说,而小孩子们可以选择"鞠萍姐姐版"的。这给游客多了一种选择,而这一选择显然与跟随团队导游的感受不一样,电子导游让游客比较随意、自由,这种自主性的导游方式会吸引更多的游客到来,并可能延长游览时间。

另一方面,电子导游器可以满足越来越多自助游背包客的个性需求,当我们独自去名山大川,去寻找梦想时,当我们实践"行万里路,破万卷书"的理想时,基于GPS技术的电子导游就是一个非常好的良师益友,一枚保障游客安全的指南针。有了电子导游,你的旅行不再是走马观花的浅尝辄止,而是深度的精神享受,对于重视旅行质量的自助游客,无疑是最好的选择。

人工导游与电子导游在很多方面都有些许差异,以下是对二者进行简单的比较,如表10-2所示。

表10-2 人工导游与电子导游的比较

形 式	人 工 导 游	电 子 导 游
音 质	嘈杂、互相干扰	清晰
服务质量	受导游水平影响	优质稳定的服务
游览自由度	顺序游览	自由游览
组团人数	限制	无限制
语 种	单语种	多语种
费 用	高	低
环 保	噪声污染	无污染

10.3.3 自助导游软件

自助导游APP是应用于智能手机等移动终端的第三方应用程序,主要提供与旅游景区导游相关的各种信息化服务。随着移动互联网技术的快速发展和智能手机的逐渐普及,自助导游 APP 的应用前景十分广泛。

10.3.3.1　自助导游 APP 在旅游业中的应用

（1）具有地图指引功能。导游服务 APP 中包含多种类型的网络地图、便捷的自动导航、丰富的旅游攻略和科学的旅游路线。例如"驴迹导游"导游服务 APP 向游客提供精美景区的 Q 版旅游地图,游客可以利用三维视角身临其境地查看景区的风景、旅游设施和游览地图,轻松看懂、不易迷路;"百度地图"导游服务 APP 可自动识别出到达景区的最短路线,为游客节约往返时间,使游客体验到高效便捷的旅游服务。

（2）具有旅游咨询功能。"百度地图"APP 智能旅游功能自动整合了旅游目的地的吃、住、行、游、购、娱六项咨询服务,根据游客需要自动显示旅游目的地周边的餐饮、住宿、景点、购物、娱乐等情况,并向游客提供各种优惠、团购信息,使游客不出家门便可了解旅游目的地全部信息,实现了智慧旅游的体验式服务。

（3）具有网上分享旅游体验功能。游客通过在导游服务 APP 软件上上传照片、分享旅游体验的方式使其他游客了解到景区情况和旅游者的旅游心得,并制作旅游攻略分享给其他游客,方便其旅游出行。驴迹导游 APP 开通了社交功能,游客可以通过微博、微信等社交账号登录驴迹导游 APP,并同步手机中的 QQ、微信好友,好友们可实时了解到游客旅游轨迹。

（4）具有导游词讲解功能。驴迹导游 APP 内置语音导游词讲解功能,游客可离线下载景区语音讲解文件或线上收听景点讲解词,讲解词有多种语种及国内方言任游客选择;语音导游词摒弃了传统讲解词的枯燥乏味,在总结了景点文化、历史等精华的基础上,由专业播音人员进行播报,为游客带来自在舒适的旅游体验。

10.3.3.2　基本自助导游 APP 下载地址

以下是一些具有代表性的自助导游 APP 的官网下载地址,如表 10-3 所示。

表 10-3　基本自助导游 APP 下载地址

APP 名称	官网下载地址	LOGO
驴迹导游	http://www.lvji.cn/	
口袋导游	http://www.kddaoyou.com/	
三毛游全球景点语音讲解导游	https://www.sanmaoyou.com/	

(续表)

APP 名称	官网下载地址	LOGO
美景听听语音导游	http：//www.gowithtommy.com/	
小鹿导游	http：//www.worldmaipu.com/	
赛导游	https：//www.saidaoyou.com/	
一路乐旅游	https：//www.yilule.com/	
行鸽旅游	http：//www.xinggenet.com/	

10.3.3.3 特色自助导游 APP 介绍

（1）口袋导游。口袋导游 APP 是上海知客网络科技有限公司旗下自主研发的一款全球景点中文语音讲解产品，该 APP 内含全球超过 200 个旅游目的地城市，超过 5 万个自主知识产权的景点中文语音讲解，带游客聆听景点背后的故事，增加旅行的乐趣和体验。口袋导游 APP 的主要功能如下。

① 可提前下载景点讲解，离线播放，在景区没有网络的情况下仍然可以使用。

② 景点讲解采用真人配音，让旅客很好地享受聆听景点背后的故事。

③ 自动 GPS 定位播放，根据所定位到的旅客位置信息，自动为旅客播放语音讲解。

④ 人工智能拍照识别，根据旅客拍摄的照片，为旅客找到对应的语音讲解。

⑤ 实时翻译，支持英语、法语、日语、西班牙语、泰语等多国语言。口袋旅游拥有强大的实时翻译功能，首页底部的实时翻译服务，能够在 2～3 秒内，翻译十多种语言，是钟爱境外自由行的游客不错的选择。

口袋旅游的主要功能如图 10-5 所示。

图 10-5 口袋旅游 APP 主要功能图

（2）美景听听语音导游。美景听听语音导游是美景听听（北京）科技有限公司开发的一款移动应用 APP，是全球第一家海外旅行中文语音导游 APP，覆盖全球 100 多个国家和地区，10 万多个景点和博物馆，是目前世界景点讲解覆盖最全的语音讲解 APP，根据定位自动讲解，将世界历史文明为旅客娓娓道来。美景听听语音导游 APP 主要功能如下。

① 景点覆盖范围较全面，旅客可以轻松地获取景点的语音讲解。

② 讲解内容专业、有趣，国家—城市—景点—子景点系统化讲解，为旅客提供专业且生动的语音讲解服务。

③ 可提前下载景点讲解，语音播放，在没有信号的情况下也能使用。

④ 自动导览方便，在室外根据 GPS 定位，自动触发景点语音讲解，在室内有完整的手绘平面图、3D 立体图展示。

⑤ AI 识别—博物馆导览，美景听听最大的亮点是提供了 AR 扫描景点或展品功能，游客在游览室内景区时，使用美景听听扫描展品、铭牌或者输入编号搜索，便可以体验到 AR 技术，各种各样栩栩如生的形象呈现在眼前，耳边还能听到详细的语音介绍。

⑥ 步行路线推荐，500 多位旅行达人和导游推荐，帮助旅客在最短时间内游览最经典的景区和最有特色的街道。

⑦ 提供汇率转换服务，旅客可以轻松获取所需的货币汇率。

美景听听语音导游的主要功能如图 10-6 所示。

（3）驴迹导游。驴迹导游是由广州骏特商务咨询有限公司研发的一款手机导游 APP，是全球领先的手机导游景点讲解软件，覆盖全球 19 000 多个旅游景区、博物馆、网红景点、旅游胜地，根据 GPS 定位自动讲解，用简单便捷的方式让旅客获得专业、趣

图 10-6　美景听听语音导游 APP 主要功能图

味、有深度、有内涵的旅行历史文化知识,为旅客提供权威、便捷、丰富、生动的景区导览和旅游攻略。驴迹导游 APP 的主要功能如下。

① 覆盖景点全面,覆盖全球 19 000 多个旅游景点,旅客可以轻松获取景区导览及旅游攻略。

② 讲解内容专业,官方合作内容,资深导游演绎,以便捷的方式让旅客了解有内涵的旅行历史文化知识。

③ 名人大咖播音,专业知名主播录制景点语音讲解,使旅客在一个轻松愉快的环境下了解景点的各方面信息。

④ 智能导览讲解,创新算法,精准自动定位触发讲解,如私人导游伴随旅客。

⑤ 精准旅游地图,量身绘制的精美景区旅游地图,旅客可以轻松看懂,不易迷路。

⑥ 游玩路线推荐,官方推荐游玩路线、深度体验玩法,游客按照地图指示,便可以完成整个游线,并且根据游客所处地点不同,驴迹导游还为游客规划安排了多条线路。

⑦ 景区设施导航,景区出入口、餐厅、商店、ATM、卫生间等设施一目了然,让旅客可以有一个更加愉快的旅游体验。

⑧ 交通攻略指引,最新交通向导,为旅客提供快捷到达景区的方案,帮助旅客节省时间,玩得更加尽兴。

⑨ 离线下载数据,提前下载景区讲解节省流量,旅客在没有信号的情况下也能使用。

⑩ 记录旅行轨迹,随时分享,Q 版地图可以清楚地看到旅客游览路线、照片。旅客可以一键分享到微信朋友圈、腾讯微博、新浪微博等社交平台。

⑪ 景区满意度调查,驴迹导游 APP 对于景区设施,对于服务态度及质量设置了满

意度调查，景区可以看到客户需求反馈，轻松统计，弥补自己的不足之处，不断改善景区各方面服务，为游客提供最好的服务。

驴迹导游 APP 主要功能如图 10-7 所示。

图 10-7　驴迹导游 APP 主要功能图

10.3.3.4　特色自助导游 APP 对比分析

不同的自助导游 APP 都有着不同的优缺点，如口袋旅游 APP 具有强大的实时翻译功能，驴迹导游 APP 内含的手绘地图精致美观，景区景点通过卡通绘制，详细记录在地图上，给旅客视觉的享受，美景听听语音导游 APP 给旅客提供趣味的 AR 技术体验，各种各样栩栩如生的形象呈现在眼前。具体的不同特色自助导游 APP 对比分析如表 10-4 所示。

表 10-4　特色自助游 APP 对比分析表

	口袋导游 APP	美景听听 APP	驴迹导游 APP
主要功能	景区讲解采用真人配音 自动 GPS 定位播放 人工智能拍照识别 实时翻译	景点覆盖较全面 自动导览方便 AI 识别—博物馆导览 步行路线推荐 提供汇率转化服务	景区设施导航 精准旅游地图 交通路线指引 游玩路线推荐 记录轨迹，随时分享 景区满意度调查
缺点	缺乏路线导航、旅游攻略分享等辅助功能	提供的 AR 技术，只适用于各大博物馆，所覆盖的景区范围有待扩大；缺少一定的文字介绍	出境游服务不够完善

10.4 跨境游服务

10.4.1 跨境旅游现状分析

自1997年《中国公民自费出国旅游管理暂行办法》发布以来,短短20多年时间,中国出境旅游规模跃居世界第一,跨境旅游发展迅速。中国旅游研究院、携程旅游集团联合发布《2017年中国出境旅游大数据报告》显示,2017年中国公民出境旅游突破1.3亿人次,花费达1152.9亿美元,保持世界第一大出境旅游客源国地位。中国游客在全球游客中消费能力也最强,《2018年中国跨境旅行消费报告》显示,中国出境游客人均消费排名世界第一,大幅领先其他国家,尤其是像英国、美国等高频次出境游的国家。2018年已有60多个国家和地区与中国签订互免签证协议,大大刺激了游客的出境愿望,随着签证流程的持续简化,跨境旅游将持续升温。

过去出境游客群中以80后为主要群体,然而,该群体的出游人次占比正处于逐年下降的态势中,90后、00后已然成为出境旅游的主力军。90后、00后个性突出,不爱受到过多的制约,他们更倾向于深度体验和个性化的旅游方式,"找个当地人带着玩"成为新趋势。为更好地满足旅客的需求,如今跨境旅游服务也更偏向个性化,如携程旅游为旅客提供预约当地向导的服务,2016—2018年通过携程预订当地向导的游客年增幅达到67%。

随着跨境旅游的不断发展与盛行,跨境旅游安全也成为人们关注的一个话题,旅游安全是旅游业的生命线,是游客出行的第一诉求,是旅游业健康发展的基础和重要保障,也是发展优质旅游的首要之义。此外,依托GPS以及移动互联网技术的发展,跨境旅游服务类APP顺势而生,包括出行类、住宿类、翻译类、美食攻略类等,旅游服务类APP的产生能够更加满足旅客的个性化需求,旅客可以通过下载APP,方便快捷地获取自己所需的旅游服务,从而有一个更加愉快的旅游体验。

10.4.2 跨境旅游安全问题

旅游安全是指旅游活动中各相关主体的一切安全现象的总称。传统旅游安全包括旅游者人身安全、财产安全、心理安全。旅游安全贯穿于吃、住、行、游览、购物、娱乐等旅游活动的全过程中,其中还涉及旅游者的精神安全、财产安全、人身安全和旅游承载体的运营安全、环境安全、社会安全等。旅游安全包括旅游活动各环节的相关现象,也包括旅游活动中涉及的人、设备、环境等相关主体的安全现象,既包括旅游活动中的安全观念、意识培育、思想建设与安全理论等"上层建筑",也包括旅游活动中安全的防控、保障与管理等"物质基础"。旅游安全的类型复杂多样,性质各异,不仅限于游客人身和财产安全、旅游企业生产安全,还涉及客流超载引起的自然环境、文化遗产、脆弱旅游地生态安全(遗产安全)以及旅游目的地社会公共安全等。从旅游安全的类型角度将旅游安全划分为人身、财产、名誉和隐私安全四个维度。

"出境旅游安全"与"旅游安全"一致，但主要针对的是海外的出境旅游期间的各相关主体的一切安全现象的总称。没有安全，便没有旅游。出境旅游安全既有国内旅游安全的特征，又包含跨境旅游安全问题带来的独特性特征。出境旅游发展过程中凸显出政治、经济、生态、文化、能源、信息等旅游安全问题对出境旅游安全有重要的影响。跨境旅游安全问题不仅影响旅游目的地国家旅游经济持续健康的发展，还会对相关客源国的旅游经济发展造成巨大的冲击和威胁，且出境旅游安全问题的防控管理和应急救援工作难度更大，应给与足够的重视。

对于政府而言，提高跨境旅游安全保障的举措有以下几点。

（1）开展海外出境旅游安全评估。旅游安全评估是出境旅游安全的基础，加大对出境旅游安全风险的评估研究，每年发布出境旅游安全形势的报告，侧重中外政治关系、宗教和文化、交通状况、安全形势（包括医疗卫生条件）和自然灾害、社会秩序、食品安全和健康等维度评估出境旅游安全，引导游客合理旅游。

（2）加强安全教育，树立旅游风险意识。加强对出境游客的安全宣传，编制重点旅游目的地的旅游安全须知，进行旅游安全教育，对旅游者进行出境旅游危机教育，应对出境旅游危机管理。

（3）建立务实的旅游安全治理机制。加强与境外相关机构合作，建立旅游应急预案，加强与目的地警方、旅游部门合作，推动当地政府、路政、医院、景点、酒店等设置中文服务，建立与国外对接的旅游保险和应急救援，及时妥善处置游客的境外突发事件。

（4）推动旅游安全管理的信息化智慧化。以大数据为依托，建立海外旅游基础数据加强对出境游的安全管理，旅游信息发布、市场营销、电子商务综合服务平台、旅游指挥调度服务平台。

（5）加强出境旅游安全专项治理。推动出境旅行社、在线平台等强化主体安全责任，推动经营出境业务的旅游企业建立旅游安全风险排查规范。

（6）强化旅游电商平台安全。跨国合作基础上，保护出境旅游消费者权益、旅游安全商业保障和出境旅游财产安全，持续健康建立出境旅游安全保障体系。

（7）出境旅游安全法制建设。法制保障是出境旅游安全问题防控的有效手段。出境旅游涉及不同国家和区域，面临不同政治、意识形态和法律制度的挑战，在出境旅游法制建设中和其他国家在法律政策上达成良好的协作及合作共识。

（8）建立出境游目的地安全风险提示。建立由外交部、文化和旅游部双渠道分级分类发布和撤销出境旅游风险信息提示，引导理性出游。

（9）出境旅游救援。受不同国家体制和法制、跨国救援距离远、救援物资和人员进入难度大等限制，旅游应急救援是出境旅游安全保障体系中重要、挑战最大的环节，完善出境旅游救援的技术、资源、队伍、平台，建立与目的地国家旅游应急救援合作机制。

（10）出境旅游保险。出境旅游保险是旅游保障体系构建的重要构成部分。完善旅游意外险、高风险旅游项目险、旅游救援险等专业险种和服务项目。加强出境旅游保险保障，完善出境游保险体系，构筑出境旅游安全保障。

对于个人而言，保障自我安全的举措主要有三点。

(1) 确定出行地点，办好相关出境手续和资料。国人跨境旅游首先要确定好自己的目的地，如果是港澳台要办好通行证，其他国家要准备好护照和签证，有些国家不需要签证或者实行落地签，一定要事先了解下这个国家的出入境方式和所需材料。准备好回程机票和酒店入住订单等证明，护照签证最好准备几个副本，并且要单独放置，不要跟钱包、银行卡等贵重物品放一起。

(2) 记下重要的地址和电话号码。手写记下酒店、当地中国领事馆的地址和电话以及当地警局、医院的求助电话，以备不时之需。

(3) 谨防商家陷阱，切勿贪小便宜。大家事先把要买的东西、想去的餐厅列好，尽量到正规的商店购物就餐，如果发现该商店使用假冒伪劣产品或者存在违法行为，侵犯到个人利益的行为应立即向导游寻求帮助或者报警。

10.4.3　APP在跨境旅游中的应用

在这个以智能终端为代表的高科技时代，出行类、住宿类、饮食类等不同类型的APP发展越来越成熟，为跨境游旅客的吃、住、行等方面提供了非常简单便捷的服务。在吃方面，旅客借助手机APP搜索，再通过电子地图不仅能找到店铺的精确位置，还能提前预约服务，错开吃饭的高峰期，同时也能通过团购享受优惠折扣，游客在检索时输入关键词，便能挑选自己想去的店铺，满足不同阶层消费者的个性需求；在住方面，旅客可以通过下载住宿类的APP（如爱彼迎、途家民宿等），提前预订自己心仪的酒店或青年旅舍，这些APP会发布很多最新的酒店信息，即使"足不出户"也能轻易获取到目的地的大部分酒店信息，解决住宿难的问题；在出行方面，很多出行类APP，如航班管家、Skyscanner天巡旅行等为旅客提供在线预订机票、火车票、高铁票的服务，旅客可以轻松出行。

10.4.3.1　在跨境旅游中常用的APP的下载地址汇总

以下是在跨境旅游中常用的出行类APP二维码及官网下载地址汇总，如表10-5所示。

表10-5　常用的出行类APP的下载地址

APP名称	官网下载地址	LOGO
航旅纵横	http://www.umetrip.com/	
航班管家	http://www.133.cn/	

(续表)

APP 名称	官网下载地址	LOGO
Skyscanner 天巡旅行	https://www.tianxun.com/	
飞猪	https://www.fliggy.com/	
The train line	http://www.thetrainline.com/	
Omio	https://www.omio.cn/	

以下是在跨境旅游中常用的住宿类 APP 下载官网地址汇总,如表 10-6 所示。

表 10-6　常用的住宿类 APP 的下载地址

APP 名称	官网下载地址	LOGO
爱彼迎	https://www.airbnb.cn/	
Booking.com 缤客	https://www.booking.com/	
Agoda	https://www.agoda.com/	

（续表）

APP 名称	官网下载地址	LOGO
途家民宿	https：//www.tujia.com/	

以下是在跨境旅游中常用的饮食类 APP 下载官网地址汇总，如表 10-7 所示。

表 10-7　常用的饮食类 APP 的下载地址

APP 名称	官网下载地址	LOGO
TripAdvisor 猫途鹰	http：//www.tripadvisor.cn/	
Yelp	http：//www.yelp.com/	
Chope	https：//www.chope.co/	
Mars	http：//www.yohomars.com/	
Hostelworld	http：//www.hostelworld.com/	

以下是在跨境旅游中常用的实用工具类 APP 二维码及官网下载地址汇总，如表 10-8 所示。

表 10-8　常用的实用工具类的下载地址

APP 名称	官网下载地址	LOGO
出国翻译官	http：//www.qcmuzhi.com/	
亿点连接	http：//www.billionconnect.com/	
iMoney	https：//clover.ly/imoney	
Yahoo 天气	https：//www.yahoo.com/	
怕怕	http：//papasafe.zhongan.com/pc/index.html	
Google 翻译	https：//translate.google.cn/	

10.4.3.2　应用于跨境旅游中的特色 APP 介绍

（1）畅通出行类。

① 航旅纵横。航旅纵横是中国民航信息网络股份有限公司推出的第一款基于出行的移动服务产品，能够为旅客提供从出行准备到抵达目的地全流程的完整信息服务，通过手机解决民航出行的一切问题。航旅纵横依托中国航信 30 年民航核心系统服务商的经验，通过对行业资源的系统性整合，契合旅客追求便捷出行的时代诉求，为旅客的出行带来了实实在在的便捷。其中行程自动导入、前序航班动态、全程动态提醒、电

子登机牌、同道中人、机票验真、行李限额等一系列首次推出的功能更是将民航出行信息服务水平提高到了一个新的层次。航旅纵横APP的主要功能如下。

a. 出票提醒。第一个提供权威出票提醒的软件,任何渠道出票,都会给旅客发送提示,让旅客尽早知晓行程。

b. 机票验真。第一个具备机票验真功能的手机软件,机票真假一看便知,保障旅客的出行权利。

c. 航班动态。第一个能够查到整合了登机口信息航班动态的软件,第一个支持前序航班状态自由查询的查询软件,支持本人关注或为好友订阅。

d. 手机值机。提供国内主流航空公司的手机值机功能,提前办理值机,让旅客的出行更加从容。

e. 全程提示。为旅客提供出行全流程信息查询和提醒,机票详情、出发时间、航站楼、航班动态、登机口信息、目的地天气、可以采用何种值机方式、机场路线等等,在手机上都可以查到最新的信息,并有相应的推送消息提示。

f. 电子登机。无须用纸制登机牌,可以采用二维码登机,更加环保方便。

g. 查找同行伙伴。支持查找同道中人,并能够进行在线交流,帮助旅客结交更多朋友。

h. 行程记录。支持全渠道行程自动提取,无须添加,历史飞行记录自动导入。

i. 社交网络。支持微信、新浪微博、QQ账号、天翼账号等账户登录,可图形化分享航班动态、行程信息、航线图等,轻松吸引更多粉丝。

j. 行李限额。免费提供全球航空公司相关航线的免费托运行李信息以及收费信息。

航旅纵横APP主要功能如图10-8所示。

图10-8 航旅纵横主要功能图

② 飞猪。飞猪是阿里巴巴集团旗下旅行品牌,提供国内外特价机票、火车票、酒店客栈、旅游度假、签证、门票、租车、汽车票服务等预订查询。飞猪的主要功能如下所示。

a. 机票。拥有各大航空公司旗舰店和优质代理商的全程服务,机票价格透明,手机值机在线选座,低价及时提醒,实时查询航班动态。

b. 火车票。极速云抢票,支持预约抢票,实时查询火车票信息,上车补票、在线改退签等服务,所提供的票种类多样,支持成人票、学生票、儿童票。

c. 汽车票。零手续费快速购票,在线退票。

飞猪 APP 主要功能如图 10-9 所示。

图 10-9　飞猪 APP 主要功能图

(2) 舒适住宿类。

① 爱彼迎。爱彼迎是全球最大的特色民宿短租、度假公寓预订 APP,在国内外有超过 600 万特色房源,民宿、短租公寓、连锁酒店、客栈,覆盖全球超过 191 个国家和地区,旅客可以通过支付宝、微信支付民宿房费,不收房客服务费,享受经济实惠又富有当地特色的旅行体验。爱彼迎 APP 主要功能如下所示。

a. 海量全球特色民宿预订。为旅客提供丰富的住宿选择,有适宜亲子度假的童趣房、适合毕业旅行的民宿、风景优美的海景别墅,还有适合结伴旅行的温馨公寓房源,旅客可以轻松预订,领略世界各地的风景。

b. 房客旅游体验分享。旅客可以阅读其他房客的旅游体验,选择自己喜欢的民宿房源风格和价格范围,一键查看房源照片,快速了解民宿介绍和房东背景,筛选适宜自己的民宿客栈和短租公寓。

c. 保障住宿安全。房东有实名认证,旅客也可以通过 APP 与房东沟通,APP 还提供 24 小时在线客服,保证旅客住宿安全。

爱彼迎 APP 主要功能如图 10-10 所示。

图 10-10　爱彼迎 APP 主要功能图

② Agoda。Agoda 是一个提供在线酒店预订服务的专业网络旅游服务 APP,其主要业务区域遍及整个亚太区。在亚太地区,Agoda 凭借领先的在线酒店预订服务,致力于提供全球最低的酒店折扣价格。作为国际知名网络订房公司的一部分,Agoda 的全球网络预订系统拥有全球 17 万多家酒店资源,在亚太地区就超过 9 000 家。Agoda APP 的主要特点如下。

a. 酒店搜索便捷。旅客可以输入城市、地标或酒店名称,实时搜索身边的酒店住宿,直接在地图上定位和比价,地图模式显示酒店定位和比价,更加直观化。

b. 支付方便灵活。Agoda APP 提供多种支付方式,旅客可以选择支付宝或微信付款,比较符合国内用户的支付习惯,大部分房型还支持免费取消,方便旅客退订。

c. 保障旅客安全。提供 24 小时全天候客户服务,旅客随时都可以寻求帮助或咨询问题。

d. 酒店导航。使用交互式地图,为旅客前往酒店导航。

Agoda APP 主要功能如图 10-11 所示。

(3) 美食享用类。

① Yelp。Yelp 是美国著名商户点评网站,创立于 2004 年,囊括各地餐馆、购物中心、酒店、旅游等领域的商户,用户可以在 Yelp 网站中给商户打分,提交评论,交流购物体验等。在 Yelp 中搜索一个餐厅或者旅馆,能看到它的简要介绍以及网友的评论,点评者还会给出多少星级的评价,通常点评者都是亲身体验过该商户服务的消费者,评论

图 10-11　Agoda APP 主要功能图

大多形象细致。Yelp 主要功能如下。

a. 覆盖面较广。Yelp APP 基本涵盖了北美大部分旅游目的地网红小吃、热门商圈，旅客可以迅速找到当地特色的美食。

b. 方便旅客权衡性价比。每个餐厅都有其简要介绍、网友的点评及星级，旅客可以很好地权衡餐厅的性价比，便于旅客找到性价比高的餐厅。

c. 互动分享。旅客可以给餐厅评价用餐体验，餐厅可以接收到反馈意见，做出相应的改进，旅客也可以交流各自的购物体验，互相分享旅行经验。

Yelp APP 的主要功能如图 10-12 所示。

② 猫途鹰。猫途鹰（TripAdvisor）作为全球领先的旅游网站，能为中国旅行者带来丰富独特的旅游资讯，覆盖全球 190 个国家的旅游胜地，包括各个地点的酒店、景点、餐馆及购物热区的信息点（Point of Information，POI）等信息及排名。猫途鹰除了提供超过 200 万个 POI 的位置信息外，还可以让用户参考全球旅行者针对每个 POI 分享的点评和实拍照片，得到最实时与真实的当地情况。猫途鹰得到用户高度参与，逾 66% 简体中文点评的篇幅均超过 100 字，令这些点评相比其他网站更具独特价值。猫途鹰全新升级其网站及 APP 的海外餐厅相关功能，以中国游客面临的海外就餐问题为切入点，由猫途鹰的真实用户点评改编，生动展现猫途鹰 APP 具备的海外目的地丰富信息及强大功能，为中国用户提供中英双语推荐菜和海外餐厅一键订座等全新升级服务。TripAdvisor 猫途鹰 APP 的主要功能如下。

a. 全球海量美食覆盖。收录全球超过 430 万家的餐厅信息，不管置身何处，都可以通过猫途鹰 APP 查找当地餐厅、查看当地餐厅排名情况及获得"旅行者之选"的顶级餐

图 10-12　Yelp APP 主要功能图

厅。餐厅页面按餐厅类别（中餐、意餐、海鲜、咖啡馆等），消费水平（平价或高级）及用餐类别（早餐、午餐、晚餐、甜点或酒吧等）等做了分类，方便查找。其他筛选条件还包括用户评分、素食、是否适合家庭聚餐等，有特别用餐需求的客人也可以轻松找到心仪的餐厅。

b. 一键预订海外热门餐厅。热爱美食的中国游客可以提前通过猫途鹰预订热门餐厅，避免错过体验当地人气美食的机会。目前有超过 140 个海外热门城市的 3 万多家餐厅可以在猫途鹰网站或 APP 进行免费预订，以巴黎、伦敦、巴塞罗那、马德里、罗马、米兰、阿姆斯特丹、哥本哈根、威尼斯等城市为主，可预订餐厅的地区和数量还在不断增加中。

c. 双语推荐菜。在猫途鹰中国本土化团队的努力下，基于来自全球用户的点评数据分析，目前猫途鹰 APP 中已有超过 36 万家海外餐厅为用户显示双语推荐菜及照片，为中国旅行者在海外就餐减少语言障碍，更方便地享受当地美食。

猫途鹰 APP 主要功能如图 10-13 所示。

（4）实用工具类。

① 出国翻译官。出国翻译官是一款针对出境游游客开发的语言翻译软件，帮助旅客很好地解决出国沟通问题。出国翻译官 APP 主要功能如下。

a. 语音识别。支持 29 种语音的语音识别，特别是中英文之间的双向语音翻译效果最佳。

b. 提供景点语音导游。帮助旅客在欣赏美景的同时，了解有内涵的旅行历史文化知识。

图 10-13　猫途鹰(TripAdvisor)APP 主要功能图

c. 涵盖常用短语。涵盖 13 个国家餐饮、住宿、交通、景区、购物常用短语,图文兼备,为旅客旅行过程中的点餐问路提供了非常便捷的服务。

出国翻译官 APP 的主要功能如图 10-14 所示。

图 10-14　出国翻译官 APP 主要功能图

② 怕怕。虽然现代随着科技的进步，我们有了手机还有种种方便通信的工具，但是危害人身安全的事故还是不断发生，怕怕是一款领先的查找朋友定位追踪防身软件，7*24小时守护旅客的人身安全，可以实时查看家人、情侣、朋友信息，也可以分享实时定位给亲密的人，紧急情况下，平台专属客服团队及时通过短信、电话等信息联系你的紧急联系人，支持高德地图和自带地图定位导航找到好友。怕怕 APP 的主要功能如下。

a. 全天守护。怕怕配备了专业的应急客服处理团队，7*24小时时刻待命，在一键求助或到时间没结束防护情况下，会将旅客的手机定位、录音及拍下的照片上传至怕怕平台，客服团队迅速响应求助请求，收到信号后会立刻联系旅客的紧急联系人（家人、朋友）。

b. 实时守护。打开怕怕，旅客可以在地图上随时随地了解旅客的情侣、父母、亲戚、朋友的实时定位，支持高德地图和自带地图，更好地保护他们的安全。旅客也可以通过微信、QQ、短信等将实时位置发送给朋友，让他们可以时刻保护旅客的安全。

c. 定时防护。旅客在坐顺风车或者走夜路时，设定需要被守护的时间，期间怕怕会持续通过 GPS 追踪旅客的位置。超过预定时间不关闭防护会自动通知旅客的紧急联系人（家人、朋友）。

d. 语音求助。在定时防护过程中，只要旅客喊出指定的关键词，就可快速通知朋友来及时保护旅客。

e. 隐秘录音。危急情况下，自动激活手机录音功能。录下旅客的现场声音，便于警方了解具体状况，迅速出警，减短救援响应时间。

怕怕 APP 的主要功能如图 10-15 所示。

图 10-15　怕怕 APP 主要功能图

10.5 旅游经验交流与分享

10.5.1 旅客需求分析

随着我国国民经济的快速发展,旅游慢慢从奢侈品转变为人们日常生活的必需品,旅游出行,机票、酒店、签证、保险和安全等事情难免有些周折,旅游网络社区的伙伴效应(Peer Effect),让旅客的出行变得更加简单方便。所谓伙伴效应,即通过网络社区从数百万旅游达人的经验和分享中,重新整合出一个旅游攻略。很多旅游攻略分享平台,都是数百万达人的旅游精选,对于用户来说,一方面在很大程度上大大节省了时间,另一方面大大提升了信息的质量。

越来越多的旅游消费者根据个人喜好设计旅游线路,散客自驾游、自由行等自助游成为主流。随着自助游的兴起和发展,旅游市场在不断变化,一些自助游旅客在旅行过程中出现的具体需求也在不断呈现出来,具体如下。

出游前:① 选择旅行目的地,查看旅行目的地概况,包括目的地简介、消费、通信、交通等各方面情况,然后根据自己的喜好选择景点、饮食、酒店客栈;② 了解旅游目的地各方面的用户评价,通过对比,选择性价比较高的旅行方式;③ 通过参考别人的旅游经验分享,选择适合自己的游玩项目;④ 制定自己的游玩日程,根据日程安排行程。

出游中:① 查看各景点之间以及景区与酒店之间的路线、交通方式,方便出行;② 查看景区内线路、基础设施等各方面的详细信息;③ 寻找身边同行的旅友,结伴交友;④ 在旅行过程中遇到问题,寻求周边人的帮助;⑤ 对于突发事件的紧急处理。

出游后:① 整理自己的行程、照片、心得体会,做成游记分享给更多的旅客;② 对自己玩过的地方、吃过的美食进行评价;③ 随着"互联网+"计划的提出,移动互联网与旅游业结合催生出旅游应用软件的快速发展,尤其是攻略类APP。旅游攻略类APP可以满足旅客在游玩过程中的各方面需求。

10.5.2 旅游攻略类 APP

10.5.2.1 旅游攻略类 APP 概述

旅游攻略类App是基于驴友交流、位置定位、目的地介绍、地图提供和日常事件预报等进行内容设计,结合社交网络、AR虚拟现实、全景技术和位置定位等一系列新技术,以移动智能终端为平台,利用互联网和无线网卡业务而开发的,提供旅游攻略方面的APP。如目的地介绍、旅游路线设计、酒店预订等服务的应用程序服务,旅客可以据不同的旅行过程选择使用。简单来说,就是手机或无线设备上关于旅游攻略的应用程序。目前较多使用的有马蜂窝、穷游、去哪儿、面包旅行、行者、驴妈妈旅游等攻略APP,其主要特点如下。

(1) 携带和使用方便。旅游攻略类App的存在形式是以Android、iOS为系统的手机或平板电脑。其本身小巧,质量较轻,不同于传统的攻略书本,携带方便。APP 的各个功能模块细致分明,每个攻略内容都有鲜明的标签分别代表不同类型的内容,用户可以根据自己的需求寻找相关内容,使用方便。

(2) 数据资源丰富多样。一方面,随着云储存、云数据的不断发展,可收集、整理、储存和分享的内容越来越多,使应用内的内容不断丰富多样;另一方面,用户可以根据自己真实经历的旅行经验写成攻略上传到应用内,形成 UGC(用户原创内容),供其他用户查看和下载。

(3) 支持在线查看和离线下载攻略内容。移动网络已深入到全国大部分地区,不少地方都可以应用旅游攻略类 APP 在线查看和筛选内容,完善旅行。但是,有一些没有普及移动数据的地方则需要已经下载好的攻略,就如同随身携带的旅游攻略书本,可以随时实地使用。旅游攻略类 APP 正好可以满足这个需求,它支持在线查看和离线下载,可以帮助自助游游客更好地完成旅行。

10.5.2.2 基本旅游攻略类 APP 介绍

以下是一些具有代表性的旅游攻略类 APP 的官网和二维码下载地址,如表10-9所示。

表 10-9 基本旅游攻略类 APP 的官网下载地址

APP 名称	官网下载地址	LOGO
面包旅行	http://web.breadtrip.com/	
马蜂窝	http://www.mafengwo.cn/	
穷游	https://www.qyer.com/	
游谱旅行	http://www.youpu.cn/	
驴妈妈旅游	http://m.lvmama.com/	

(1) 马蜂窝。马蜂窝旅游网是中国领先的自由行服务平台,由陈罡和吕刚创立于 2006 年,从 2010 年正式开始公司化运营。马蜂窝的景点、餐饮、酒店等点评信息均来自上亿用户的真实分享,每年帮助过亿的旅行者制定自由行方案。2015 年初,该公司发布自由行战略以来,逐渐探索出一条与传统 OTA(Online Travel Agency,在线旅行社)截然不同的营运模式——基于个性化旅游攻略信息构建的自由行交易与服务平台。马蜂窝以"自由行"为核心,提供全球超过 60 000 个旅游目的地的旅游攻略、旅游问答、旅游点评等资讯,以及酒店、交通、当地游等自由行产品及服务。

马蜂窝旅游网是基于旅游社交和旅游大数据的新型自由行服务平台。马蜂窝用户通过交互生成内容,经由数据挖掘和分析,这些内容形成结构化的旅游数据并循环流动。马蜂窝依据用户偏好及其行为习惯,提供个性化的旅行信息、自由行产品交易及服务,全球的 OTA、酒店、邮轮、民宿、当地旅行社等旅游产品供应商通过马蜂窝的旅游大数据与消费者精准匹配,节省营销费用,并能获得不菲的收入。其主要功能如 10-16 所示。

图 10-16 马蜂窝 APP 主要功能图

① 丰富的旅游攻略。马蜂窝 APP 给旅客提供全球超过 60 000 个旅游目的地的旅游攻略,包括目的地攻略、酒店攻略、自由行攻略,旅客通过查看旅游攻略,可以找到适合自己的最舒心的旅游方案,找到性价比高的酒店。

② 随时随地查询攻略。旅客在旅行过程中可以随时随地查询周边的吃喝玩乐攻略。

③ 分享互动。旅客可以在马蜂窝 APP 上分享自己的旅行体验,如果在旅行过程中遇到困难,也可以寻求其他用户的帮助,还能结交好友。

④ 提供旅游产品。包括自由行产品和当地游产品,涵盖海岛特惠、蜜月度假、亲子旅行等主题活动,特惠机票、邮轮、签证、接送机、景点门票、交通用车、地道一日游、当地娱乐美食体验、演出展览等,让旅客便捷出行和轻松体验当地最有特色的吃喝玩乐项目。

(2) 穷游。穷游 APP 是穷游网站旗下的一款应用。穷游是系统内容和用户发表相结合的形式,更偏重旅行攻略方面的服务,设有行程参考,让用户自定义行程的功能。依托穷游网的大量用户和数据丰富攻略内容,做到用户出游的行程规划助手。穷游的目的地页面包含了推荐行程、景点列表、锦囊、游记列表等功能,注重向用户传递攻略内容。穷游目的地中的具体行程内容来自穷游网积累的大量用户和 UGC 内容,然后系统总结用户的精华行程。行程的形式则是按时间和地点排列成列表,每天的内容含有景点,交通,酒店等信息,点击后有具体的介绍。在穷游网上支持用户创建自己的行程,选择目的地等生成旅行单。穷游 APP 的主要功能如图 10-17 所示。

图 10-17　穷游 APP 主要功能图

① 旅游攻略分享。在穷游,众多旅行达人在旅途中分享优质原创的美图、视频、音频,分享交流自己的旅行经验,提供给旅客更多的旅游建议。旅客可以随时随地关注旅行达人,从中找到自己所需的旅游攻略,同时自己也能将自己的旅行体验,通过美图、音频、视频等方式一键分享。

② 丰富的攻略游记。穷游 APP 提供 1 500 多万真实原创游记,汇聚全球 100 多万目的地,覆盖 200 多个国家和地区,为旅行爱好者提供详尽的目的地旅游信息。深度挖掘全球新旅行地,引领旅行新风尚。超过 600 本锦囊,由精选旅行作者打造的原创旅游指南,是国内外出行必不可少的旅行路书,致力于为旅行者提供实用的自助游攻略,累

计超过 3.8 亿次阅读量。持续更新,为旅客提供更专业、更深度、更严谨的旅游服务。

③ 问题解答。多达 3 500 万的各类出游问答,回答效率高,绝大部分的问题都能在 2 小时内得到回答,帮助旅客解决出行疑难杂症。

④ 提供旅游产品。穷游商城专注于提供海内外自由行产品,严选优质商家,为旅客精挑细选值得信赖的个性化优质旅行产品,包括特价机票、折扣酒店、超值自由行、邮轮、交通票券、当地游、接送包车等旅游服务。

本 章 小 结

本章介绍了移动旅游服务的发展、平台架构和主要特征,然后分别详细介绍了政府旅游基础信息服务、景区导游服务、跨境游服务还有旅游经验交流与分享方面的主流 APP 及其功能。

练习与思考题

1. 移动旅游服务发展的驱动因素有哪些?
2. 移动旅游服务有哪些主要特征?
3. 政府旅游基础信息有哪些方面?如何完善?
4. 电子导游与人工导游相比有哪些优势?自助导游 APP 有哪些特点?
5. 跨境游存在哪些安全问题?需要哪些安全保障?
6. 典型的旅游攻略类 APP 有哪些?分别有什么特点?

第 11 章　企业移动商务应用

学习要点

本章对目前企业移动商务的一些应用进行了介绍,包括移动 OA、移动物流、移动营销与客服,并对他们的基本定义、特点和对企业的作用等内容进行了介绍,同时,还结合具体的软件介绍企业移动商务的具体应用。本章的学习要点主要有移动 OA 的作用、特点;移动物流对企业的作用;移动营销的多种策略和特点;移动售后服务对企业的重要性。

知识结构

- 移动 OA
  - 概述:任何时间,任何地点,处理任何工作
  - 作用:提高企业员工办公效率,利于企业内部管理,便于企业员工沟通交流
  - 特点:功能全面,产品多样
  - 具体应用:钉钉软件介绍
- 移动物流
  - 概述:移动化智能化的现代移动物流
  - 作用:降低企业成本,增强企业竞争力
  - 具体应用:菜鸟裹裹介绍
- 移动营销与售后
  - 移动营销概述:个性化、双方互动交互性强的移动营销
  - 移动营销策略:4P 理论、4C 理论、4I 理论
  - 移动营销特点:个性化,灵活性强,移动化碎片化
  - 移动营销应用:易企秀介绍
  - 移动售后服务概述:方便快捷、及时响应的移动售后服务
  - 移动售后服务重要性:提高消费者满意度,树立良好企业形象,降低企业成本
  - 移动售后服务应用:苏宁易购 APP 售后服务介绍

11.1　概　　述

企业应用移动商务即通过无线通信技术、移动终端、企业软件等进行结合,构建企业内部、企业与企业间以及企业与消费者之间的实时双向交互体系,用于实现企业的各项商务活动。常见的移动商务应用有移动办公自动化(Office Automation,OA)、移动

物流、移动营销和移动售后服务。

移动 OA 的应用将企业办公人员从固定的办公地点和办公时间中解放出来,使得企业办公人员能够不受时间地点的约束,灵活地完成自己的工作内容。移动 OA 使得企业协同办公更加便利,企业办公形式更加多样,办公效率也大大提高。

移动物流日益成为企业运营的重要组成部分。移动物流的发展使得企业和消费者都能随时获取货物的运输信息,消费者能够有良好的用户体验,企业自身能够较为合理地进行库存管理和物流管理。

移动营销是企业通过公众号、APP 等方式向消费者推送具有个性化、精确化的产品信息和推广信息。与传统营销相比,移动营销形式更加灵活,内容更加精准。移动营销能够帮助企业较为快速精准地传递信息,达到较好的营销效果。

移动售后服务通过无线通信技术将企业相关部门与消费者建立联系,使得消费者获取企业售后服务的途径更加方便快捷,企业提供售后服务的成本也随着移动售后服务所带来的便捷而有所降低。无线通信技术和移动售后服务平台的进步也使得在处理售后问题时,企业与消费者之间的联系更加快捷高效。

11.2 移动 OA

11.2.1 移动 OA 概述

移动 OA(Office Automation)即移动办公自动化,是利用信息技术和移动终端设备相结合实现办公自动化的技术。移动 OA 又称无纸化办公或"3A 办公",即办公人员可以在任何时间(Anytime)、任何地点(Anywhere)处理与自己业务相关的任何事情(Anything)。伴随着电子信息通信技术和计算机技术的高速发展,移动 OA 也在不断地发展进步中,移动办公终端已经呈现出电脑、手机等多种设备结合的趋势。利用移动 OA 软件、无线网络等将办公人员的手机客户端或 PDA 等移动设备与企业办公系统相衔接实现移动办公,企业办公人员能够不受时间地点的约束,随时随地完成工作任务,办公人员在处理工作和突发事件时更具灵活性和机动性。

企业移动 OA 主要有以下作用。

(1) 提高企业员工办公效率。与传统办公系统相比,移动 OA 将办公人员从固定的办公地点和办公时间中解放出来,办公人员能够随时随地进行办公文件、工作事项的查阅与处理。移动 OA 有效解决了办公人员由于出差外出无法及时处理文件而导致自己或他人工作进度受到影响的问题,能够实现办公人员即时协同办公,提高办公人员的工作效率。

(2) 利于企业内部管理。移动 OA 所提供的日程管理、信息查询和邮件提醒等功能能够帮助企业管理人员更好地了解员工的日常出勤情况并及时获取员工的工作完成进度,有利于企业管理人员加强企业工作进度的监管和把握。并且,企业管理人员可以通过移动 OA 软件的运用实现企业重要文件和通知的下发,与传统办公系统相比能够降低信息传达的各项成本和员工管理难度。

(3) 便于企业员工沟通交流。移动 OA 能为企业员工提供一个更为即时开放的沟通交流平台。通过移动 OA 软件能够帮助建立企业办公人员的横向联系和纵向联系，提高企业员工之间以及上下级之间的沟通效率，进而提高办公效率。同时，移动 OA 能够及时向办公人员推送公司的最新动态和重要通知，促进企业内部信息的传递。

11.2.2 移动 OA 运用现状及特点

5G 时代即将到来，人们对于信息传递和移动办公便捷性的也有着越来越强的需求。而现代计算机技术的不断发展也促进着移动 OA 软件的不断发展。现如今，移动 OA 已经成为人们工作中必不可少的一部分，在日常工作中发挥着不可或缺的作用。

移动 OA 运用现状主要体现在以下几个方面。

(1) 功能全面。移动 OA 的功能主要有公文处理、公告发布、集团通信录、信息查询、日程管理和邮件提醒等功能。移动 OA 软件的功能也越来越全面，功能涵盖员工出勤管理统计、员工工作日志、会议组织安排、公司通知推送、员工即时通信、员工协同办公、行政管理、财务管理等多方面。运用一个移动 OA 软件实现移动办公的趋势已逐渐呈现。

(2) 产品多样。随着移动 OA 在企业办公中发挥着越来越重要的作用，移动 OA 软件产品也随着移动 OA 的普及和发展不断地衍生发展着，现已有众多移动 OA 软件投入市场。根据移动 OA 软件的功能来划分，可以将移动 OA 软件划分为业务型、管理型和客户服务型。业务型软件有诸如针对销售行业开发的"缤纷销客"软件，可用于销售外勤管理、销售协同办公等功能。管理型软件则有以钉钉为代表的综合管理型软件和企业内部管理软件，如长江三峡集团公司移动客户端。客户服务型软件则主要体现为各个企业的官方 APP，实现用户服务的移动化。

11.2.3 移动 OA 软件介绍

目前市场上用于移动办公的软件有钉钉、亿方云和缤纷销客等。下面将以钉钉为代表来介绍移动办公软件的应用。

钉钉是阿里巴巴专为中国企业打造的协同办公的多端平台，含 PC 版、Web 版和手机版，支持移动办公考勤、签到、审批、企业邮箱、企业网盘、企业通信录，钉钉通信录还与个人通信录打通，可同时添加公司同事和个人通信录朋友，方便发起各种聊天、多人电话。目前已有超过 1 000 万家企业和组织正在使用钉钉，钉钉在智能移动办公中发挥着很重要的作用。

钉钉的主要功能如图 11-1 所示。

在钉钉的四大功能模块中，"组织在线""企业沟通"和"团队组建"具有共通性，而"协同办公"这一功能则更具灵活性。"协同办公"这一功能会因企业的不同行业和领域而发

第 11 章　企业移动商务应用

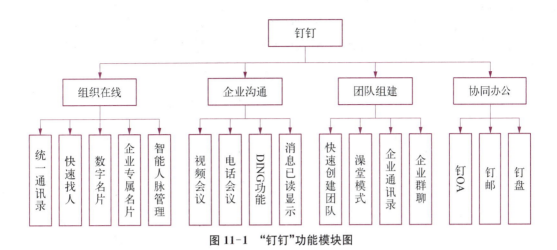

图 11-1　"钉钉"功能模块图

生变化。钉钉为用户提供了个性化服务，企业管理人员可以对"工作"界面进行个性化设计，企业可以根据企业自身业务设计"工作"界面的业务模块以便更好地进行移动办公。

钉钉软件的主要功能如图 11-2 所示。

图 11-2　钉钉主要功能图

企业使用钉钉进行移动办公需要先创建自己的团队，进入钉钉登录账号后，点击"通信录"界面的"创建新的团队"按钮，进入信息填写界面，如图 11-3(a)所示。完成各项信息填写后点击"立即创建团队"即可完成团队创建操作，团队创建完成后可通过发送邀请码的方式让团队成员加入团队中。团队创建成功的后，团队管理员可以点击"工作界面"进入"管理员控制台"进行团队管理相关操作，如图 11-3(b)所示。在此界面管理员可以进行企业内外部通信录的管理、设计企业主页、外观个性化设计以及根据公司类型和主要业务进行工作应用的添加等操作,同时管理员还可以查看员工数据统计,了解员工的使用情况。

图 11-3　钉钉创建团队及管理员控制台界面

　　企业在运用钉钉进行移动办公时,钉钉所提供的智能考勤、工作报告和工作任务记录等功能是大部分企业都在运用的基础功能。而如何进行企业内部的移动办公协作办公则会根据企业的行业属性和工作内容发生变化,虽然软件具体界面有所不同,但都起到了提高企业办公效率的作用,增强了企业办公的灵活性、移动性和协作性。

11.3　移动物流

11.3.1　移动物流概述

　　《物流术语》中对物流这一概念的定义是指物品从供应地向接收地的实体流动过程。根据实际需要,将运输、存储、装卸、搬运、配送和信息处理等基本功能实现有机结合。随着电子商务的发展,网购成为人们日常生活的一部分,电商企业和消费者对于物流的智能化移动化的需求也日渐强烈。同时,企业之间的竞争也日益激烈,运用信息技术、物联网等技术来实现移动物流也成为企业提高自身竞争力的途径。

　　移动物流是指运用物联网、移动通信技术、计算机网络技术等信息化手段,对物流资源进行全方位地整合，并快速及时地向企业或用户反映物流信息，实现物流信息系统移动化。移动物流具有车辆管理、运价管理、调度管理、信息查询和系统维护等功能，能够实现集多功能为一身，实现物流移动化、智能化。

移动物流对企业而言有以下的作用：

（1）降低企业成本。通过移动物流实现企业与用户、供应商等之间的信息共享相互协作，能够降低企业的沟通成本。同时，运用条码技术、射频识别技术、定位系统和互联网技术等技术与物流系统相结合，能够及时了解物流配送信息，有效调度物流资源，实现物流管理的信息化合理化，进而降低企业的物流成本和运营成本，增加企业利润。

（2）增强企业竞争力。对于服务型企业而言，移动物流的运用能够帮助企业及客户及时了解物流动态消息，能够提升用户服务感知质量，进而在用户群体中建立较好的企业形象，利于扩大企业自身影响力。对于制造型企业而言，移动物流的运用能够帮助企业更好地与供应商、代理商、同类企业之间建立联系，实现各方的相互协作、信息共享。各方能够及时获取物流信息，并及时做出相应决策的调整，在降低运营成本的同时也能获取规模效益，增强自身竞争力。

11.3.2 移动物流 APP 介绍

下面将以菜鸟驿站及其菜鸟裹裹 APP 为例介绍移动物流的运用。

菜鸟驿站是由菜鸟网络科技有限公司组织创立的物流服务平台，与申通、中通、圆通、顺丰等快递公司建立合作关系，主要为用户提供快递的代收与代寄服务。菜鸟驿站实现电脑、手机、PDA 和扫码枪等多种移动设备联合使用，并建立了菜鸟驿站工作台、菜鸟裹裹、支付宝和淘宝天猫等 APP 的联系共通。

菜鸟驿站的代收业务主要流程如下，与快递员进行货物检验后进行快递的交接，填写菜鸟驿站签收单完成包裹的签收。按照自提包裹和派送包裹进行包裹的分拣，将包裹按照大小重量等不同规格合理在货架上进行摆放。随后对包裹进行编号开始入库操作，使用扫码枪或手机端的菜鸟驿站工作台 APP 按照货架编码、包裹运单号的扫描顺序进行扫码入库，若出现不在服务半径内的包裹需要退回给快递员。入库完成后，点击入库界面的"统一发短信"按钮即可一键将取件码以短信形式发送给用户。当用户前来取件时，菜鸟驿站工作人员核对完用户身份信息后，用手机或扫码枪扫描包裹运单号即可完成包裹的出库，用户可取走自己的包裹。菜鸟驿站工作台的主要界面及入库操作界面如图 11-4 所示。

菜鸟驿站的代寄业务主要流程如下，当收到用户在菜鸟裹裹或淘宝 APP 提交的寄件订单后，菜鸟驿站工作人员需在寄件管理的"用户已下单"列表进行订单的处理，若存在用户取消寄件的情况则取消订单。当用户前来寄件时，为用户提供快递公司收费标准、开箱检验违禁品、打包包裹、称重收费和打印电子面单等服务。核实完毕将包裹移交给快递员后在"待寄出列表"中选择对应订单点击"寄出"即可完成菜鸟驿站的代寄业务。

菜鸟裹裹是阿里巴巴旗下由菜鸟官方出品的移动物流 APP，支持淘宝、天猫、苏宁和京东等电商平台的物流信息跟踪查询，现已有中通快递、申通快递、货拉拉、德邦快递和苏宁物流等物流公司与菜鸟裹裹合作。菜鸟裹裹的主要功能如图 11-5 所示。

图 11-4　菜鸟驿站工作台 APP 主要界面

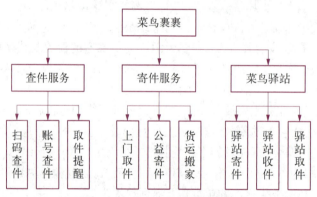

图 11-5　菜鸟裹裹功能模块图

菜鸟裹裹 APP 有"首页""取件""寄件""驿站"和"个人中心"等主要页面。打开菜鸟裹裹 APP 后需进行登录操作,该软件提供手机淘宝快速登录、支付宝快速登录、账号密码和短信验证码登录等多种登录方式。登录成功后能看到其主要界面如图 11-6 所示。首页能提供用户的物流信息,用户点击"首页"能够查询了解到即时物流信息,并能够查看近期签收的快递信息。用户进入"取件"界面能获取物流产品的取件信息。"驿站"界面能够向用户提供距离最近的驿站信息,并提供驿站取件寄件服务,其操作流程与"取件"界面一致。"寄件"界面提供了"裹裹寄件""驿站寄件""货运搬家"等寄件服务,同时还提供了了查价、快递公司电话查询等寄件辅助服务。

用户在运用菜鸟裹裹软件进行寄件时,首先需登录自己的账号,点击"寄件"界面选择自己所需的寄件方式并输入寄件人及收件人基本信息,如图 11-7(a)所示。

第 11 章 企业移动商务应用

图 11-6 菜鸟裹裹主要界面

其次,点击下一步进入到详细信息的页面,点击上门时间及物品类型选择快递公司、合适的上门时间及正确的物品类型,如图 11-7(b)(c)所示,填写完成后勾选《服务协议》点击立即下单,即成功下单,软件会将用户的订单具体信息及取件员信息等提供给用户,如图 11-7(d)所示。

(a)　　　　　　　　　　(b)

223

(c)　　　　　　　　　　　(d)

图11-7　菜鸟裹裹寄件流程示意图

菜鸟裹裹将商品寄件、配送、领取和信息查询等功能集于一体，实现物流的移动化信息化。企业能够通过菜鸟裹裹进行物流公司的比价与选择，其中的货运搬家更是为企业及用户提供了面包车、货车等不同型号的车辆以供选择，企业可以根据自身需求选择合适的物流配送方案。同时，其具备的物流查询功能能够让企业及用户及时获取产品的物流信息，使得双方能够了解物流信息进行后续工作的布置，提高企业的工作效率，降低因信息滞后造成的成本。

11.4　移动营销与售后

11.4.1　移动营销概述及特点

随着互联网和移动终端的普及和发展，移动营销日渐成为企业进行企业产品及品牌营销推广的主要方式。移动营销是指在分析目标消费者群体的基础上，运用信息技术将企业产品等信息发送到目标消费者的移动终端，为目标消费者提供个性化信息，通过这种方式与消费者建立联系，从而实现与消费者的信息互动互通来达到企业营销的目的。

与早期的移动营销有所不同，现在的移动营销不再局限于采用短信、彩信、短信网址互动等营销方法，而是通过微信公众号和APP等营销方式将企业的各种信息传递到消费者的移动设备中。通过这样的方式，让消费者能够在移动终端设备上及时获取企业产品的最新消息。这种新兴的移动营销能够帮助企业提高营销效果,也能为消费者提供便利。

麦卡锡基于企业角度提出了 4P 理论,即产品(Product)、渠道(Place)、价格(Price)和促销(Promotion)。劳特朋教授从消费者角度出发,提出了市场营销四个基本要素即 4C 理论,这四个基本要素分别是消费者(Consumer)、成本(Cost)、方便(Convenience)和沟通(Communication)。这二者互相补充互相完善,推动营销理论和实践的发展。而随着移动营销的发展,4I 模型也应运而生。4I 模型即分众识别(Individual Identification)、即时信息(Instant Message)、互动沟通(Interactive Communication)和我的个性化(I)。

移动营销具有以下特点。

(1) 营销内容个性化。人工智能和推荐算法的发展让消费者手中移动设备越来越智能化、个性化。营销人员和技术人员通过对消费者的喜好和行为习惯来向消费者推荐产品和推送信息,当消费者打开某一 APP 时,总能接收到符合自己喜好的信息。

(2) 灵活性强。移动营销的方式与传统营销不同,不再拘泥于纸质材料、电视广告等方式。在信息技术的不断进步下,信息传播的速度不断加快,形式也更加多样,移动营销也日渐灵活。企业进行移动营销向消费者传递信息的速度和形式都更加灵活多样,其所发挥出的效果也更加显著。

(3) 移动化碎片化。信息时代人们每天接触到的信息也日益增多,消费者每天在不同的 APP 或者在不同的网站都能接触到很多的信息,人们接触到的信息也更加的零碎。在这样的时代背景下,移动营销也呈现出移动化、碎片化的特点,多以短小精炼的信息出现在消费者的移动设备中。

11.4.2 移动营销应用

现在企业在进行营销主要都采用微信公众号和 H5 等工具。下面以易企秀 APP 为例进行企业移动的应用的介绍。

易企秀是一款 H5 场景制作工具,是针对移动营销的一大利器。用户可以在软件上进行手机网页和视频等宣传材料的制作与分享。易企秀软件对于用户没有编程技术的要求,技术门槛低,能够促进移动营销的推广普及。其主要功能如图 11-8 所示。

易企秀 APP 为用户提供了海量创意模板,企业可以运用易企秀所提供的模板进行 H5 或视频的制作来进行营销。易企秀的"轻设计"理念降低了企业进行网络营销材料

图 11-8 易企秀功能模块图

制作的技术门槛,使得企业进行移动营销变得更加简单高效。如图 11-9 所示,企业运用易企秀所提供的"易表单"制作功能可以设计活动报名、问卷设计等表单收集用户信息,同时能够更加高效智能地管理用户数据。

易企秀支持手机账号登录及 QQ、微信两种第三方账号登录,登录账号后点击主页面的"+"则可制作易企秀。易企秀软件提供了工具来创建 H5、易表单、轻设计和视频

图11-9　易企秀"易表单"界面图

这四种宣传材料，如图11-10(a)所示，用户可根据自身需要进行选择。用户选择所需制作的材料类型后可根据软件所提供的分类选择心仪的模板，如图11-10(b)所示。

选中模板后点击使用可进入编辑界面，用户可在该界面自由地编辑文本、图片背景、组件、特效和背景音乐等要素，如图11-10(c)所示。用户完成编辑后点击下一步可对所制作材料的标题和封面进行最终的编辑，点击完成后即可将所制作的宣传材料发送到多个平台进行宣传，如图11-10(d)。

同时，易企秀还为 VIP 会员企业提供广告精准投放服务，借助腾讯等社交平台所具备的媒体资源优势为企业会员提供一站式广告场景落地页解决方案，并提供专业优化师咨询服务帮助确定推广目标和受众群体，设计广告投放方向，实现企业广告物料的高效快速上线投放以达到高效精准营销的目的。企业可以借助易企秀这样的平台工具来进行市场营销，实现营销材料制作的移动化便捷化的同时，也能实现营销过程的移动化、碎片化和个性化。

11.4.3　移动售后服务概述

售后服务是指企业在其产品售出后向消费者提供的各种服务。在当今市场上，产品同质化越来越严重。替代品的不断增多，使得市场竞争日益激烈，售后服务也日益成为企业在市场竞争中取得优势的重点所在。

(a)　　　　　　　(b)

(c)　　　　　　　　　(d)

图 11-10　"易企秀"制作示意图

　　移动售后服务是指运用互联网通信技术和信息平台将消费者、企业技术人员、企业售后服务部等部门建立联系，使得消费者能够在自己的移动终端上及时获取企业技术人员的技术支持，更加便捷地享有企业的售后服务。国内外众多知名企业已经建立了成效显著的信息化服务体系，通过这样的移动售后服务体系实现服务信息的互通，有的企业已经建立了集自动派工、备件管理、网点管理、自动结算、质量改进等功能于一体的顾客服务平台。现在随着技术的发展，国内外众多企业的移动售后服务主要与企业业务 APP 相结合，多以其中一个功能出现为消费者提供售后服务。

　　移动售后服务对于企业而言至关重要，主要体现在以下几个方面。

　　(1) 提高消费者满意度。移动售后服务实现消费者能够随时在自己的移动终端上与企业建立联系获取自己所需要的售后服务，而不需要前往企业售后门店或拨打企业售后电话等方式来享受企业提供的售后服务。移动营销使得消费者获取售后服务的方式更加快捷方便，能够提高消费者对企业服务的满意度。

　　(2) 树立良好企业形象。售后服务已经成为企业发展至关重要的一环。企业通过移动自身售后服务系统能够为消费者提供更加高质更加便捷的售后服务，能够在消费者心中树立良好的企业形象，增强消费者的忠诚度。同时，通过在消费者中树立口碑进行口碑营销也能帮助企业在市场中树立良好的企业形象。

　　(3) 降低企业成本。企业建立移动售后服务系统能够通过系统来实现外派服务人员的调配、零部件的出库派送等，能够提高工作效率，大大降低企业提供售后服务的时间成本。并且，建立移动售后服务系统能够减少企业设立线下售后服务门店的数量，大大减少了企业的运营成本和管理成本。

11.4.4 移动售后服务 APP 介绍

现如今企业多以企业 APP 的部分功能的形式向消费者提供移动售后服务。下面将以苏宁易购 APP 为例来介绍企业移动售后的应用。

苏宁易购是苏宁易购集团股份有限公司旗下新一代 B2C 网上购物平台,现已推出网页版及移动客户端。苏宁易购实现了售后服务本地化,即可以在当地苏宁售后服务网点进行鉴定、维修和退货,3 000 多家售后网点支持全国的售后服务,支持 15 天无理由退换货、上门取件等售后服务。其网页及 APP 均可为消费者提供移动售后服务,其售后服务内容如图 11-11 所示,苏宁易购主要售后服务为安装、维修和退换货。

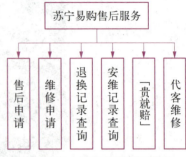

图 11-11 苏宁易购售后服务功能模块图

移动售后的运用使得消费者能够在苏宁易购的官方网站及移动客户端获取企业提供的售后服务,而不用前往苏宁线下售后服务门店。在服务期限范围内,消费者可以随时在苏宁易购客户端与售后客服建立联系,通过申请售后或申请维修等操作并填写相应的信息来获取自己需要的售后服务。苏宁易购售后服务体系能与消费者建立密切联系并反馈售后服务进度,消费者能在自己的移动终端上及时获取服务进程。用户申请苏宁易购的退换货服务流程如图 11-12 所示。

当用户需要进行退换货时,需要登录苏宁易购 APP,点击"我的易购"页面中的"退换售后"。进入申请界面后点击"售后申请",选择需要办理退换货的商品,如图 11-13(a)所示。点击"我要退货"或"我要换货"进入提交申请界面,在该界面填写换/退货原因及相关问题描述并上传相应凭证,填写完成后点击"提交申请"即可完成操作,等待客服联系开展退换货的后续事宜,如图 11-13(b)所示。

而作为企业方,苏宁易购实现了电脑终端和手机移动端相结合的移动售后服务体系。苏宁易购的售后服务部门在电脑系统上接收处理用户提交的售后服务申请,进行安装或维修任务的分配、售后回访、用户咨询等操作,其工作界面如图 11-14 所示。苏宁签约服务商方的工程师则需要在手机端"苏师傅"APP 上进行人脸识别、上传从业资格证和身份证等证件完成资格认证和账号注册,具备从业资格的签约工程师需在"苏师傅"APP 上接收处理分配到的安维订单并联系顾客,如图 11-15 所示。同时,在提供售后服务的过程中,工程师需要在"苏师傅"APP 上完成上门签到、现场照片上传和最终服务确认等操作。

当用户提交安维、退换货等售后服务申请时,苏宁易购售后服务系统会自动生成售后安装单或作业单,提出退换货申请需要先进行产品质量检查生成产品质量检验单后才可进行退换服务。随后系统需要与签约服务商建立联系分配工程师上门服务。工程师在"苏师傅"APP 上接收订单后,与顾客建立联系确定上门服务的时间及地址。在完成服务后,工程师需要将相应照片通过手机 APP 上传以确认服务,最终苏宁售后服务系统进行最终的服务确认完成用户提交的售后服务申请。

第 11 章　企业移动商务应用

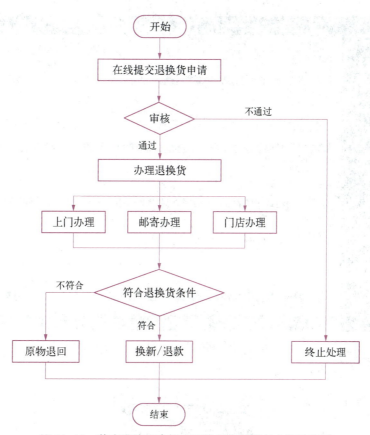

图 11-12　苏宁易购用户提交退换货售后服务申请流程图

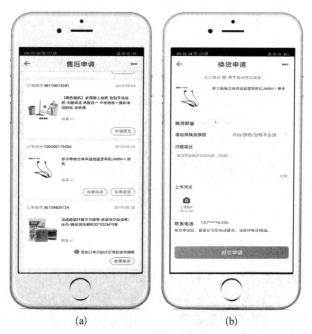

(a)　　　　　　　　　(b)

图 11-13　苏宁易购退换货流程示意图

图 11-14　苏宁易购电脑端售后服务系统界面图

图 11-15　苏师傅 APP 工作界面图

因为苏宁易购线上线下相结合的模式,所以其提供的售后服务方式更为多样,消费者享受退换货服务时可以选择苏宁上门办理、自行邮寄办理和前往苏宁门店办理等方式。苏宁易购建立了一套高效的服务体系,当用户在移动客户端提出售后服务申请或投诉时,苏宁客服会及时与消费者联系了解用户的需求及具体情况,同时苏宁客服会与相应辖区的相关部门联系并反映情况，二者会针对消费者的诉求为消费者提供服务并与消费者保持密切联系确认服务进度。消费者只需要打开软件提交售后服务申请即能享受到来自企业所提供的售后服务，移动售后的发展使得消费者发起并享受售后服务的过程更加方便快捷。

11.5　企业移动商务应用的发展趋势

企业移动商务的应用呈现出的发展趋势如下。

11.5.1　安全性需求不断增强

随着移动商务在企业应用的不断普及，越来越多的相关用户参与到了企业移动商务应用中，企业移动商务相关的软件所存储的企业内部和客户信息也越来越多。同时，现如今网络安全问题层出不穷，消费者的信息安全意识也在不断增强，信息安全对于企业应用移动电商而言是一个至关重要的问题。企业应当提高技术手段来增强信息安全性，降低因信息泄露造成企业重大损失的概率。同时，政府部门也应颁发相应的政策法规来规范企业应用移动电商的网络环境，保障企业应用移动商务的信息安全。

11.5.2　移动性不断增强

5G时代已经到来，信息传递的速度也将更快，伴随着手机等移动终端设备的研发生产技术不断增强，移动电子设备将越来越先进，功能也将越来越完善升级。现如今企业电子商务已经不断移动化，手机等移动终端设备在企业运用移动电子商务中已经占据一定的地位。而随着时代发展，以手机为代表的移动终端及APP这样移动性强灵活性高的应用形式将成为企业运用移动电子商务的主流。

本 章 小 结

本章从移动OA、移动物流、移动营销和移动售后服务四个方面对企业移动商务的运用进行了介绍。从概述、特点、作用和具体运用等角度对于移动OA、移动物流、移动营销和移动售后服务四种移动商务运用进行了介绍。同时，对于企业移动商务运用的发展趋势进行了探讨。

练习与思考题

1. 移动办公未来会有何新形式？
2. 与传统物流相比，移动物流的运用给企业带来的影响有哪些？
3. 移动营销的4I模型将如何作用于移动营销？
4. 移动售后服务现存在哪些不足？应如何完善移动售后服务存在的不足之处？

第 12 章　Android 移动应用开发案例

学习要点

通过本章学习,读者能体验 Android 移动商务应用的功能,理解一个移动商务实际应用系统的基本结构,掌握移动商务应用软件的需求分析、软件开发、系统部署和程序设计的基本过程,具备与移动商务软件开发团队沟通的基础知识,了解移动互联网创业项目的基本理念。本章重点在于:熟练操作一个商用移动商务软件的全过程;掌握基于 Android 的移动商务应用开发过程。

知识结构

- 案例简介
- 应用开发实践案例——"豹考通"概要设计
  - "豹考通"Android 客户端界面设计
  - "豹考通"Android 客户端功能结构与流程设计
  - "豹考通"系统数据库表设计
- 应用开发实践案例——"豹考通"部署
  - 系统服务器部署:系统软件清单、Tomcat 安装、MySQL 安装、web 服务器开发、MyEclipse 安装配置
  - 服务器端程序应用开发:应用程序清单、开发过程和案例包安装
  - 服务器与手机客户端的数据交互接口
- 应用开发实践案例——"豹考通"Android 客户端开发
  - Android 客户端开发环境搭建
  - 导入"豹考通"Android 项目:NewScore
  - "豹考通"Android 客户端程序结构分析
  - "豹考通"Android 客户端关键技术
  - "豹考通"主要功能模块实现举例

12.1　概　　述

随着智能手机的广泛应用,产生了大量的手机应用,App 越来越多,除了传统的购物应用外,许多人们原来想享受又难以享受的服务被开发出来。

本章介绍一个实用的移动应用开发教学案例:"豹考通"。该案例由本书作者提供,实用价值高,真实感强。选择这个案例,既因为读者熟悉其基本业务,有助于降低学习

难度,又因为是大家可真实操作的项目,可以直接作为实践操作来掌握理论知识。

通过本章学习,我们将能体验 Android 移动商务应用的功能,分析这类应用的结构,了解开发一个移动商务应用的基本需求和基本过程,甚至体验移动互联网条件下的创业项目的设计与应用。

本章第 2 节为"就医 120"和"豹考通"概述,12.3~12.5 节则详细介绍"豹考通"的功能与实现技术,最后为本章小结。

12.2 案例简介

"豹考通"是由南昌倚动软件有限公司开发的一款教学版软件。由于高考志愿填报是大学生都非常熟悉的一件事情,用这个案例有助于大学生了解体验 Android 的移动商务应用。团队提供长期服务,包括免费供考生下载使用、免费提供程序代码,并提供有关教程

除本书外,还出版了《App 全栈工程师实战案例教程》(江西高校出版社,2017 年),供有兴趣从事移动电子商务行业的开发人员模仿学习。为了便于教学,我们还将通过网络同步补充各种教学资源,并建设与管理一个网络学习社区,使读者可以互相帮助,寻找机会共同发展。

豹考通为了解决高考学生填报志愿时的难点,为其提供各种便利的参谋工具而设计。由于现在高考时,学生与家长在考前都只关注如何考高分,对学校和专业都不了解。有些时候因志愿没填好感到遗憾,甚至悔恨终身,比如高分没上到满意的好学校,进了希望的学校但学不了想学的专业等等。而现在虽然各地高招办和一些网站提供了许多帮助,但是各种网站数据多而杂、多而不全、不直观,信息不对称现象很普遍,考生还是难于掌握填报志愿的要领。

因此,通过参加现场咨询会、打电话问招生办、请教亲友是考生常用的办法。但是,在咨询会现场等场合向老师、专家请教时,用手机软件通过智能手机连接电脑是最方便的。详见为本书配套的豹考通功能简介视频,读者可以从各种 APP 应用市场中下载豹考通,安装使用以了解其功能。其主要功能如下。

(1)注册登录。考生在注册时只需要填写姓名、邮箱和密码即可,邮箱作为必填选项,在选用"生成报考单"功能时,应用会将最后的报告单以邮件的形式发送到该考生注册邮箱中。这就使得考生在使用"生成报告单"功能时,需要先登录,系统在读取用户信息之后才能将报告单发送到考生邮箱。

(2)查询省控线。查询各省、自治区、市历年文、理科,一、二、三本以及专科最低控制分数线。

(3)查询院校投档线。投档线即投档分数线,院校投档分数线是指以院校为单位,按招生院校同一科类(如文科或理科)招生计划数的一定比例,在对第一志愿投档过程中自然形成的院校调档最低成绩标准。每一所院校都有自己的投档分数线,简称投档线也称调档线或提档线。历年学校的投档线也是考生关注的一个重要信息,豹考通提

供了全国各大高校近9年来的投档线信息,并给出了最低分,平均分信息,还根据省控线和这些分数的差值画出了相应的分数差值曲线,便于学生参考。该项功能是在学生填报志愿中是使用最多的,在试用时也是反映最好的功能之一。

(4) 预测当年投档线。豹考通已经为考生提供了查询投档线的功能,在此基础上,根据得到的历年数据,通过一定的预测算法,预测报考当年各校投档线,考生输入学校信息和今年的省控线信息,系统可以根据相关信息预测出当年该学校的投档线,该预测可作为考生填报志愿的重要参考。该项功能可为许多对分数线及学校趋势不太清楚的家长与考生提供非常有价值的参考标准。预测的分数线将存储在网络数据库中,既可供查询,又可供下一功能"推荐学校"提供依据。

(5) 推荐学校。高考之后选择学校可能是让考生最为痛苦的事情,自己感兴趣的学校可能分数又不够,那么如何最合理的根据自己的考试成绩选择学校呢?豹考通为考生提供了一个推荐学校的功能,该功能分为两个子功能,一是根据考生的高考成绩为考生推荐学校,而且可以选择三种不同的推荐意向方式:冒险、保守和稳妥,这三种意向代表着推荐的风险大小,选择稳妥可能会导致推荐的学校更有机会录取;二是根据考生的省排名信息和意向专业来推荐,但是前提是考生必须完善自己的个人信息,如排名、生源地、专业意向和意向省市等。同样的,也可以选择三种不同的推荐意向方式,从冒险到稳妥风险越来越小。该项功能可以大大缩小考生查看学校及其专业的范围,能节省大量的时间,帮助考生提高志愿填报的准确性。

(6) 生成报告单。报告单是基于考生高考成绩、省排名、生源地、兴趣专业信息为考生提供的一份详细的报考指南,列出了有可能被录取而且是考生感兴趣的学校,并提供该学校的相关专业信息。已经登陆的考生可以通过注册时填写的邮箱收到报告单。

(7) 联系各院校招生单位。有的考生在选择好一所自己感兴趣的学校之后,可能还想与学校招生办相关人员甚至专业老师联系,询问有关情况。以往的办法是上官方网站查询电话或邮件,或进入咨询社区提问,但这些方法很多时间可能难以直接联系到专业教师,要抄下来再打电话,还是不太方便。那么豹考通提供了各院校招生单位的联系方式和专业负责人的信息,考生就不必麻烦上网查询,直接打开应用里面就有相关信息,还能直接拨打招生单位电话,和联系人直接交流。还可以扩充这一功能帮助高校招生办统计专业咨询老师的答复情况使用。

12.3 移动应用开发实践案例:"豹考通"概要设计

"豹考通"软件的框架见图12-2。作为一种典型的移动商务应用系统结构,它通过互联网和移动通信网将网络服务器以及移动终端相连接。这种结构需要实现四大部分:(1) 网络服务器及数据库;(2) Web客户端;(3) Android客户端;(4) 苹果iOS客户端。限于篇幅,本书只介绍服务器与Android端,另两部分可以加入本课程的网络服务群或参考《移动商务软件设计案例教程》。

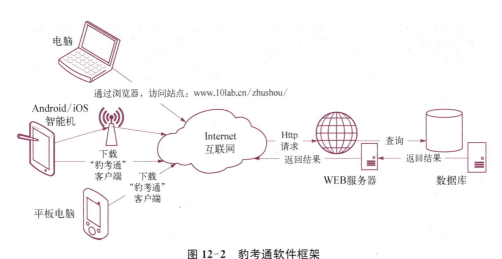

图 12-2　豹考通软件框架

12.3.1　豹考通 Android 客户端界面设计

豹考通软件的 Android 客户端主要是为了方便 Android 手机用户能够随时随地查询志愿报考相关信息,主要功能包括:查询各个省份历年的省控线、查询各个学校甚至各个专业历年的录取线和生成趋势图、根据历年数据和当年的省控线预测各个学校今年的投档线、根据考生高考分数和意向省份推荐学校以及查询各学校乃至各个专业的联系人信息等等。

要想实现这些功能,我们为豹考通 Android 客户端设计了有关功能界面,方便用户选择或输入查询条件和显示结果。系统主要界面如图 12-3、图 12-4、图 12-5、图 12-6、图 12-7、图 12-8、图 12-9、图 12-10、图 12-11 和图 12-12 所示。

图 12-3　主功能界面图

12.3.2　豹考通 Android 客户端功能结构和流程设计

豹考通 Android 客户端主要功能包括:用户注册、登录、注销;查询学校历年录取线;根据学校历年录取线与省控线差值生成录取线趋势图;查询学校投档线;根据历年投档线预测该校今年的投档线;查询各省(区、市)历年的省控线根据考生分数预测结果推荐学校;查询学校招生办联系信息以及学校各专业负责人联系信息;根据考生信息生成志愿填报参考报告;填写和更新考生信息并保存到本地;关于我们等功能。豹考通 Android 客户端功能结构图如图 12-13 所示。

图 12-4　侧边栏功能菜单

图 12-5　学校录取线查询结果

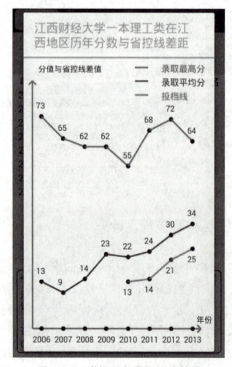

图 12-6　学校历年录取线趋势图

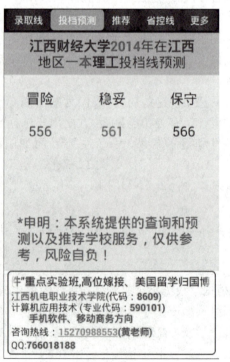

图 12-7　学校投档线预测结果

图 12-8　推荐学校结果

图 12-9　省控线查询结果

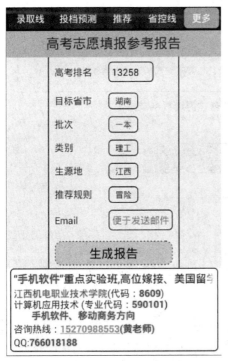

图 12-10　生成参考报告界面

图 12-11　更新考生基本信息页面

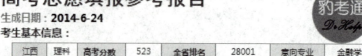

图12-12 豹考通提供的"高考志愿填报参考报告"样式

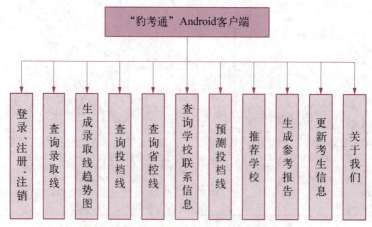

图12-13 "豹考通"Android 客户端功能结构

豹考通 Android 客户端中功能间跳转主要是通过主界面和侧边栏来完成。主界面转到查询录取线、预测投档线、推荐学校、查询省控线以及打开侧边栏等功能界面,从侧边栏可以跳转到注册、登录、注销、查询投档线、生成报告、联系学校、更新考生信息、关于我们等功能界面。豹考通 Android 客户端主要功能流程如图 12-14 所示。

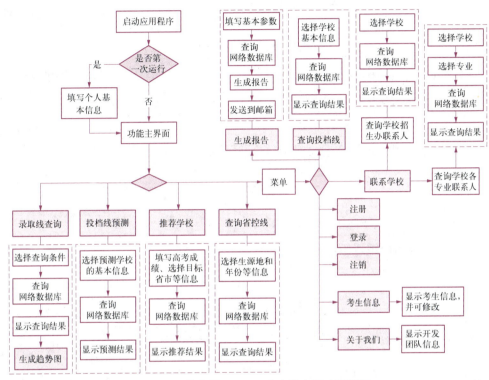

图 12-14　豹考通 Android 客户端主要功能流程

12.3.3　豹考通系统数据库表设计

豹考通主要涉及 9 张表,其结构见表 12-1 至表 12-9。

表 12-1　生源地表(Area)

字段名	属性名	字段类型	是否为空	策　　略	primary key
ID	地区 Id	SMALLINT	not null	auto_increment	Yes
Name	地区名	VARCHAR(3)	not null	unique	

表 12-2　招生批次表(Batch)

字段名	属性名	字段类型	是否为空	策　　略	primary key
ID	批次 Id	SMALLINT	not null	auto_increment	Yes
Name	批次名	VARCHAR(2)	not null	unique	

表 12-3 高考科类表(Category)

字段名	属性名	字段类型	是否为空	策　略	primary key
ID	科类 Id	SMALLINT	not null	auto_increment	Yes
Name	科类名	VARCHAR(3)	not null	unique	

表 12-4 学校表(School)

字段名	属性名	字段类型	是否为空	策　略	primary key
ID	学校 Id	INT	not null	auto_increment	Yes
Name	学校名称	VARCHAR(50)	not null	unique	
AreaId	所在地区 Id	SMALLINT			外
EducationLevel	教育层次	SMALLINT	not null		
Is985	是否 985	BIT	not null		
Is211	是否 211	BIT	not null		
IsMinistry	是否教育部直属	BIT	not null		
Code	学校代码	INT			

表 12-5 学校录取分数线表(SchoolRecruit)

字段名	属性名	字段类型	是否为空	策　略	primary key
ID	学校录取线 ID	INT	not null	auto_increment	Yes
SchoolID	学校 Id	INT	not null		外
YearTime	年份	SMALLINT	not null		
Highest	最高分	SMALLINT	not null		
Average	平均分	SMALLINT	not null		
Control	控制线	SMALLINT	not null		
CategoryID	科类 Id	SMALLINT			外
Batched	批次 Id	SMALLINT			外
SourceAreaID	生源地 Id	SMALLINT			外

表 12-6 学校链接表(SchoolURL)

字段名	属性名	字段类型	是否为空	策　略	primary key
ID	链接 ID	INT	not null	auto_increment	yes
URL	链接地址	VARCHAR(5)	not null		

(续表)

字段名	属性名	字段类型	是否为空	策略	primary key
IsSchoolRecruitComplete	学校录入是否完成	BIT	not null		
IsSpecialtyRecruitComplete	专业分数线录入是否完成	BIT	not null		

表 12-7 专业表(Specialty)

字段名	属性名	字段类型	是否为空	策略	primary key
ID	专业 Id	INT	notnull	auto_increment	yes
Name	专业名	VARCHAR(50)	not null		
Code	专业代码	VARCHAR(20)	unique		
IsBenKe	是否本科	BIT	not null		

表 12-8 专业录取线分数表(SpecialtyRecruit)

字段名	属性名	字段类型	是否为空	策略	primary key
ID	专业分数线 Id	INT	not null	auto_increment	Yes
SpecialtyID	专业 Id	INT	not null		外
SchoolID	学校 Id	INT	not null		外
YearTime	年份	SMALLINT	not null		
Highest	最高	SMALLINT	not null		
Average	平均	SMALLINT	not null		
Reliable	保守				
Risk	冒险				
Safe	稳妥				
CategoryID	科类 Id	SMALLINT			外
Batched	批次 Id	SMALLINT			外
SourceAreaID	生源地 Id	SMALLINT			外

表 12-9 省控线表(ControlLine)

字段名	属性名	字段类型	是否为空	策略	primary key
ID	省控线 id	SMALLINT	not null	auto_increment	是
Line	省控线	SMALLINT	not null		

(续表)

字段名	属性名	字段类型	是否为空	策　　略	primary key
YearTime	时间	SMALLINT	not null		
CategoryID	科类 ID	SMALLINT			外
Batched	批次 ID	SMALLINT			外
SourceAreaID	生源地 ID	SMALLINT			外

12.4　移动应用开发实践案例：豹考通部署

12.4.1　用到的系统软件清单

12.4.1.1　服务器端软件

（1）服务器系统：Windows server 2008
（2）服务器容器：Tomcat6
（3）数据库软件：MySQL5
（4）JAVA 环境：JDK1.7

12.4.1.2　开发工具软件

（1）服务器端开发工具：MyEclipse8.6
（2）数据库管理工具：MySQL-Front

12.4.2　服务器部署

Web 版豹考通的表现层利用 JSP 来实现，服务器代码是利用 JAVA 来管理数据存储。因此运行 WEB 版"豹考通"项目的服务器需要配置 Java 环境、Tomcat 和 MySQL 数据库。

12.4.2.1　JAVA 环境配置

Java JDK 官方下载地址：http：//www.oracle.com/technetwork/java/index.html。详细安装步骤本书略，安装目录可任意选取，建议路径中不包含中文和空格，如本书已安装目录为 F：\server\Java\JDK1.7\。安装过程中会自动安装 Java JRE，修改 Java JRE 的安装目录为 F：\server\Java\JRE\。

Java 安装成功后，通常需要将 Java 的安装路径添加到 Path 环境变量中，Java1.5 之后虽然能够识别 Java 命令，但建议对 Java 环境进行配置。配置方法到课程群中下载。

12.4.2.2　Tomcat 环境配置

Tomcat 下载网站：http：//tomcat.apache.org/。下载 Tomcat 并安装到

F:\server\Tomcat6\，安装过程略。安装过程中需要注意以下两个方面：

（1）设置 Http 请求端口号，默认为 8080，作为外网服务器，建议修改为 80 端口。

（2）Tomcat 用于部署 JavaWeb 应用，需要 Java Jre 的支持。Tomcat 安装过程中，需要在本机中查找 Java Jre 路径，建议选则 Java JRE 的安装目录 F:\server\Java\JRE\。

12.4.2.3　部署 Java Web 应用

进入 Tomcat 安装目录，找到 webapps\ROOT 文件夹，打开并删除所有文件，然后将 MyEclipse 编译好的项目文件夹里面的内容，拷贝到 F：\server\Tomcat6\webapps\ROOT 目录下。

12.4.2.4　绑定服务器域名地址

将域名和项目绑定到服务器，找到 Tomcat 安装路径下的 conf 文件夹中的 server.xml。修改＜Host name＝"所要绑定的域名" debug＝"0" appBase＝"webapps" unpackWARs＝"true" autoDeploy＝"true" xmlValidation＝"false" xmlNamespaceAware＝"false"＞＜/Host＞。

启动 Tomcat 时，输入绑定的域名，只能看到 webapps\ROOT 路径下的资源。如果是拷贝到 webapps 目录下，访问项目时还需在域名后面加上项目名称才能访问，即域名还没跟项目绑定到一起。让项目和域名绑定到一起，只需要在＜/Host＞前面加上＜Context docBase="项目名" path="" reloadable="true"＞即可。配置示例如下所示。

＜Host name＝"www.abc.com" debug＝"0" appBase＝"webapps" unpackWARs＝"true" autoDeploy＝"true" xmlValidation＝"false" xmlNamespaceAware＝"false"＞

＜Context docBase＝"zhushou" path＝"" reloadable＝"true"/＞

＜/Host＞

注：docBase 的值对应于 InfoSearchServer 的 WebRoot 的路径，path 的值对应于一个虚拟路径，设置为空表示访问时不用输入项目名。

12.4.3　数据库构建和维护

12.4.3.1　数据库构建

首先从 MySQL 的官网 http：//www.mysql.com/downloads/，下载 MySQL 安装文件，解压后双击 Setup.exe 文件→Next→（选择 Custom）Next→（修改路径）Next→（选择 Skip Sign-up）Next→Finish，进入 MySQL 数据库配置向导，配置过程中需要注意以下两个方面。

（1）到达 Please set the Windows Service 步骤时，复选框全选，即将 MySQL 服务安装到系统和将 MySQL 的安装路径设置到系统环境变量的 path。

（2）到达 Please select the defalut character set 步骤时，选择最后一个单选按钮，设置数据库的默认编码格式（character set）设置为 UTF-8。

12.4.3.2　数据的维护

服务器较难维护的是数据，主要体现两方面：数据的安全和多个数据库同步。下面介绍如何远程通过 MySQL-Front 工具管理数据库以及开发端与服务器端数据库数据同步问题。

（1）远程连接和管理数据库。利用 MySQL-Front 工具，创建连接 File→open Session，Server 地址栏输入 localhost，输入设置的数据库用户名和密码，进入之后，单击 User，在右视图中选中允许远程登录的用户，如图 12-15 所示的 root@localhost，将 localhost 修改为％即可。

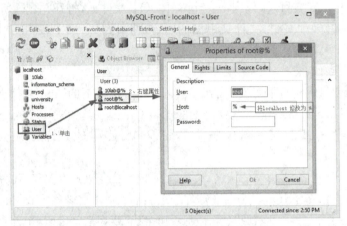

图 12-15　修改远程连接数据库步骤

（2）开发端与服务器端数据同步。首先单击 File→open Session→new，添加服务器端的账户，输入服务器地址和用户名以及密码，然后用本地账户登录到本地数据库，选择 Extras→Synchronize，选择左侧本地连接，打开数据库，选择需要同步的数据库或表的名称，然后再选择右侧服务器连接，打开需要上传数据的数据库或表的名称，然后单击 Forward 继续，根据自己的需要选择，一般把创建备份（Backup）的复选框去掉，如图 12-16 所示。

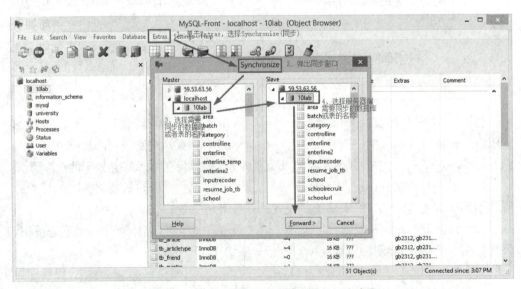

图 12-16　远程同步本地和服务器数据库步骤

12.4.4 服务端开发环境配置

12.4.4.1 下载安装 MyEclipse 开发工具

从官网 http://www.myeclipseide.com/ 下载 MyEclipse,安装过程省略。安装完成后设置 MyEclipse 新建项目编码格式为 UTF-8,然后配置 Tomcat6、Java 和 MySQL 数据库。

(1) 设置编码格式。在菜单栏的 Window→Preferences→General→Workspace→Text file encoding 将其改为 UFT-8,可以使得 MyEclipse 的新建项目的默认编码直接为 UTF-8。

(2) 配置 Tomcat6。在菜单栏的 Window→Preference…,打开 Preference 对话框,找到菜单树中 MyEclipse→Application Servers→Tomcat6.x。选中 Tomcat 6 项,在对话框中,选中 Enable 单选按钮,然后点击 Tomcat Home Directory 输入框后的 Browse 按钮,选择 Tomcat 的安装根目录,这里是 F:\server\Tomcat6,其他的框会自动填充,点击 Apply 按钮。

(3) 配置 Java JDK。选中 Tomcat 6.x 中的 JDK 一项,这里要特别注意,默认的是 JRE 的运行环境,这里要设定成 JDK 的。否则,MyEclipse 无法正常部属 Web 应用,也无法正常运行 Tomcat 服务器。我们点击 Add 按钮,JRE Name 中写入 JDK1.7,然后在 Browse 选择框中选择 JDK 的根目录,这里是 D:\server\java\jdk1.7,其他的默认,点击 OK 按钮。再在 Tomcat JDK Name 中选择刚才创建的 JDK1.7,点击 Apply 按钮。最后确保 Tomcat 6.x 的 Launch 中选中了 Debug 模式。

(4) 连接 MySQL 数据库。在菜单栏的 Window→Show View→other,打开 other 对话框,找到 Myeclipse Database,打开 DB Browser,并在 DB Browser 新建一个数据库驱动,输入或选中表 12-10 所示的信息并勾选 Save password 复选框,最后单击 Finish 完成配置。点击 preference 对话框的 OK 按钮完成开发环境的配置,就可以进行 Web 项目开发了。

表 12-10 新建数据库信息链接

Driver template	MySQL Connector/J
Driver name	Msql
Connection URL	jdbc:mysql://localhost:3306/10lab
User name	root
Password	123456
Driver JARs	Add JAR→查找到 mysql-connector-java-5.1.6-bin.jar 驱动架包

12.4.4.2 服务端应用程序开发过程

限于篇幅,这里仅列出基本步骤,有关代码均省略,读者可从网络课程群下载。

(1) 创建豹考通 Web 工程。打开 MyEclipse 开发界面,File→New→Projects…,打开新建项目对话框,选中 MyEclipse→New→Web Project,在 Web Project Details 的 Projects

Name 中输入"zhushou",其他采用默认值,然后,点击 Finish 按钮完成项目创建。

(2) 配置 struts2 和 hibernate 框架。单击 MyEclipse→Project Capabilities→ Add Struts Capabilities..,在弹出对话框中,选择 Struts2.1→选择"/*"→单击 Next,选择支持 struts2.1 的架包,采用默认即可,单击 Finish,即成功添加了 Struts2.1 框架,也可以手动配置,在 src 下添加 struts.xml 配置文件,并在 web.xml 中配置 struts2 的过滤器。

Hibernate 框架配置过程一致,选择 Hibernate 时,请选择 Hibernate3.0,选择 Use JDBC Driver 时,选择配置好的 MySQL 数据库,其他采用默认配置即可,过程此处省略。在引入 hibernate 环境完成之后会在项目的 src 目录下加入 hibernate 的配置文件 hibernate.cfg.xml,如果需要手动配置 hibernate 时,只需添加 hibernate.cfg.xml 文件和架包。

配置 struts 和 hibernate 框架时,可以利用 MyEclipse 自带的包,也可以手动添加所需要的包,拷贝到 WebRoot/WEB-INF/lib 目录下,基于 Struts2 和 Hibernate3.0 的 Web 应用程序所需的最少类库如表 12-11 所示。

表 12-11 基于 Struts2 和 Hibernate3.0 的 Web 应用程序所需的最少类库

类 别	运行库名称	类 别	运行库名称
Struts2	commons-logging-1.0.4.jar	Hibernate3.0	hibernate3.jar
	freemarker-2.3.8.jar		antlr-2.7.5.jar
	ognl-2.6.11.jar		jta.jar
	struts2-core-2.0.11		asm.jar
	xwork-2.0.4.jar		cglib-2.1.jar
Mysql	mysql-connector-java-3.1.12-bin.jar		dom4j-1.6.jar
			commons-collections-2.1.1.jar

注:上述的 jar 包可以在官方发布包中可以找到。

(3) 新建 Hello 类。选中工程项目 zhushou 下的 src 文件夹,右键菜单 New→Class,在 Package 中输入包名 cn.lab.zhushou.test,Name 中输入 Hello,去掉 public static void main 选项,其他全部默认,点击 Finish 按钮完成类的创建。输入并导入类后,代码如下。

```
package cn.lab.zhushou.test;
import com.opensymphony.xwork2.ActionContext;

publicclass Hello {
    private String message;
    //省略了 message 的 get 和 set 方法,添加方法在编辑窗口右键菜单 Source->Generate
    Getters and Setters,然后在对话框中选择要生成 get 和 set 方法的属性确定就可以了
    public String bkt(){//会返回信息给 index.jsp 页面
        if(getMessage().length()<1){
            message = "Hello 豹考通_default";
        }
```

```
        message = "--->输入的信息如下:"+message+";<br/>--->执行了bkt()方法。";
        ActionContext.getContext().put("show_message", message);//将值返回前台
        return"index";
    }
}
```

(4) 创建 JSP 页面。在 WebTest 工程中,选中 WebRoot 文件夹,右键菜单 New→JSP,File Name 修改为 index.jsp,其他默认,点击 Finish 完成创建。编辑完后 JSP 内容如下,注意将 jsp 页面的 pageEncoding 设置为 UTF-8 和引入<%@ taglib prefix="s" uri="/struts-tags"%>配置文件。

```
<%@ page language="java" import="java.util.*" pageEncoding="UTF-8"%>
<%@ taglib prefix="s" uri="/struts-tags"%>
<!DOCTYPE HTML PUBLIC "-//W3C//DTD HTML 4.01 Transitional//EN">
<html>
<head>
<title>My JSP 'index.jsp' starting page</title>
</head>
<body>
    <s:form action="Hello_bkt.action" method="post">
    input:<input type="text" name="message" />   <input type="submit"/><br>
    </s:form>
    ${show_message}    <!-- 显示后台输出的提示内容 -->
</body>
</html>
```

(5) 配置 struts.xml 文件,在</struts>前添加如下内容,对编写的 Hello 类进行映射。

```
<package name="lab" extends="struts-default">
    <action name="Hello_*" class="cn.lab.zhushou.test.Hello" method="{1}">
        <result name="index">/index.jsp</result>
    </action>
</package>
```

(6) 部署 Web 应用程序。选中 WebTest 工程的根目录,右键菜单 Run→MyEclipse Server Application,在打开的对话框中选择配置的 Tomcat6,点击 OK 按钮,完成了项目的发布。在 Console 窗口中看到"INFO:Server startup in 5127 ms"表示 Tomcat 启动成功,打开一个 IE 浏览器窗口,输入 http://localhost/zhushou/,我们可以看到如图 12-17 所示界面的第一行,说明运行成功。输入豹考通。

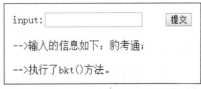

图 12-17　测试 web 服务器是否正常工作

如果显示后面两行信息,表示从服务器获取到了信息。

通过上面一个简单的案例,我们测试了 JSP、Java 和 Struts 环境是否能正常工作。

12.4.5 服务器与客户端交互数据接口设计

Android 和 IOS 等客户端与服务器端通信方式用的是 JSON,JSON 是一种在服务器端和客户端交换数据的轻量级数据格式,容易的读写,机器容易生出和解析。豹考通服务器端采用的 Struts+Hibernate 框架开发,因此在这里只介绍如何用在 Struts2 来搭建项目中利用 JSON 使得不同平台从服务器获取数据。

服务器与客户端数据交互过程为:首先,在客户端向服务器端发送 http 请求,如 http://localhost:80/zhushou/getClientInfo.action?v=Android(localhost:80 服务器地址,端口号为 80 可以省略,zhushou 为豹考通项目名称,getClientInfo.action 为 JsonAction 里面的 getClientInfo()方法,"?"后面为传入的参数。其次,服务器端执行 http 请求对应的方法,并采用 inputStream 输出流,将数据返回给客户端。最后,在客户端接收到的字符串,解析为客户端显示的数据。

使用 JSON 的步骤如下(下面第 2 步中的代码可从课程群下载,此处略)。

(1) 向"豹考通"项目导入 JSON 所需要的包 gson-2.2.4.jar,直接将下载好的 jar 包拷贝到项目的 WebRoot/WEB-INF/lib 即可。

(2) 编写处理请求的 JsonAction 类,并创建 getClientInfo()方法,该方法返回值为 "success",利用 inputStream 将信息返回到客户端。

(3) 在 Struts.xml 配置文件中,增加如下代码。其中 name="*"与 method= "{1}"利用通配符一一对应,即 http 请求链接中的方法与 JsonAction 类的方法名一一对应。

```
<!-- 调用规则为:在项目名称后面输入具体的方法名 -->
<action name="*" class="lab.cn.zhushou.action.json.JsonAction" method="{1}">
    <!-- 结果返回类型为字符串的配置 -->
    <result type="stream" name="success">
        <param name="contentType">textml</param>
        <param name="inputName">inputStream</param>
    </result>
</action>
```

(4) inputStream 中的内容将通过 struts 中上述配置,发送到前台。测试只要执行链接 http://localhost/zhushou/getClientInfo.action?v=Android 就可以。

(5) 前台输出效果为图 12-18 所示,即为 Android 或者 IOS 客户端获取到的结果。

图 12-18 测试 Android 或 IOS 终端获取到服务器返回的结果

12.5　移动应用开发实践案例："豹考通"Android 客户端开发

12.5.1　Android 客户端开发环境搭建

Android 开发环境搭建的流程与主要步骤见图 12-19。Android 开发所需工具及其功能见表 12-12。

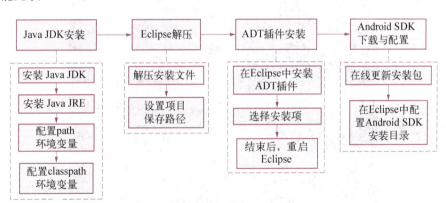

图 12-19　Android 开发环境搭建主要流程图

表 12-12　Android 开发所需工具及其功能

工　　具	功　能　角　色	是否必须
Java JDK	Java 开发包，包括开发 Java 程序的工具以及运行时环境	必须
Eclipse	Eclipse 是一个免费、开源的集成开发工具，能够帮助开发人员完成很多烦琐的事情，使得开发更方便、快捷	可选
Android SDK	Android 软件开发工具包，包含了 Android 程序运行所需要的各种资源以及工具	必须
ADT	Android 开发工具，是 Eclipse 上开发 Android 程序的插件，是连接 Eclipse 和 Android SDK 的纽带。使用它可以在熟悉的 Eclipse 中开发 Android 程序	可选

注意：上述开发工具中，Java JDK 和 Android SDK 是必需的，而 Eclipse 和 ADT 是可选的。Eclipse 是一个集成开发工具，能够帮助开发者完成很多烦琐的事情，而 ADT 是 Eclipse 中开发 Android 应用所需要的插件，使用它们可以提高开发者的开发速度和效率。实际上，完全可以通过记事本和命令行来开发和运行 Android 应用程序。当前最新版本 4.4，有一个三合一的安装包，包含除 JAVA JDK 外其他三个软件，三合一安装包下载地址为：

http：//dl.google.com/Android/adt/adt-bundle-windows-x86-20131030.zip（官方网站）

http：//pan.baidu.com/s/1pJArzAV（百度网盘）

安装步骤略。然后，运行创建的 AVD4.4 模拟器，成功后界面如图 12-20 所示。

图 12-20　Android 模拟器界面

12.5.2　导入豹考通 Android 项目：NewScore

豹考通 Android 客户端程序源码如图 12-21 所示，主要包含三个项目：ActionBarSherlock_lib、NewScore、SlidingMenu_lib。

其中 ActionBarSherlock_lib 和 SlidingMenu_lib 项目为第三方开源项目，主要实现侧边栏功能，在 SlidingMenu_lib 项目中引用了 ActionBarSherlock_lib 项目，在 NewScore 项目中引用了 SlidingMenu_lib 项目。因此将项目导入 Eclipse 中时，应先导入 ActionBarSherlock_lib 项目，然后导入

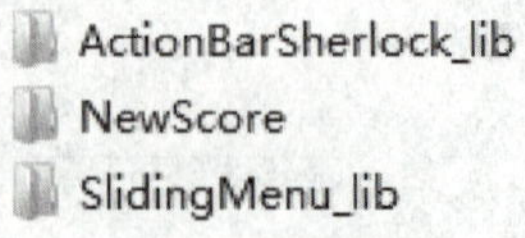

图 12-21　"豹考通"Android 客户端源码

SlidingMenu_lib 项目，并在 SlidingMenu_lib 项目中引用 ActionBarSherlock_lib 项目，最后导入 NewScore 项目，并在 NewScore 项目中引用 SlidingMenu_lib 项目。

在 SlidingMenu_lib 项目中引用 ActionBarSherlock_lib 项目的方法如下：首先选中 SlidingMenu_lib 项目，单击右键选择 Properties 弹出如图 12-22 所示对话框；选中左边的 Android，然后在右边单击 Add 按钮，会弹出当前工作区域中所有可引用的项目列表，然后选择 ActionBarSherlock_lib 项目即可。ActionBarSherlock_lib 和 SlidingMenu_lib 项目为第三方开源项目我们只需要引用即可，不必分析具体如何实现。

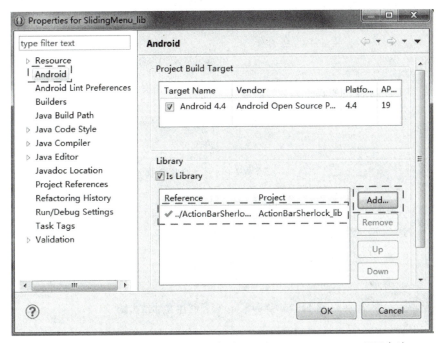

图 12-22　在 SlidingMenu_lib 项目中引用 ActionBarSherlock_lib 项目方法

豹考通各主要功能和业务逻辑实现包含在 NewScore 项目中，我们主要对该项目进行分析，该项目的程序文件结构以及各文件的功能说明如图 12-23 所示。

12.5.3　豹考通 Android 客户端程序包结构分析

豹考通 Android 客户端程序包结构分析详见图 12-24、图 12-25、图 12-26。

12.5.4　豹考通 Android 客户端关键技术

通过 Android 客户端主要功能和流程分析可知，"豹考通"软件 Android 客户端所涉及的关键技术如下。

- 各功能界面设计和事件处理

```
NewScore ──────────── 项目名
  src ──────────────── 程序源代码
    iet.jxufe.cn.android.bean ──── 存放Java实体类
    iet.jxufe.cn.android.score ─── 存放业务逻辑类
    iet.jxufe.cn.android.score.util ── 存放工具类
  gen [Generated Java Files] ─── 存放生成的资源文件
  Android 4.4 ────────── Android版本
  Android Private Libraries ── 私有库
  Android Dependencies ──── 依赖的项目库
  assets ─────────────── Android中的一些资源
  bin ────────────────── 存放可运行程序和中间文件
  libs ───────────────── 存放第三方库
  proguard ──────────── 混淆文件
  res ────────────────── 存放资源文件
    drawable ─────────── 存放XML文件图形
    drawable-hdpi
    drawable-ldpi
    drawable-mdpi ────── 存放不同分辨率
    drawable-xhdpi       和大小的图片
    drawable-xxhdpi
    layout ────────────── 存放布局文件
    menu ─────────────── 存放菜单文件
    values ────────────── 存放常量和样式文件
    values-sw600dp ───── 存放适合于屏幕宽度超过600像素的手机的配置文件
    values-sw720dp-land ── 存放适合于横屏宽度超过720像素的收件的配置文件
    values-v11 ────────── 存放Android 11的配置文件
    values-v14 ────────── 存放Android 14的配置文件
  AndroidManifest.xml ──── Android清单文件
  hs_err_pid5056.log
  ic_launcher-web.png
  proguard-project.txt ──── 存放混淆文件
  project.properties ────── 项目属性文件
```

图 12-23　NewScore 项目程序文件结构图

```
NewScore
  src
    iet.jxufe.cn.android.bean
      ControlLine.java ────── 省控线信息封装类
      EnterLine.java ──────── 投档线信息封装类
      MajorEnroll.java ─────── 专业录取线信息封装类
      MajorInfo.java ───────── 专业联系人信息封装类
      RecommendSchool.java ── 推荐的学校信息封装类
      School.java ──────────── 学校信息封装类
      SchoolEnrollScore.java ── 学校录取线信息封装类
      SchoolUser.java ──────── 学校联系信息封装类
      User.java ────────────── 用户信息封装类
    iet.jxufe.cn.android.score
    iet.jxufe.cn.android.score.util
```

图 12-24　iet.jxufe.cn.Android.bean 包下各文件说明

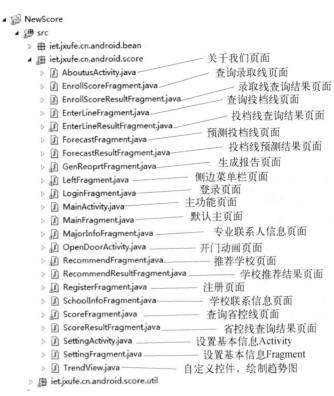

图 12-25　iet.jxufe.cn.Android.score 包下各文件说明

图 12-26　iet.jxufe.cn.Android.util 包下各文件说明

- 功能间切换和页面跳转
- 读取和更新本地配置信息
- Android 客户端与服务器端交互（发送请求和获取结果）
- 网络服务器端返回结果解析（JSON 解析）
- 解析结果展示（自定义 Adapter）
- 根据数据绘制趋势图（自定义控件）

上述各部分的详细代码与技术细节，此处略，有兴趣者可以查看网络交流群或参考《移动商务软件设计案例教程》。下面只给出两个功能模块的部分代码。

12.5.5 豹考通功能模块实现举例

12.5.5.1 程序启动动画设计

豹考通程序启动时,有一个开门的动画效果,动画结束后会根据是否是第一次启动软件而跳转到不同的界面。其中开门动画效果主要是位置移动动画,两张图片最开始是合在一起形成一个整体,然后两张图片分别向左和向右移动,从而达到缓缓打开的效果。运行效果如图 12-27 所示。

图 12-27 开门动画几个瞬间

程序清单:NewScore\src\iet\jxufe\cn\Android\score\OpenDoorActivity.java

1	public class OpenDoorActivity extends Activity {//入口 Activity,开门效果
2	private ImageView mLeft;//左半边图片
3	private ImageView mRight;//右半边图片
4	private boolean isFirst;//是否是第一次打开程序
5	protected void onCreate(Bundle savedInstanceState) {
6	super.onCreate(savedInstanceState);
7	requestWindowFeature(Window.FEATURE_NO_TITLE);// 去除标题栏
8	setContentView(R.layout.activity_door);
9	mLeft =(ImageView) findViewById(R.id.imageLeft);
10	mRight =(ImageView) findViewById(R.id.imageRight);
11	Global.initPreferences=getSharedPreferences("setting", Context.MODE_PRIVATE); //读取配置参数
12	isFirst=Global.initPreferences.getBoolean("isFirst", true);//是否为第一次
13	AnimationSet anim = new AnimationSet(true);//动画集
14	TranslateAnimation mytranslateanim = new TranslateAnimation(Animation.RELATIVE_TO_SELF, 0f, Animation.RELATIVE_TO_SELF, −1f, Animation.RELATIVE_TO_SELF, 0f, Animation.RELATIVE_TO_SELF, 0f);//位置动画,左移,Y轴不变

（续表）

15	mytranslateanim.setDuration(3000);//动画时间	
16	anim.setStartOffset(800);	
17	anim.addAnimation(mytranslateanim);//将动画添加到动画集中	
18	anim.setFillAfter(true);	
19	mLeft.startAnimation(anim);//开始动画	
20	AnimationSet anim1 = new AnimationSet(true);	
21	TranslateAnimation mytranslateanim1 = new TranslateAnimation(Animation.RELATIVE_TO_SELF, 0f, Animation.RELATIVE_TO_SELF, +1f, Animation.RELATIVE_TO_SELF, 0f, Animation.RELATIVE_TO_SELF, 0f);//位置动画,右移,Y轴不变	
22	mytranslateanim1.setDuration(2500);//动画时间	
23	anim1.addAnimation(mytranslateanim1);	
24	anim1.setStartOffset(800);	
25	anim1.setFillAfter(true);	
26	mRight.startAnimation(anim1);	
27	new Handler().postDelayed(new Runnable(){	
28	public void run(){	
29	if(isFirst){//如果第一次启动软件,跳转到设置基本信息的页面,	
30	Intent intent=new Intent(OpenDoorActivity.this, SettingActivity.class);	
31	startActivity(intent);	
32	}else{//否则读取用户信息,并跳转到功能主界面	
33	Global.areaId=Global.initPreferences.getInt("areaId", 12);//获取生源地 Id	
34	Global.targetArea = Global.initPreferences.getInt("targetArea", 12);//意向省市	
35	Global.levelId=Global.initPreferences.getInt("levelId", 1);//批次,默认为二本	
36	Global.typeID=Global.initPreferences.getInt("typeId",1);//类别,默认为理科	
37	Global.score=Global.initPreferences.getInt("score",0);//获取填写的高考成绩	
38	Global.rank=Global.initPreferences.getInt("rank", 0);//获取填写的高考排名	
39	Intent intent = new Intent (OpenDoorActivity.this, MainActivity.class);	
40	startActivity(intent);	
41	}	
42	OpenDoorActivity.this.finish();//结束当前页面	
43	}	

44	}, 3300);
45	}
46	}

12.5.5.2 显示学校投档线的趋势线

既可以查询学校的整体录取线信息,也可以查询学校各专业的录取线信息,并可以生成录取线趋势图,查询录取线信息时,需要指定查询的学校、批次(一本、二本、三本)、类别、年份、生源地等信息。主要界面如图12-28、12-29所示。

图 12-28 查询结果界面

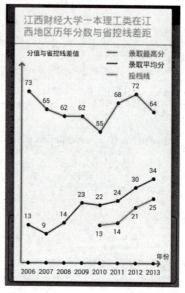

图 12-29 生成趋势图界面

自定义控件绘制趋势图的文件为TrendView,在该控件中主要绘制的内容包括:X轴和Y轴坐标、坐标上方的说明文字,绘制代表投档线、平均分和最高分趋势的折线图。详细代码如下。

程序清单:NewScore\src\iet\jxufe\cn\Android\score\TrendView.java

1	public class TrendView extends View {// 趋势图
2	private List<Integer> datas;// 绘图所需要的一组数据
3	private List<Integer> highestDatas;//最高分对应的数据
4	private List<Integer> enterLineDatas;//投档线对应的数据
5	private int xSpace;// 两点X轴之间的间距
6	private int x[];// 保存各个点的x坐标
7	private int scale = 6;// 纵向1个单位的间距

（续表）

8	private int radius = 5;// 每个点的半径
9	private Paint pointPaint，textPaint，linePaint1，linePaint2，linePaint3，xPaint，yPaint;// 坐标点画笔、文字画笔、线画笔、X轴坐标线、Y轴坐标线
10	private float textHeight;// 文字高度
11	private int ySpace = 5;// 文字与坐标点之间的垂直间隔
12	private int arrowSpace = 8;// 箭头的间距
13	private int mindData;//中间参考值
14	private int centerHeight;//中间参考值对应的纵坐标
15	public TrendView(Context context, List<Integer> datas) {//绘制一条折线
16	super(context);
17	this.datas = datas;
18	init();
19	x = new int[datas.size()];// 有多少个数据，就需要保存多少个横坐标
20	}
21	public TrendView（Context context，List<Integer> datas，List<Integer> highestDatas){//绘制两条折线
22	this(context，datas);
23	this.highestDatas=highestDatas;
24	}
25	public TrendView（Context context，List<Integer> datas，List<Integer> highestDatas，List<Integer> enterLineDatas){//绘制三条折线
26	this(context，datas，highestDatas);
27	this.enterLineDatas=enterLineDatas;
28	}
29	protected void onDraw(Canvas canvas) {
30	super.onDraw(canvas);
31	int width = this.getWidth();// 获取控件的宽度
32	int height = this.getHeight();// 获取控件的高度
33	xSpace = (width − 40) / datas.size();// 计算两个点之间的X轴间距,左右各留20像素
34	for (int i = 0; i < x.length; i++) {// 初始化各个点的X轴坐标,起始点偏移20像素
35	x[i] = 40 + i * xSpace;
36	}

(续表)

37	mindData =（getMaxData() + getMinData()）/ 2;// 获取最大值与最小值之间的中值
38	System.out.println("中间参考值："+mindData);//中间参考值
39	centerHeight = height / 2+120;// 获取控件的 Y 轴中线，中线为中间数据，比该数据大的在上方，比该数据小的在下方
40	// 绘制横坐标和纵坐标
41	canvas.drawLine(20, height － 50, width － 30, height － 50, xPaint);// 绘制 X 轴
42	canvas.drawLine(width － 30 － arrawSpace, height － 50 － arrawSpace,
43	width － 30, height － 50, xPaint);// 绘制 X 轴箭头
44	canvas.drawLine(width － 30 － arrawSpace, height － 50 + arrawSpace,
45	width － 30, height － 50, xPaint);// 绘制 X 轴箭头
46	canvas.drawLine(20, height － 50, 20, 50, yPaint);// 绘制 Y 轴
47	canvas.drawLine(20 + arrawSpace, 50 + arrawSpace, 20, 50, yPaint);// 绘制 Y 轴箭头
48	canvas.drawLine(20 － arrawSpace, 50 + arrawSpace, 20, 50, yPaint);// 绘制 Y 轴箭头
49	canvas.drawText("分值与省控线差值", 20 + arrawSpace + 5, 30, textPaint);// Y 轴坐标提示文本
50	canvas.drawText("年份", width － 40, height － 50 － arrawSpace － 5,
51	textPaint);// X 轴坐标提示文本
52	canvas.drawText("录取最高分", width－120, 30, linePaint2);
53	canvas.drawText("录取平均分", width－120, 60, linePaint1);
54	canvas.drawText("投档线", width－120, 90, linePaint3);
55	canvas.drawLine(width－180, 20, width－150, 20, linePaint2);
56	canvas.drawLine(width－180, 50, width－150, 50, linePaint1);
57	canvas.drawLine(width－180, 80, width－150, 80, linePaint3);
58	drawLine(datas, canvas, linePaint1, true);//绘制平均线
59	if(highestDatas! =null){
60	drawLine(highestDatas, canvas, linePaint2, true);
61	}//绘制最高线
62	if(enterLineDatas! =null){
63	drawLine(enterLineDatas, canvas, linePaint3, false);
64	}//绘制投档线
65	for (int i = 0; i < datas.size(); i++) {// 绘制底部年份信息
66	canvas.drawText((2014 － datas.size() + i) + "", x[i] － 20,
67	height － 20, textPaint);

(续表)

68	canvas.drawCircle(x[i], height − 50, radius, pointPaint);
69	}
70	}
71	public void drawLine(List<Integer> datas, Canvas canvas, Paint linePaint, boolean isTextUp) {
72	// 绘制折线
73	for (int i = 0; i < datas.size(); i++) {// 依次获取每一个数据
74	if(datas.get(i)!=−1){//如果对应的值不是−1,则绘制
75	int data = datas.get(i);
76	// 数据(data)相对于中间数据(mindData)的偏移量,根据偏移量来计算该点的纵坐标,每个偏移量对应 scale 个像素。如果为负值表示在中线上方,如果为正值表示在中线下方
77	float point = (−(data − mindData)) * scale;// 该点相对于中线的纵坐标
78	canvas.drawCircle(x[i], centerHeight + point, radius, pointPaint);// 绘制坐标点
79	if(isTextUp){
80	canvas.drawText(data + "", x[i] − 12, centerHeight + point
81	− textHeight / 2 − ySpace, textPaint);// 绘制该点对应的文字信息
82	}else{
83	canvas.drawText(data + "", x[i] − 12, centerHeight + point
84	+ textHeight+ySpace, textPaint);// 绘制该点对应的文字信息
85	}
86	if (i != (datas.size() − 1)&&datas.get(i+1)!=−1) { // 如果该点不是最后一个点,则需要绘制该点到下一个点的连线
87	int nextData = (Integer) datas.get(i + 1);// 获取下一个数据
88	float pointNext = (−(nextData − mindData)) * scale; // 该数据相对于中值的偏移量
89	canvas.drawLine(x[i], centerHeight + point, x[i + 1],
90	centerHeight + pointNext, linePaint);
91	}
92	}
93	}
94	}
95	public void init() {// 执行初始化操作

(续表)

96	pointPaint = new Paint();// 坐标点画笔的初始化
97	pointPaint.setAntiAlias(true);
98	pointPaint.setColor(Color.BLACK);// 黑色
99	linePaint1 = new Paint();// 连接线画笔的初始化
100	linePaint1.setColor(Color.BLUE);// 连接线的颜色为蓝色
101	linePaint1.setAntiAlias(true);
102	linePaint1.setTextSize(20);// 文字大小为 20
103	linePaint1.setStrokeWidth(3);// 宽度为 3 像素
104	linePaint1.setStyle(Style.FILL);// 填充
105	linePaint2 = new Paint();
106	linePaint2.setColor(Color.RED);// 连接线的颜色为红色
107	linePaint2.setAntiAlias(true);
108	linePaint2.setTextSize(20);// 文字大小为 20
109	linePaint2.setStrokeWidth(3);// 宽度为 3 像素
110	linePaint2.setStyle(Style.FILL);// 填充
111	linePaint3 = new Paint();
112	linePaint3.setColor(Color.MAGENTA);// 连接线的颜色为品红
113	linePaint3.setAntiAlias(true);
114	linePaint3.setTextSize(20);// 文字大小为 20
115	linePaint3.setStrokeWidth(3);// 宽度为 3 像素
116	linePaint3.setStyle(Style.FILL);// 填充
117	textPaint = new Paint();//创建文本画笔,并执行相关初始赋值
118	textPaint.setAntiAlias(true);
119	textPaint.setColor(Color.BLACK);// 文本颜色为白色
120	textPaint.setTextSize(18);// 文字大小为 14
121	xPaint = new Paint();//创建 X 轴画笔,并执行相关初始赋值
122	xPaint.setAntiAlias(true);
123	xPaint.setStrokeWidth(3);
124	xPaint.setColor(Color.RED);// 红色
125	yPaint = new Paint();//创建 Y 轴画笔,并执行相关初始赋值
126	yPaint.setAntiAlias(true);
127	yPaint.setStrokeWidth(3);
128	yPaint.setColor(Color.RED);// 绿色

（续表）

129	FontMetrics fontMetrics = textPaint.getFontMetrics();// 计算文字高度
130	textHeight = fontMetrics.bottom - fontMetrics.top;// 文字底部坐标减去顶部坐标
131	}
132	public int getMaxData() {// 获取这组数据中最大的数据
133	int max = datas.get(0);// 默认让第一个数据为最大数
134	for (int i = 0; i < datas.size(); i++) {
135	if (max < datas.get(i)) {// 如果有数据比最大数大，则将保留该数
136	max = datas.get(i);
137	}
138	}
139	return max;
140	}
141	public int getMinData() {// 获取这组数据中最小的数据
142	int min = datas.get(0);// 默认让第一个数据为最小数
143	for (int i = 0; i < datas.size(); i++) {
144	if (min > datas.get(i)) {// 如果有数据比最大数大，则将保留该数
145	min = datas.get(i);
146	}
147	}
148	return min;
149	}
150	public List<Integer> getDatas() {
151	return datas;
152	}
153	public void setDatas(List<Integer> datas) {
154	this.datas = datas;
155	x = new int[datas.size()];// 有多少个数据，就需要保存多少个横坐标
156	}
157	}

本 章 小 结

本章结合案例，介绍了 Android 移动商务应用开发与使用的全过程，重点学习开发一个基于 Android 的移动商务系统，体验 Android 移动商务应用的结构、系统安装与部署、软件设计与开发的全过程。通过学习，读者既可以熟练掌握一个商用移动商务软件的操作全过程，又能具备参与移动互联网条件下的创新创业项目团队的能力，还具备了与移动商务团队沟通交流的能力。

读者可以结合本章实例，针对某一移动商务应用提出改进建议或提出新的移动商务应用方案，并考虑如何实现并向 Android 用户推广你的应用。

练习与思考题

1. 熟练使用"豹考通"，并提出该 APP 的改进建议。
2. 如何搭建移动商务服务器？
3. 如何搭建 Android 开发环境？
4. 如何导入一个 Android 项目？
5. 一个完善的移动商务开发项目一般包括哪些基本部分？
6. 一个 Android 应用程序的基本结构？
7. Android 应用程序的发布渠道有哪些？
8. 一个 Android 项目中，xml 文件常用于什么地方，业务处理逻辑常用什么程序？

参 考 文 献

[1] 艾伦,格劳贝拉,伦卓甘.智能手机跨平台开发高级教程[M].崔康,译.北京:清华大学出版社,2011.
[2] 操端.基于智能手机的远程心电显示系统的设计与研究[D].成都:西华大学,2010.
[3] 曹红辉.中国电子支付发展研究[M].北京:经济管理出版社,2008.
[4] 曹炜.基于J2ME的手机应用开发研究[J].武汉理工大学学报(信息与管理工程版),2005(5):257-260.
[5] 陈桔.手机阅读的冰与火——对手机阅读未来成长性的研究[J].新闻实践,2011(10):69-71.
[6] 陈彦华.基于Windows2000/NT的木马启动与反跟踪技术[D].郑州:中国人民解放军信息工程大学,2003.
[7] 陈颖.浅谈计算机数据恢复技术及其应用[J].恩施职业技术学院学报(综合版),2003,15(3):73-75.
[8] 陈志竞,梁伯瀚.3G移动增值业务全程精确营销实践[J].电信科学,2010(9):56-59.
[9] 崔保安.浅谈人工智能与电子商务管理[J].计算机产品与流通,2019(6):78;81.
[10] 崔超.云计算平台下的动态信任模型的研究[D].哈尔滨:哈尔滨工程大学,2011.
[11] 邓洪斌.移动互联网下的连锁便利服务模式研究[D].南昌:江西财经大学,2011.
[12] 董昱,马鑫.基于netlink机制内核空间与用户空间通信的分析[J].测控技术,2007(9):100-113.
[13] 杜旸.新兴媒介环境下移动音频用户的行为特征[J].新闻传播,2018(5):39-40.
[14] 段琳.深入剖析Android Activity[J].中国新技术新产品,2011(16):33-34.
[15] 范盛荣.Windows Mobile应用程序开发实践Windows移动开发指南[M].北京:科学出版社,2006.
[16] 范云龙.Android电话子系统的研究与实现[D].武汉:武汉理工大学,2011.
[17] 冯迪,罗元兵.基于J2ME平台的手机游戏设计与实现[D].成都:电子科技大学,2007.
[18] 冯煜,朱军.J2ME程序设计[M].林琪,张伶,译.北京:中国电力出版社,2003.
[19] 何建.基于云计算的移动式数据终端设计研究[D].南京:南京理工大学,2010.
[20] 傅曦,齐宇,徐骏.Windows Mobile手机应用开发[M].北京:人民邮电出版社,2005.

[21] 盖之花,施连敏.基于GSM短信息服务的电量提醒系统的实现[J].计算机与数字工程,2011(11):178-180.

[22] 高静.应用于3G网络平台的企业移动办公系统的设计[D].西安:西安科技大学,2006.

[23] 龚广,李舟军,忽朝俭,等.Windows内核级Rootkits隐藏技术的研究[J].计算机科学.2010,(4):138-140.

[24] 古益杰.智能手机蓝牙漏洞挖掘与分析[D].北京:北京邮电大学,2010.

[25] 郭绍青,黄建军,袁庆飞.国外移动学习应用发展综述[J].电化教育研究,2011.(5):105-109.

[26] 郭志凌.电信运营商移动互联网业务创新营销模式[J].电信科学,2011(8):11-15.

[27] 何德华,鲁耀武.移动营销:基于短信息服务的消费者接受实证研究[J].商业研究,2009,38(4):127-131.

[28] 何军红.移动营销成功的影响因素文献综述及研究假设[J].中国经贸导刊,2010(17):81-82.

[29] 何日辉.短视频的应用类型与盈利模式[J].新闻战线,2019(17):95-97.

[30] 何臻.人工智能技术与电子商务的"天作之合"[J].电子技术与软件工程,2019(12):246.

[31] 和灵智,郭世平.手机软件平台架构解析[M].北京:电子工业出版社,2009.

[32] 侯洋.国内移动音频APP的发展现状及策略研究[J].传播力研究,2018,2(18):9-10.

[33] 胡春雨.多媒体短信的研究与实现[D].成都:电子科技大学,2004.

[34] 胡晋,李代明,郭强.移动电子商务环境下的物流管理[J].包装工程,2009,30(11):104-106.

[35] 黄聪明.Java移动通信程序设计J2ME MIDP[M].北京:清华大学出版社,2002.

[36] 黄德群,腾艳杨,汪向征.欧洲技术促进学习研究新进展[J].开放教育研究,2011(2):28-38.

[37] 黄俊.Windows Mobile技术在移动销售终端中的应用及研究[D].上海:同济大学,2008.

[38] 黄荣怀,SALOMAA J.移动学习——理论、现状、趋势[M].北京:科学出版社.2008.

[39] 黄鑫.共建共享将是5G建设主旋律[N].经济日报,2019-09-18(13).

[40] 霍芥廷.即时通讯工具现状及前景展望[J].通讯世界,2018(1):155.

[41] 姜楠,王健.移动网络安全技术与应用[M].北京:北京电子工业出版社,2004.

[42] 焦祝军,张威.J2ME无线通信技术应用开发[M].北京:北京希望电子出版社,2002.

[43] 解婷,田轲.浅析公交移动电视的现状及策略[J].今传媒,2012(6):69-70.

[44] 孔德轩.移动售后服务信息系统设计[J].科技信息,2009(11):64-65.

[45] 孔明放.J2ME程序设计教程:J2ME应用开发程序员认证[M].北京:电子出版

社,2005.

[46] 朗锐,孙方.J2ME 手机程序 ECLIPSE 开发基础[M].北京:机械工业出版社,2006.

[47] 雷剑.基于 J2ME 的手机游戏开发关键技术的研究与实现[D].南昌:江西师范大学,2007.

[48] 李道远,袁春风.多媒体短信业务规范的研究和实现[J].计算机工程,2003,29(19):180-181.

[49] 李方伟,蹇洁,吴礼珍等.移动通信系统认证协议与密码技术[M].北京:北京人民邮电出版社,2007.

[50] 李凤.移动办公系统技术综述[J].油气田地面工程,2011,30(12):72-73.

[51] 李克然.基于云计算的电子商务数据管理模式研究[D].西安:西安电子科技大学,2011.

[52] 李培维.基于云计算的信息服务研究[D].湘潭:湘潭大学,2011.

[53] 李世超.移动办公系统实现框架综述[J].油气田地面工程,2010,29(4):87-88.

[54] 李舒愫,顾凤佳,顾小清.U-learning 国际现状调查与分析[J].开放教育研究,2009(2):98-104.

[55] 李铁,冯志勇.面向供应链管理的移动代理体系结构[J].计算机应用,2003,23(6):69-74.

[56] 李晓红,冯志勇,孙济洲.基于移动 Agent 建立企业动态供应链[J].天津大学学报,2003,36(2):230-233.

[57] 李研,刘晶晶,蒋亮.J2ME 技术开发与应用[M].北京:机械工业出版社,2006.

[58] 李玉敏,齐源.移动供应链管理初探[J].商业经济,2007(27):18-19.

[59] 李振鹏,龚剑.J2ME 手机游戏开发技术详解[M].北京:清华大学出版社,2006.

[60] 李铮.多媒体云计算平台关键技术研究[D].合肥:中国科学技术大学,2011.

[61] 梁升荣.Windows Rootkit 检测机制的研究与实现[D].成都:电子科技大学,2009.

[62] 廖卫红.移动电子商务互动营销模式应用研究[J].中国流通经济,2012(1):85-89.

[63] 林剑宏.浅析人工智能技术在电子商务领域中的应用[J].中国商论,2019(2):19-20.

[64] 刘必刚.Android 通信模块的设计与优化[D].武汉:武汉理工大学,2010.

[65] 刘斌,丁璇,庞晖等.J2ME 手机开发入门[M].北京:人民邮电出版社,2006.

[66] 刘军,廖建新.一种通用移动支付模型及其协议的研究[J].高技术通信,2006(6):560-565.

[67] 刘挺,华皓,姚俊旻,等.电信运营商的移动支付产品商业模式探讨[J].电信科学,2010,26(9):6-11.

[68] 刘兴波.互联网与共享经济[J].互联网经济,2016(Z1):10.

[69] 刘彦博,胡砚,马骐.Windows Mobile 平台应用与开发[M].北京:人民邮电出版社,2006.

[70] 龙跃.移动电子商务营销模式探索与创新[J].江苏商论,2006(6):62-63.

[71] 龙跃.移动通信技术在物流管理中的应用[J].现代物流,2005,27(21):27-30.

[72] 卢军,岳希,周辉.J2ME 移动软件程序设计[M].北京:中国水利水电出版社,2010.

[73] 卢立蕾,文伟平.Windows 环境木马进程隐藏技术研究[J].信息网络安全,2009(5):35-37,46.

[74] 鲁耀斌.移动商务的应用模式与采纳研究[M].北京:科学出版社,2008.

[75] 路伟肖.比较视角下导游讲解能力及培养之分析[J].天津职业院校联合学报,2018,20(1):62-66.

[76] 罗成.基于 Windows 消息机制的 HTTP 隐蔽通道的设计与实现[D].上海:上海交通大学,2008.

[77] 罗军舟,金嘉晖,宋爱波,等.云计算:体系架构与关键技术[J].通信学报,2011,32(7):3-20.

[78] 麻信洛,李晓中,葛长涛,等.无线局域网构建及应用[M].北京:国防工业出版社,2009.

[79] 马文良.中国移动互联网 10 年纪事[J].中关村,2013(2):24-26.

[80] 迈克尔·波特.竞争优势[M].陈小悦,译.北京:华夏出版社,2005.

[81] 茆意宏.论手机移动阅读[J].大学图书馆学报,2010(6):5-11.

[82] 魅媒调研中心.2008—2009 年中国手机游戏市场研究报告[R].中国无线互联行业月报,2010.

[83] 摩根士坦利集团.移动互联网发展研究(2009)[EB/OL].(2009-12-15).http://www.morganstanley.com/institutional/techresearch/mobile_internet_report122009.html.

[84] 莫尼逊.J2ME 手机游戏编程入门[M].李强,译.北京:人民邮电出版社,2005.

[85] 莫小婷.简析人工智能与电子商务管理[J].财富时代,2019(7):48.

[86] 欧阳泉,许向阳.J2ME 平台结构及开发应用[J].计算机与数字工程,2006(2):180-185.

[87] 潘士强.基于 ARM 平台的 Android 智能手机操作系统的研究与应用开发[D].昆明:昆明理工大学,2011.

[88] 普莱斯.无线网络原理与应用[M].冉晓旻,王彬,王锋,译.北京:清华大学出版社,2006.

[89] 秦成德,王汝林,石明卫,等.移动电子商务[M].北京:人民邮电出版社,2009.

[90] 秦学韬.基于 Windows Mobile 平台的智能手机驱动程序设计与实现[D].长春:吉林大学,2006.

[91] 任海峰,赵君.移动学习国内外研究现状分析[J].成人教育,2010(1):95-96.

[92] 舒凯.移动电子商务的信息安全研究[J].移动通信,2004(9):82-85

[93] 宋蓓蓓.共享经济:大数据下颠覆性的商业模式[J].广西质量监督导报,2019(9):174.

[94] 孙念,张哲.Windows Mobile 电源管理分析与实现[J].现代电子技术,2009(22):150-153.

[95] 孙晓宇.Android 手机界面管理系统的设计与实现[D].北京:北京邮电大学,2009.

[96] 孙雪梅.多媒体短信业务基本原理及其发展[J].山东通信技术,2003,23(1):

26-29.
[97] 唐明董,张俊波,刘建勋.基于GSM模块的短信平台服务器设计与实现[J].微计算机应用,2007(2):89-92.
[98] 潘焱,田华,魏安全.无线通信系统与技术[M].北京:人民邮电出版社,2011.
[99] 田智辉,解益坤.短视频的未来内容与商业模式创新[J].视听界,2019(4):10-13.
[100] 汪树东,柯卫,董亚楠.移动支付平台建设实践与探索[J].电信科学,2010,26(9):26-30.
[101] 王斌.电子商务安全与支付技术[M].北京:中国人民大学出版社,2006.
[102] 王洪莹.移动商务身份认证系统的研究与设计[D].北京:北京交通大学,2007.
[103] 王佳隽,吕智慧,吴杰,等.云计算技术发展分析及其应用探讨[J].计算机工程与设计,2010,31(20):404-409.
[104] 王莉敏.人工导游与自助电子导游服务的差异化发展[J].旅游纵览(下半月),2015(9):41-42.
[105] 王丽芳,蒋泽军.电子商务安全[M].北京:电子工业出版社,2010.
[106] 王明哲,刘艳红.中国移动的服务营销组合[J].商场现代化,2007,500(4):114-115.
[107] 王汝林,姚歆,杨立平.移动商务理论与实务[M].北京:清华大学出版社,2007.
[108] 王文昊,刘玉红.电子导游的发展现状及未来展望[J].旅游纵览(下半月),2016(9):192-193.
[109] 王绪.浅谈针对移动设备的即时通信技术研究与应用[J].信息通信,2018(5):122-123.
[110] 王益维.基于Struts2的门户网站自动生成系统的设计和实现[D].武汉:华中师范大学,2009.
[111] 王羽欣.智慧交通构建中的5G网络技术浅谈[J].科技风,2019(26):107.
[112] 王羽莹.基于多平台的汉语移动学习智能手机软件的研究与开发[D].北京:北京邮电大学,2011.
[113] 魏格利,莫斯,福特.Microsoft Mobile移动应用开发宝典[M].张大威,译.北京:人民邮电出版社,2008.
[114] 魏红,游思琴.移动通信技术与系统应用[M].北京:人民邮电出版社,2010.
[115] 吴卫华."云计算"环境下电子商务发展模式研究[J].情报杂志,2011,30(5):147-151.
[116] 吴小君,刘小霞.移动阅读时代数字出版商业模式探析[J].中国出版,2011(16):52-54.
[117] 吴钰琦.短视频平台的内容生产模式研究[J].内蒙古科技与经济,2019(16):73-75.
[118] 吴志恩,胡劲松.Windows Mobile中注册表保护的实现[J].计算机工程,2010(1):142-145.
[119] 奚君武.移动计算——打造现代物流新优势[J].中国物流与采购,2005(1):

70-71.

[120] 肖君,朱晓晓,陈村,等.面向终身教育的U-Learning技术环境的构建及应用[J].开放教育研究,2012(6):89-93.

[121] 徐鹏.浅谈售后服务领域的移动信息化应用[J].广东科技,2011(12):64-65.

[122] 徐顺山,孙学刚,崔炳俭.移动搜索业务模式与技术实现分析[J].邮电设计技术,2008(11):23-26.

[123] 徐芸,梁舜尧.共享经济在我国的发展现状及趋势预测[J].中外企业家,2019(7):1.

[124] 薛金宏.移动支付的法律风险及法律规制[D].天津:天津工业大学,2017.

[125] 薛岩,施文胜,濮奕.移动支付的风险及防范措施探析[J].金融科技时代,2019(4):52-54.

[126] 杨丰盛.Android应用开发揭秘[M].北京:机械工业出版社,2009.

[127] 杨亨东.全球各国人工智能发展优势对比研究[J].科技风,2019(26):27.

[128] 杨坚争.移动电子商务营销策略[J].商业经济与管理,2004,148(2):4-7.

[129] 杨小毛.基于J2ME手机软件的研究及开发[J].中国科技信息,2005(14):195-200.

[130] 杨晓明,李小聪,段渭军,等.高校短信息服务平台的研究与设计[J].中国教育信息化,2010(23):51-54.

[131] 杨益,郭庆平.Linux虚拟文件系统实现技术剖析[J].交通与计算机.2001(S1):130-135.

[132] 姚佳.加速推动5G全产业链发展 推动信息消费再上新台阶[N].中国经济导报,2019-09-19(5).

[133] 叶锡军,吴国新.一次性口令认证技术的分析与改进[J].计算机工程,2002,26(9):27-29.

[134] 叶欣.公交移动电视传媒发展探索——以杭州地区为例[J].新闻界,2010(5):113-114.

[135] 余斌.旅游公共服务体系建设中的政府职能研究[D].广州:华南理工大学,2012.

[136] 袁.J2ME移动应用程序开发[M].梁超,王延华,译.北京:清华大学出版社,2004.

[137] 袁雨飞,王有为,胥正川.移动商务[M],北京:清华大学出版社,2006.

[138] 岳云康.我国电子商务环境下的移动支付问题研究[J].中国流通经济,2008,22(1):40-43.

[139] 翟明明.移动定位服务的现状与发展趋势[J].信息通信技术,2009(2):27-31.

[140] 张朝平,王金栋.移动Agent环境下物流信息系统模型的研究[J].计算机工程与应用,2010(5):193-196.

[141] 张逢喆.公共云计算环境下用户数据的隐私性与安全性保护[D].上海:复旦大学,2010.

[142] 张利国,代闻,龚海平.Android移动开发案例详解[M].北京:人民邮电出版社,2010.

[143] 张利国,龚海平,王植萌.Android 移动开发入门与进阶[M].北京:人民邮电出版社,2009.

[144] 张鹏.J2ME 手机游戏开发教程[M].北京:京华出版社,2010.

[145] 张润彤,朱晓敏.移动商务概论[M].北京:北京大学出版社,2008.

[146] 张婷婷.基于大数据的 Web 个性化推荐系统设计[J].现代电子技术,2018,41(16):155-158.

[147] 张亚飞.Android、iPhone、Windows Phone 手机网页及网站设计最佳实践与设计精粹[M].北京:清华大学出版社,2011.

[148] 张艳.信息系统灾难备份和恢复技术的研究及实现[D].成都:四川大学,2006.

[149] 张瑜.智慧旅游信息服务能力评价研究[D].保定:河北大学,2015.

[150] 张玉艳,于翠波.移动通信[M].北京:人民邮电出版社,2010.

[151] 赵波.安全移动办公解决方案简析[J].电信科学,2010(20):167-174.

[152] 赵静.电子商务原理与应用[M].北京:北京大学出版社,2010.

[153] 赵军辉.射频识别技术与应用[M].北京:机械工业出版社,2008.

[154] 郑广思.移动电子商务安全性研究[D].阜新:辽宁工程技术大学,2008.

[155] 郑会颂.移动商务价值链的生成[J].南京邮电大学学报(社会科学版),2002,4(3):47-50.

[156] 中国互联网络信息中心.第 43 次《中国互联网络发展状况统计报告》[EB/OL].(2019-02-28).http://www.cnnic.net.cn/hlwfzyj/hlwxzbg/hlwtjbg/201902/t20190228_70645.htm.

[157] 中国信息通信研究院.云计算发展白皮书 2019[EB/OL].(2019-07-02).http://www.caict.ac.cn/kxyj/qwfb/bps/201907/P020190702307633995649.pdf.

[158] 中国移动通信联合会新媒体产业工作委员会.中国移动游戏产业报告(2011—2012 年度)[R].2012.

[159] 钟明林.基于 Android 智能手机平台方案[D].济南:山东大学,2010.

[160] 钟元生,赵圣鲁.App 全栈工程师实战案例教程[M].南昌:江西高校出版社,2017.

[161] 周莉,柯健,顾小晶.Netlink 套接字在 Linux 系统通信中的应用研究[J].计算机与现代化,2007(3):120-125.

[162] 周燕,汤彬,龚汝洪.基于以太网的 GSM 手机模块在短信息服务中的实际应用[J].邵阳学院学报,2005,2(3):54-56.

[163] 周一可.云计算下 MapReduce 编程模型可用性的研究与优化[D].上海:上海交通大学,2011.

[164] 朱国斌.基于 Android 系统的 Camera 模块设计和实现[D].西安:西安电子科技大学,2011.

[165] 朱振荣.移动电子商务安全关键技术研究[D].北京:北京邮电大学,2008.

[166] 邹小波.大数据平台下推荐系统的研究与实现[D].泉州:华侨大学,2018.

[167] CHEN Y S, KAO TC, YU G J, et al. A Mobile Butterfly-Watching Learning

System for Supporting Independent Learning[C]. Proceedings of the 2nd IEEE International Workshop on Wireless and Mobile Technologies in Education (WMTE2004), 2002: 11-18.

[168] GEORGIEVA E. A Comparison Analysis of Mobile Learning System[C]. The Proceeding of International Conference on Computer Systems and Technologies, 2006: 171-176.

[169] HORVITZ E, KOCH P, SUBRAMANI M. Moblie Opportunistic Planning: Methods and Models [J]. Lecture Notes in Computer Science, 2007: 228-237.

[170] HU J Z, ZHANG Y, LIU Y, et al. A Model of Building Networked SMS Platform Services Based On Mobile Technology[C]. The 4th International Conference on Wireless Communications, Networking and Mobile Computing.

[171] JONES A, ISSROFF K, SCANLON E, et al. Using Mobile Devices for Learning in Informal Settings: Is It Motivating? [C]. IADIS International Conference Mobile Learning, 2005.

[172] KAMMER E, HORVITZ E, MEEK C. Mobile Opportunistic Commerce: Mechanisms, Architecture, and Application [C]. Proceedings of the 7th International Joint Conference on Autonomous Agents and Multiagent Systems (AAMAS 2008), 2008, 2: 1087-1094.

[173] KUNGPISDAN S, SRINIVASAN B, LE P D. A Secure Account-Based Mobile Payment Protocol[C]. Information Technology: Coding and Computing, ITCC, 2004, 1: 135-139.

[174] ONDRUS J, PIGNEUR Y. An Assessment of NFC for Future Mobile Payment Systems[C]. International Conference on the Management of Mobile Business, ICMB, 2007.

[175] RULKE A, LYER A, CHINASSON G. The Ecology of Mobile Commerce [M]. New York: Harper Collins, 2002.

[176] SHABTAI A. Malware Detection on Mobile Devices[C]. Proceedings of the 11th International Conference on Mobile Data Management, 2010.

[177] SON K C, LEE J Y. The Method of Android Application Speed Up by Using NDK[C]. Proceedings of the 2011 3rd International Conference on Awareness Science and Technology (iCAST), 2011.

[178] TSAI I-H, YOUNG S C, LIANG C H. Exploring the Course Development Model for the Mobile Learning Context: a Preliminary Study[C]. Proceedings of the Fifth IEEE International Conference on Advanced Learning Technologies, ICALT, 2005.

[179] Yankee Group. Smarter Phone: An Analysis of BREW, J2ME and Wireless Application [R]. Market Research, 2001.

图书在版编目(CIP)数据

移动电子商务/钟元生,徐军主编. —2版. —上海:复旦大学出版社,2020.10(2022.9重印)
信毅教材大系.通识系列
ISBN 978-7-309-15016-2

Ⅰ.①移… Ⅱ.①钟… ②徐… Ⅲ.①移动电子商务-高等学校-教材 Ⅳ.①F713.36

中国版本图书馆 CIP 数据核字(2020)第 073923 号

移动电子商务(第二版)
钟元生　徐　军　主编
责任编辑/方毅超

复旦大学出版社有限公司出版发行
上海市国权路 579 号　邮编:200433
网址:fupnet@fudanpress.com　http://www.fudanpress.com
门市零售:86-21-65102580　团体订购:86-21-65104505
出版部电话:86-21-65642845
上海四维数字图文有限公司

开本 787×1092　1/16　印张 18　字数 405 千
2020 年 10 月第 2 版
2022 年 9 月第 2 版第 2 次印刷

ISBN 978-7-309-15016-2/F·2691
定价:58.00 元

如有印装质量问题,请向复旦大学出版社有限公司出版部调换。
版权所有　侵权必究